Gestão de Pessoas nas Organizações

Ugo Franco Barbieri

Gestão de Pessoas nas Organizações

A Aprendizagem da Liderança e da Inovação

SÃO PAULO
EDITORA ATLAS S.A. – 2013

© 2012 by Editora Atlas S.A.

1.ed. 2013 (2 impressões)

Capa: Roberto de Castro Polisel
Composição: Formato Serviços de Editoração Ltda.

Dados Internacionais de Catalogação na Publicação (CIP)
(Câmara Brasileira do Livro, SP, Brasil)

Barbieri, Ugo Franco
Gestão de pessoas nas organizações: a aprendizagem da liderança e
da inovação / Ugo Franco Barbieri.
São Paulo: Atlas, 2013.

Bibliografia.
ISBN 978-85-224-7627-5
ISBN 978-85-224-8376-1 (PDF)

1. Administração de pessoal 2. Ambiente de trabalho
3. Comportamento organizacional 4. Inovação 5. Liderança
6. Mudança organizacional 7. Relações de trabalho 8. Relações
interpessoais I. Título.

12-15452
CDD-658.3

Índice para catálogo sistemático:

1. Recursos humanos: Gestão: Administração de pessoal   658.3

TODOS OS DIREITOS RESERVADOS – É proibida a reprodução total
ou parcial, de qualquer forma ou por qualquer meio. A violação dos
direitos de autor (Lei nº 9.610/98) é crime estabelecido pelo artigo 184
do Código Penal.

Depósito legal na Biblioteca Nacional conforme Lei nº 10.994,
de 14 de dezembro de 2004.

Impresso no Brasil/*Printed in Brazil*

Editora Atlas S.A.
Rua Conselheiro Nébias, 1384
Campos Elísios
01203 904 São Paulo SP
011 3357 9144
atlas.com.br

Sumário

Introdução, 1

1ª PARTE – A PESSOA NA ORGANIZAÇÃO, A LIDERANÇA, O COMPORTAMENTO HUMANO E ORGANIZACIONAL, 9

1 **Relações Interpessoais; Liderança; Hereditariedade e Meio Ambiente, 11**
   1.1 A psicologia das relações interpessoais e da liderança, 11
   1.2 Análise da hereditariedade e do ambiente e seus impactos na liderança e na vida empresarial, 12
   1.3 O instinto executivo, 15

2 **O Cérebro Humano; os Mecanismos de Defesa; Análise Transacional; Liderança; Espírito Empreendedor, 19**
   2.1 O cérebro humano e os mecanismos de defesa da psicanálise, 19
   2.2 Análise transacional e o modelo PAC de Eric Berne, 23
   2.3 Liderança e espírito empreendedor; as competências humanas e organizacionais na gestão moderna, 31

3 **Perfil de um Líder; Avaliação de Desempenho; Motivação de Pessoas, 37**
   3.1 Características essenciais de um líder, 37
   3.2 A lógica dos sistemas de avaliação de desempenho e de motivação de pessoas, 43

3.3 Os incentivos que devem acompanhar a avaliação do desempenho; o impacto da remuneração na motivação e no desempenho, 53

3.4 O planejamento estratégico da área de RH, 61

4 **O Consciente e o Inconsciente; o Significado das Atitudes, 71**

4.1 Conteúdo e ação do inconsciente e do consciente, 71

4.2 O significado das atitudes no comportamento humano, 76

2ª PARTE – MUDANÇA ORGANIZACIONAL (*CHANGE MANAGEMENT*); APRENDIZAGEM, POLÍTICA, ÉTICA E RESPONSABILIDADE NAS ORGANIZAÇÕES, 83

5 **A Importância de Aprender e o Valor da Aprendizagem; Aprendizagem Focada em Negócios, 85**

5.1 A necessidade de aprender, 85

5.2 O significado atual da aprendizagem, 87

5.3 Aprendizagem focada em negócios, 89

6 **Ética e Responsabilidade Social; Habilidades Políticas na Organização; Estratégia e Aprendizagem, 93**

6.1 O desenvolvimento ético das empresas e a responsabilidade social, 93

6.2 Habilidades políticas organizacionais, 97

6.3 Relação entre estratégia e aprendizagem organizacional, 103

7 **Aprendizagem e *Balanced Scorecard*; Mudança Organizacional; *Coaching*; Gestão de Talentos; Desenvolvimento de Lideranças; Práticas de RH, 109**

7.1 O valor da aprendizagem segundo o *balanced scorecard*, 109

7.2 A mudança estratégica e organizacional: o *change management*, 110

7.3 A relação entre o *coaching*, a gestão de talentos, o desenvolvimento de lideranças e as práticas de recursos humanos, 117

8 **Recrutamento de Talentos; Desenvolvimento de Carreiras; Treinamento e Mudança Organizacional; Direito Trabalhista, 123**

8.1 Recrutamento de talentos e desenvolvimento de carreiras, 123

8.2 O treinamento voltado para a mudança organizacional, 131

8.3 Direito trabalhista e sindical, 137

3ª PARTE – BUSCA DE QUALIDADE, CRIATIVIDADE E DA INOVAÇÃO, 147

9 **A Criatividade; Fases do Processo Criativo; o Universo da Qualidade, 149**

9.1 Criatividade organizacional, 149

9.2 A busca da criatividade e as fases do processo criativo, 155
9.3 O universo da qualidade, 164

10 Toyota, uma *Learning Organization*; Desenvolvimento de uma Cultura Criativa; Fatores que Dificultam a Cultura da Inovação, 171
10.1 Toyota: uma *learning organization* voltada para a qualidade, 171
10.2 O desenvolvimento de uma cultura criativa, 173
10.3 Fatores que dificultam a cultura da inovação, 179

11 O Perfil do Empreendedor; Comportamento Proativo e Pessoas Proativas; os Três Pilares da Sustentabilidade; a Governança Corporativa Segundo Ram Charan, 185
11.1 O perfil do empreendedor, 185
11.2 A gestão do comportamento proativo e das pessoas proativas, 191
11.3 Os três pilares da sustentabilidade ou o *triple bottom line*, 196
11.4 Governança corporativa segundo Ram Charan; como a gestão de pessoas está associada à governança corporativa, 201

12 Sistemas de Trabalho de Alto Desempenho; Inovação Tecnológica; a Ética Aristotélica, 207
12.1 Sistemas de trabalho de alto desempenho, 207
12.2 A inovação tecnológica, 211
12.3 A ética aristotélica: uma reflexão para empresários e executivos, 218

Referências bibliográficas, 227

Introdução

Conteúdo do livro:

O presente livro busca mostrar que a Gestão de Pessoas nas organizações, num mundo de mudanças contínuas, pode contribuir para a estratégia e a transformação de uma organização. Pode também ajudar no aperfeiçoamento das lideranças, na execução de uma mudança em forma planejada (Change Management) e na geração da criatividade e da inovação, viabilizando novos produtos e serviços, mais rentáveis e competitivos.

O primeiro livro que publiquei (*Gestão das pessoas nas organizações*: práticas atuais sobre o RH estratégico) falava sobre várias teorias que tentam explicar e viabilizar a formação de líderes nas empresas, com capacidade de coordenar ou contribuir para uma Gestão de Pessoas ligada à estratégia do negócio.

Este livro foca mais as explicações do comportamento humano, mais profundo, dos líderes, que impactam na *performance* das organizações, dando adicionalmente algumas outras teorias sobre a liderança na empresa, que não estão presentes no primeiro.

Na obra atual também se relaciona, em forma mais analítica, a Gestão de pessoas com temas parcialmente abordados no primeiro livro (ou mencionados sob uma ótica diferente) mas que relacionam Recursos Humanos com Governança Corporativa, Visão, Estratégia, Gestão, Cultura, Ética e Políticas Organizacionais, Aprendizagem voltada para o Negócio, Gestão da Qualidade e Criatividade e Inovação.

No livro atual é feito um aprofundamento destes temas, abordando-se novos pontos de vista e metodologias que ainda não haviam sido citados no primeiro livro.

Seguindo este critério acima mencionado, no livro atual, tento me colocar no lugar de uma empresa que para enfrentar melhor a concorrência e para perenizar sua atividade empresarial necessita ser mais criativa e inovadora. Ao chegar a tal conclusão, percebe que deve realizar mudanças em forma estruturada e que para isso necessita de líderes que ajudem no processo das mudanças a serem implementadas.

Por tais razões, para conseguir tais objetivos, a empresa tem que ter a ajuda da Gestão de Pessoas para preparar suas lideranças, para fazer mudanças estruturadas e para se tornar mais inovadora. Assim são analisados no presente livro vários temas relacionados a tais assuntos, apresentados em 12 capítulos, divididos em 3 partes:

- **1ª Parte: A Liderança e a Gestão de Pessoas.**

A Pessoa na Organização, a Liderança, o Comportamento Humano e Organizacional; Hereditariedade e Meio Ambiente; Psicologia do Homem Primitivo e do Homem Moderno; Funcionamento do Cérebro; Consciente e Inconsciente; Relação entre Psicologia e Psicanálise e Comportamento Humano e Organizacional; Liderança, Empreendedorismo e Competências Humanas e Organizacionais; Desempenho e Motivação das Pessoas; Incentivos, Remuneração e Motivação; As Atitudes Humanas; Estratégia de RH.

- **2ª Parte: A Mudança e a Gestão de Pessoas.**

Aprendizagem, Política, Ética e Responsabilidade Social nas Organizações; Mudança Organizacional; Aprendizagem Focada em Negócios; Ética Empresarial e Responsabilidade Social; Política Organizacional; Estratégia e Aprendizagem Organizacional; *Coaching* no Desenvolvimento de Talentos e Lideranças; Recrutamento de Talentos e Desenvolvimento de Carreiras; Treinamento; Mudança Organizacional; Direito Trabalhista e Sindical.

- **3ª Parte: A Inovação e a Gestão de Pessoas.**

Criatividade; Gestão da Qualidade; Cultura Criativa e de Inovação; O Empreendedor; Comportamento Proativo; A Sustentabilidade das Empresas; Governança Corporativa; Trabalho de Alto Desempenho; A Inovação Tecnológica; A Ética de Aristóteles.

Além do anteriormente exposto, destaco abaixo os temas diferentes e mais importantes que entraram neste livro, com relação ao meu livro anterior, para a melhor compreensão do leitor:

– Explicação das raízes do comportamento humano executivo, baseada na evolução das espécies e do funcionamento do cérebro humano, explicando o impacto dessas realidades na liderança de uma empresa.
– Diferenças e semelhanças entre competências de um líder empreendedor e de um líder administrador.
– O significado da avaliação do desempenho e dos incentivos.
– Planejamento Estratégico do RH.
– O significado do inconsciente e do consciente e das atitudes no comportamento humano e organizacional.
– O significado de uma aprendizagem focado no negócio.
– As relações entre Política e Ética Empresarial.
– A mudança estratégica e organizacional.
– O *Coaching* na Gestão de Talentos, no desenvolvimento das Lideranças e nas práticas de RH.
– Recrutamento de talentos e desenvolvimento de carreiras.
– O Treinamento e seus vários tipos e suas diferentes aplicações ao desenvolvimento dos funcionários.
– Direito Trabalhista e Sindical.
– O processo criativo e a criatividade gerada pela Gestão da Qualidade e pela *Learning Organization*.
– Governança Corporativa e Sustentabilidade; os 3 Pilares da Sustentabilidade ou o *Triple Bottom*.
– O comportamento proativo.
– Governança Corporativa e Gestão de Pessoas.
– Sistemas de Trabalho de Alto Desempenho e Inovação Tecnológica.
– Conceitos úteis da Ética de Aristóteles, que servem de inspiração para a Ética Empresarial.

O conceito predominante de liderança utilizado no livro atual é baseado no comportamento de um líder inspirador e autêntico, que age de acordo com o que fala, e pratica o trabalho em equipe como gerador de melhorias.

Este tipo de líder esforça-se para que as pessoas não tenham medo de ser criativas e de contribuir com ideias e gerar inovações.

A obra também aborda o tema do líder empreendedor, do criador do negócio, ou do executivo empreendedor, como é reconhecido; existem dois perfis que se complementam para obter o sucesso de uma empresa: o do empresário e acionista (ou os membros do Conselho de Administração) e o

do executivo e administrador ou gestor, em qualquer das áreas da especialização da gestão de uma organização.

O líder visionário estrutura mudanças e cria uma cultura organizada de geração de ideias e de inovação e deflagra um processo de aprendizagem organizacional que envolve clientes e fornecedores e os parceiros envolvidos com o negócio de sua empresa. Um líder visionário quer instalar uma cultura de liderança participativa e contributiva para obter o melhor desempenho da empresa. Ele se preocupa com a governança corporativa e com a sustentabilidade da empresa, preocupando-se não só com o retorno sobre o investimento, mas também com a responsabilidade relativa às pessoas e ao meio ambiente.

A Gestão de Pessoas nas empresas mais eficazes tem regras que impactam em assuntos de Ética e Política Organizacionais, temas também abordados neste segundo livro, em forma diferenciada e analítica, associando o tema à vida empresarial.

Estes dois temas atualmente estão sendo mais estudados por todos os que estão atuando numa empresa, seja no Conselho de Administração, seja na gestão da organização.

O que mencionei na introdução do primeiro livro também é válido para a presente obra: procuro sintetizar e associar minha experiência, como psicoterapeuta (no início da carreira), como executivo e Diretor de empresas (na segunda etapa da carreira), e na atual, como consultor e escritor, com o pensamento e a prática de vários autores e executivos experientes em estratégia, gestão e consultoria. Isso permite uma reflexão (ou até uma meditação) sobre como teorias, *cases*, metodologias e práticas são aplicáveis à vida profissional e organizacional do leitor, bem como evidenciam a ligação das mesmas com Gestão de Pessoas.

Penso que não basta apenas relatar minhas vivências pessoais, embora as mesmas estejam presentes nos comentários que faço sobre autores de assuntos que focam a Gestão de Pessoas, ou estão relacionados com ela.

A citação de vários autores também visa estimular os leitores a que façam sua própria pesquisa e interpretação pessoal de vários textos e pesquisadores, sobre diferentes assuntos.

Em fóruns empresariais ou Institutos e Câmaras de Comércio que frequento, há algum tempo, diz-se que a Gestão de Pessoas é fundamental para conscientizar as pessoas sobre as melhores práticas relacionadas aos temas da gestão de empresas.

Depois que as empresas produzem uma visão de futuro, uma estratégia e um planejamento, são os gestores e colaboradores (as pessoas) os responsáveis pelo sucesso das operações e pelo desempenho da empresa.

O livro atual mostra as etapas de um Planejamento da área de Gestão de Pessoas, acoplado à visão, à estratégia e ao planejamento de uma determinada empresa.

Acredito que a função de um livro, ou do estudo universitário, ou ainda da busca geral de conhecimento, seja aumentar a capacidade de reflexão das pessoas, fazendo com que produzam associações com os temas abordados pelo autor ou pelo professor.

É mais importante aprender a pensar do que memorizar. Para aprender a pensar é importante estudar e refletir sobre a experiência de vários autores e empresas, com a ajuda da interpretação e comentários de um autor que tenha uma vivência nos temas contidos no livro.

Preocupo-me ainda com a habilidade dos leitores, estudiosos e alunos, em realizar sínteses de todos os assuntos apresentados, sabendo tirar conclusões, utilizando tudo o que foi transmitido para customizar metodologias, ideias e *cases* à organização onde atuam.

O presente livro, em forma semelhante ao anterior, é indicado para estudantes de Graduação ou Mestrado das várias áreas da Administração de Empresas, ou para não especialistas em Gestão, que atuam em áreas como Finanças, Marketing e Vendas, Industrial e Logística, mas que também precisam conhecer o que hoje se conceitua como um RH Estratégico, o qual contribui para a realização de mudanças, para a geração de inovações e para a formação de lideranças esclarecidas.

A obra também pode ser útil para executivos da área de Gestão de Pessoas interessados em comparar vivências diversas, de vários autores, com a sua própria experiência de vida profissional.

Da mesma forma que o livro anterior, o atual contém, ao final de cada capítulo, um questionário intitulado "Temas para Reflexão", para que alunos ou profissionais façam uma revisão dos assuntos tratados nos mesmos.

Também estão colocados em negrito os assuntos que merecem destaque, para facilidade de memorização e pesquisa.

No treinamento das organizações, ou nas salas de aula, grupos de profissionais ou de universitários podem refletir e responder sobre as questões ao final de cada capítulo, realizando debates e dinâmicas de grupo sobre os temas que podem gerar questionamentos.

Também os alunos ou profissionais podem utilizar este questionário individualmente, indagando e respondendo a si mesmos, sobre as perguntas do livro, voltando a ler os temas que não tiverem entendido muito bem na primeira leitura.

Na História do Pensamento Científico, fica patente que qualquer teoria, demonstração de ideias ou inovação é sempre precedida por perguntas e por questionamentos. Vale dizer, sempre devemos questionar fazendo perguntas como:

– O que queremos analisar?

- Que conhecimento temos sobre o assunto?
- Quais são as hipóteses que queremos desenvolver e validar?
- Onde queremos chegar?

Não tenha pressa em responder cada assunto contido nas perguntas colocadas ao final de cada assunto do livro, se estiver discutindo os temas numa atividade de grupo. Procure ouvir as outras opiniões e colabore também com a sua opinião sobre os temas.

A mesma atitude reflexiva deve ocorrer nas respostas individuais, fora do trabalho grupal. Neste caso, alguns temas podem ser retomados após uma noite de sono, ou após um intervalo de algumas horas. Existe uma elaboração inconsciente, individual, de temas racionais e de conteúdos emocionais. O intervalo do sono, dado entre duas fases de vigília, sempre aumenta a criatividade e a inovação e permite que se chegue a novas conclusões e *insights*.

Se resolver utilizar os "Temas para Reflexão" para analisar, em forma grupal, qualquer assunto do livro, poderá realizar uma Dinâmica de Grupo, com este propósito. Uma forma possível para realizar uma Dinâmica de Grupo foi sugerida no meu livro anterior.

Um lembrete final sobre os temas e as perguntas é que as questões fornecidas pelo autor não esgotam o tema. Será um excelente exercício para os executivos e para os estudantes de Graduação e Mestrado criarem suas próprias perguntas, inspirados pelos assuntos tratados em cada capítulo.

Insisto também, no presente livro, na afirmação que fiz no livro anterior. As teorias e metodologias do *Management* têm raízes na Administração Norte-Americana.

Os Estados Unidos da América do Norte sempre se preocuparam em reunir talentos do mundo inteiro nas suas organizações, universidades e centros de pesquisa. O resultado foi a produção de muita literatura sobre planejamento, estratégia, cultura e sistemas de gestão, inclusive liderança e Gestão de Pessoas.

Em todos os sistemas de gestão gerados pelos norte-americanos sempre esteve e está presente a preocupação com o capital humano e intelectual, a liderança e o comportamento humano e organizacional.

Uma gestão moderna não pode prescindir do estudo e da reflexão sobre o tema do comportamento humano e organizacional e demanda, por exemplo, utilizar as metodologias de *Assessment Center* e *Coaching*, Individual e Coletivo, como também conhecer conceitos de Inteligência Emocional e Social.

No livro anterior fiz uma explanação geral sobre *Assessment* e *Coaching* e neste livro estão focados outros temas relacionados com o *Coaching* Individual e Grupal.

Volto a dizer neste livro atual o que já mencionei no livro anterior, a Gestão de Pessoas está presente na governança corporativa, na estratégia e em todos os assuntos relacionados com a gestão das empresas. Sem ela não viabilizamos o sucesso empresarial ou perenizamos a organização.

As referências bibliográficas incluem obras recomendadas por grandes e conceituadas universidades brasileiras e livros que cito na obra anterior e outros que menciono na presente obra. Assim, estudantes e estudiosos poderão fazer pesquisas que irão além dos livros sobre os quais fiz comentários, no livro atual.

Desejo-lhes uma "boa viagem", no fascinante tema da Gestão de Pessoas correlacionado com o tema da Gestão Geral de uma empresa!

1ª PARTE

A Pessoa na Organização, a Liderança, o Comportamento Humano e Organizacional

1

Relações Interpessoais; Liderança; Hereditariedade e Meio Ambiente

1.1 A PSICOLOGIA DAS RELAÇÕES INTERPESSOAIS E DA LIDERANÇA

Pensei várias vezes no conteúdo desta parte do livro relativo à Liderança. Achei que poderia aprofundar uma ou várias teorias sobre liderança, pois no meu primeiro livro (*Gestão de Pessoas*: práticas atuais sobre o RH estratégico), já havia comentado algumas das referidas teorias. Minha conclusão foi que no presente livro seria mais importante mostrar o que a Psicologia e a Medicina conhecem sobre comportamento humano e organizacional, e o que está implicitamente contido em todas as teorias de liderança. Ou seja, mostrar as teorias comportamentais que explicam as teorias sobre liderança.

Nas empresas focamos muito teorias, práticas, metodologias e sistemas mais voltados para a estratégia e a gestão e mais direcionados para o ambiente que cerca o indivíduo e a empresa. Minha tentativa nesta parte do presente livro é mostrar a vida interior da pessoa que é colaborador, executivo ou líder numa empresa. Vou buscar levantar o véu que cobre a estrutura biopsíquica do ser humano, a qual influencia as atitudes e o desempenho do indivíduo na vida empresarial. A consciência do impacto dos fatores biológicos e psicológicos no comportamento humano e organizacional pode aperfeiçoar e desenvolver as habilidades de liderança e as relações interpessoais.

Todos os que estão envolvidos com Gestão de Pessoas, e com o exercício da liderança, precisam conhecer os temas que vamos abordar para saber que o comportamento humano e organizacional existe, causa soluções ou conflitos e pode ser estudado e conscientizado.

Temas para Reflexão:

1 – O livro foca mais a relação da liderança com estratégia e gestão ou com o significado por detrás das várias teorias da liderança?
2 – Liderança tem a ver com a estrutura biopsíquica do ser humano, com suas atitudes e desempenho?
3 – Qual o impacto dos fatores biológicos e psicológicos no comportamento do ser humano?

1.2 ANÁLISE DA HEREDITARIEDADE E DO AMBIENTE E SEUS IMPACTOS NA LIDERANÇA E NA VIDA EMPRESARIAL

Vamos fazer inicialmente uma diferenciação entre as motivações internas e as externas, ou melhor, das motivações que partem do nosso psiquismo e das que partem do ambiente.

Chamamos a atenção para o fato de que tal divisão é parcialmente artificial, já que, em última análise, as motivações internas estão associadas às motivações externas.

Hoje, muitos estudos indicam que a personalidade é o resultado da hereditariedade e do ambiente. Além disso, existem outros pontos importantes a considerar como a maturidade interior e a amplitude da consciência individual.

Como a hereditariedade, o ambiente e a cultura nos são dados, se fôssemos somente o produto dos mesmos seríamos seres altamente condicionados. Na vida real e na vida organizacional encontramos pessoas que tiveram ambientes e cargas hereditárias semelhantes e que, no entanto, reagiram de maneira diferente aos desafios da vida.

Esta conclusão nos leva a questionar em que consiste a nossa liberdade de agir e fazer acontecer, já que temos forte influência da hereditariedade e do meio ambiente.

Na prática, ocorre que dependemos muito do ambiente exterior, tanto do ponto de vista psicológico quanto do biológico e fisiológico. Ou seja, o ambiente tem uma grande influência na formação e desenvolvimento da personalidade.

Vivemos momentos diferentes na nossa existência diária. Na vida instintiva, na satisfação da fome ou do sono, por exemplo, vivemos o fator biológico. No nível afetivo e emocional podemos ter vivências de amor e ódio. No plano mental predomina a lógica e a dicotomia entre o acerto e o erro.

Naturalmente, minha liberdade pessoal e o exercício da minha vontade podem me fazer passar do nível afetivo e emocional para o mental, ou do nível instintivo para o mental. Com base nesse raciocínio, posso pensar como satisfazer minha fome e minha sede e também posso refletir sobre as situações que provocaram em mim amor ou ódio.

A nossa liberdade consiste na possibilidade de diminuir ou evitar nossos condicionamentos, ao escolher caminhos e ao tomar decisões.

O meio ambiente físico também tem uma inegável influência sobre o comportamento humano e sobre o estilo de vida: o clima, a temperatura, a umidade, a altitude, o tipo de alimentação e os meios de transporte. Também sofremos a influência, de alguma maneira, do tipo de alimento que comemos, da luz natural ou artificial, da composição da atmosfera e dos raios cósmicos. Hoje é bastante conhecido o impacto sobre o clima terreno da destruição da camada de ozônio, causando degelo nos polos e aquecimento do clima, entre outros efeitos já conhecidos.

A ação do mundo social sobre o indivíduo é constante e se estende ao longo de toda a sua vida.

Passamos a expor a grande força da influência da sociedade no comportamento humano.

Desde nossa primeira infância estamos aprendendo a nos adaptar, a obedecer e a seguir os condicionamentos e estímulos do ambiente. Somos impactados pelo comportamento dos pais, professores, colegas de infância e pelo de outras pessoas adultas que nos rodeiam. Por outro lado, precisamos conviver e respeitar o ambiente, pois ele representa o mundo que nos protege e nos dá segurança. Quando não temos as condições favoráveis de proteção da família, da escola e dos adultos, podemos nos tornar seres carentes ou criminosos.

Conseguimos diminuir as restrições do ambiente quando somos admirados pelo nosso talento e nossas habilidades em algumas áreas da vida.

O ser humano é um ser social, que somente descobre plenamente sua potencialidade nas suas relações com os outros. Um isolamento social acentuado traz solidão e angústia e por isso buscamos nos adaptar aos grupos sociais e de trabalho e à sociedade, de maneira geral.

Sem as trocas, em todos os níveis, que estabelecemos com os grupos e com a sociedade, não podemos satisfazer todas nossas necessidades instintivas, emocionais, mentais e de realização pessoal.

As organizações, os grupos sociais e de trabalho, e a sociedade em geral têm códigos de valores e de conduta. Se não os respeitamos, somos alijados do convívio social. Quando nos sentimos diferentes dentro dos valores de um grupo, surge a ansiedade, e até o medo, relacionados com a possibilidade da rejeição e da solidão, que acompanham a não conformidade com as regras sociais.

Em resumo, exteriormente devemos nos adaptar aos condicionamentos sociais, porém também devemos manter certa liberdade interior, uma postura crítica, sobre os valores que a sociedade nos impõe.

As vivências relacionadas com pai, mãe e familiares, e com colegas e adultos, na infância e na adolescência, condicionam nosso estilo de comportamento e as atitudes diante das situações da vida, influenciando também nosso comportamento na vida das organizações. De certa maneira, temos no nosso inconsciente as vivências emocionais e sociais da infância e adolescência e elas se manifestam na nossa relação interpessoal e na nossa liderança.

A personalidade humana pode ser considerada uma soma das experiências acumuladas ao longo da vida, principalmente as experiências ditas culminantes ou excepcionais, que nos deram prazer ou sofrimento, e que nos levaram a aprender diferentes lições. Muitas destas experiências ficam registradas no nosso inconsciente e condicionam nosso comportamento consciente.

Se tivermos vivido numa família bastante ética, na infância e adolescência, tendemos a ter atitudes éticas nas mais diferentes situações da vida.

Se em nível profundo interiorizamos uma insegurança diante da vida, podemos manifestar atitudes contraditórias. Por exemplo, queremos muito uma promoção, mas nossa educação nos tornou inseguros diante do sucesso. Ao conseguirmos a referida promoção, podemos ter manifestações de ansiedade, de falta de confiança no próprio valor e até podemos desistir da melhor posição que nos está sendo oferecida, numa empresa.

Durante um processo de *coaching* voltado para o desenvolvimento da liderança e de habilidades comportamentais, pode-se deparar com a necessidade de avaliar fatos ligados a educação familiar e ao ambiente social e cultural que um profissional viveu na infância e na adolescência. Mesmo que o *coach* não procure abordar estes níveis profundos da personalidade, e recordações do passado, algumas vivências surgem espontaneamente contadas pelo executivo que está recebendo o *coaching*.

Situações concretas do presente, associadas a nossa vida profunda inconsciente, oriunda do passado, marcam o perfil de nossa personalidade e determinam nossos gostos e aversões dominantes. Podemos ver no chefe, de sexo masculino ou feminino, características positivas ou difíceis da nossa relação com nosso pai e nossa mãe.

Traumas ou situações difíceis vividas no ambiente social e familiar, durante a infância e a adolescência, podem nos criar tensões nos momentos de conflito que enfrentamos na vida organizacional.

Temas para Reflexão:

1 – Quais as duas fontes das motivações humanas?
2 – O ambiente, a cultura e a hereditariedade são os únicos determinantes da personalidade humana e do desempenho organizacional?
3 – O ambiente e a cultura têm muita influência no desenvolvimento da personalidade?
4 – Que exemplos podem ser dados a respeito do impacto do fator biológico sobre a vida instintiva?
5 – Que exemplos podem ser mencionados sobre vivências que impactam a vida afetiva e emocional?
6 – Em que consiste a liberdade pessoal e o exercício da vontade do ser humano?
7 – O ambiente físico influencia o estilo de vida e o comportamento do ser humano?
8 – A vida social tem impacto no comportamento humano?
9 – Se o homem é um ser social, como ele descobre seu potencial de ação e realização?
10 – Qual a importância dos códigos de valor e de conduta para o trabalho e o convívio social?
11 – Comportamento e atitudes são influenciados por pessoas e situações da nossa infância e adolescência?
12 – O que são experiências culminantes e excepcionais?
13 – O *coaching* pode processar também vivências inconscientes e profundas ou somente questões de comportamento organizacional e atitudes do ambiente de trabalho?

1.3   O INSTINTO EXECUTIVO

Este é o título do livro de Nigel Nicholson em português, o qual em inglês é *Executive Instinct*. O mesmo mostra a visão da Psicologia Evolucionista sobre o impacto, na vida empresarial, dos instintos oriundos da evolução da espécie humana.

Passo a resumir uma parte do pensamento do autor, ao mesmo tempo inserindo meus comentários e interpretações, que explicam o comportamento humano com base no comportamento ancestral do ser humano, oriundo da sua evolução biológica. Ou seja, Nicholson prioriza a Psicologia Evolucionista e a hereditariedade para explicar o comportamento humano e organizacional

No início o autor define o instinto executivo como a arte de administrar mentes da Idade da Pedra na Era da Informação.

Os vários capítulos da obra mais uma vez mostram qual a influência do comportamento humano na estratégia, gestão, cultura e na administração das pessoas.

Segundo o autor, nosso condicionamento vem dos registros impressos em nosso cérebro, ao longo da evolução e da história.

A evolução, segundo os cientistas, começou há 4 milhões de anos. Num certo momento da mesma surgiu o Homo sapiens, cerca de 200.000 anos atrás. Por volta de 45.000 anos atrás os humanos mais modernos já haviam se espalhado por todo o planeta.

Nossa vida social, econômica e política mudaram tremendamente desde a última época mencionada, porém nossa constituição genética não mudou.

Exemplificamos abaixo como este condicionamento genético influencia no dia a dia das empresas:

- **usamos emoções antes da razão**: são comuns depoimentos de executivos que dizem "que no momento crítico eu não parei para pensar, apenas agi por instinto". Em geral reprimimos nossas emoções, temendo críticas. Em situação de pressão, liberamos nossas emoções, sem controle adequado das mesmas.

As emoções são vivências ancestrais, profundas, que acompanharam nossa evolução, principalmente relacionadas com vivências de prazer ou de medo.

- **confiança na própria decisão, ignorando o risco evidenciado pela realidade**: somos inflexíveis quando não podemos evitar uma situação difícil e um desafio que não pode ser adiado. É uma vivência de "tudo ou nada", que tem origem na evolução, quando tínhamos que correr grandes riscos para proteger a própria vida. O contrário desta atitude ocorre quando queremos evitar correr riscos e permanecemos na zona de conforto. Grandes executivos tomam decisões erradas, por arrogância. Fazem lançamento prematuro de produtos ou fusões inadequadas, entre outros erros;
- **aversão à perda e a busca da retomada do controle**: quando uma experiência é traumática ou dolorosa, lutamos para restabelecer nosso domínio sobre a situação. A evolução psicológica e biológica prioriza evitar perdas, mais do que buscar ganhos;
- **avaliações rápidas em situações que exigem decisão imediata**: se estamos inseridos num grupo, e competimos contra outra pessoa ou grupo, ignoramos as probabilidades de sucesso e agimos por instinto, em situações de pressão. Fatos e realidades têm coloração emocional; a memória não registra com precisão detalhes de situações importantes. Ao contrário, ela guarda a história que nos contam sobre os fatos e realidades.

Aqui novamente, segundo o autor, surge a necessidade histórica e ancestral da espécie humana ter de agir rapidamente diante do risco e do perigo, muitas vezes sem uma avaliação precisa da situação, como um todo.

- **discriminação de pessoas ou grupos**: fomos programados pela evolução para apoiar parente ou amigos próximos a nós. Vivemos, durante um grande período da História, inseridos em tribos ou clãs. Na empresa, vários grupos se consideram superiores aos demais, o que é típico de um sentimento tribal. Muitos grupos ou escolhas têm por base discriminação que envolve raça, sexo, idade ou outra característica;
- **boatos e histórias**: a vida da espécie humana, em grupos, durante gerações, nos faz contar e ouvir histórias. A transmissão oral, e não escrita do conhecimento, perdurou durante gerações na evolução humana. Nas empresas, contamos histórias aos outros para mostrar que confiamos neles ou espalhamos boatos e fazemos fofocas para influenciar a forma como nós e os outros somos vistos;
- **diferenças individuais inatas**: cada vez mais a ciência está descobrindo que muitos estilos diferentes de reações humanas são devidos a uma codificação genética, embora uma parte da nossa individualidade tenha origem na educação e na cultura. Desde cedo dois bebês mostram reações bem diferentes a simples estímulos, como fazer cócegas num pé. Uma criança reage com agressividade e outra com alegria ao referido estímulo;
- **o instinto de troca**: a espécie humana sempre dependeu de trocas em todo o sentido. As trocas antecederam o uso do dinheiro. Não gostamos do ganha-perde, mas sim do ganha-ganha. Os empregados percebem se a empresa não respeita "contratos implícitos". Eles diferenciam o bom tratamento dado pela empresa, de uma atitude oposta, como por exemplo, quando ocorre um assédio moral. A quebra do contrato implícito gera rancor e frustração e até ações jurídicas. A referida quebra de contrato é algo que atenta contra nosso instinto atávico de segurança e preservação da vida;
- **o princípio do "como se":** os relacionamentos têm origem arcaica. Os modelos de relacionamentos com os pais e irmãos são reproduzidos no cenário da empresa, com pessoas fora da família. Por exemplo, tratamos nosso chefe como se fosse nosso pai ou nossa mãe e nossos colegas como se fossem nossos irmãos.

Darwin afirmou, e os estudos de Psicologia Evolucionista confirmam, que o principal dom dos primatas era a inteligência social, a capacidade de obter o domínio por meio da organização.

É uma realidade já comprovada que um grande diferencial entre dois executivos é o fato de um ter uma significativa inteligência social e emocional

e o outro não. Em geral, é o primeiro que atinge as posições mais altas, por saber se relacionar e liderar pessoas.

Todas estas realidades estão presentes nas empresas e a síntese do estudo de Nicholson afirma que grande parte do comportamento humano advém de nossa essência animal.

Temas para Reflexão:

1. – Segundo a Medicina e a Psicologia existem registros no nosso cérebro relacionados à evolução do estado do homem primitivo até o homem moderno?
2. – Há quantos anos começou a evolução da vida no planeta, segundo a Ciência?
3. – Qual a data aproximada em que surgiu o Homo sapiens?
4. – Qual a data aproximada que registra o aparecimento de humanos mais modernos em todo o planeta?
5. – Usamos a emoção antes da razão em situações críticas, de grande pressão e de grande risco?
6. – Nestas situações críticas confiamos na decisão que tomamos, ignorando o risco evidenciado pela realidade?
7. – Situações traumáticas nos fazem lutar para restabelecer nosso controle sobre a situação?
8. – Em situações de pressão, podemos avaliar erradamente nossa probabilidade de sucesso, de fazer a coisa certa?
9. – Como resultado da longa evolução da espécie humana, temos um sentimento tribal, priorizando e favorecendo amigos e familiares que nos rodeiam?
10. – Como a transmissão oral do conhecimento precedeu à escrita, contamos histórias na empresa para agradar pessoas amigas e rejeitar aqueles que não gostamos?
11. – É certo dizer que as diferentes reações humanas em parte são devidas a uma codificação genética e em parte são atribuíveis à educação e à cultura?
12. – Nossos relacionamentos sociais têm origem arcaica, levando-nos a ver no chefe a figura do pai (ou mãe) e nos colegas de trabalho, pessoas da família?

2

O Cérebro Humano; os Mecanismos de Defesa; Análise Transacional; Liderança; Espírito Empreendedor

2.1 O CÉREBRO HUMANO E OS MECANISMOS DE DEFESA DA PSICANÁLISE

Para se entender como as pessoas "funcionam" vou dar algumas informações sobre o cérebro humano e sua operação e impacto nas atitudes assumidas pelas pessoas nas organizações. Também vou apresentar os mecanismos de defesa, como conceitos oriundos da psicanálise, que podem aparecer nas relações entre as pessoas e os grupos, nas empresas.

Naturalmente, não pretendo que os Gestores de Pessoas, e os líderes, sejam especialistas em comportamento humano e organizacional. Somente quero enfatizar que a personalidade humana, e as atitudes, são algo muito concreto e têm grande impacto no relacionamento interpessoal.

Vamos começar a análise biopsíquica do ser humano examinando o funcionamento do cérebro:

As experiências de Penfield, grande estudioso do funcionamento do cérebro, na Universidade McHill, em Montreal, tentaram responder às seguintes questões: Como os bilhões de células do cérebro armazenam lembranças?

Quanto pode ser retido na memória pelos seres humanos?

Por que alguns assuntos são mais fáceis de lembrar que outros?

Em intervenções no cérebro, com pacientes que sofriam de epilepsia focal, o experimentador tocou no córtex temporal com corrente elétrica fraca. Em todas as intervenções, o paciente estava consciente, com anestesia local, e dialogava com

Penfield durante a experimentação. O resultado das pesquisas parece provar que tudo o que passou pela percepção de uma pessoa, é gravado no cérebro, podendo depois ser recordado no presente.

Segue o resumo das conclusões de Penfield:

- sensações associadas com experiências passadas são também registradas e profundamente ligadas com tais experiências. O paciente vive de novo a emoção que o acontecimento produziu nele e compreende os fatos acontecidos. Na reprodução dos eventos, a pessoa vê, ouve, sente e compreende.

Um exemplo de uma das recordações de uma pessoa examinada por Penfield foi a recordação das despedidas de seus pais, com tristeza, quando teve que partir para a guerra, num dia frio e cinzento.

A pessoa pode sentir-se dentro da experiência, e ao mesmo tempo fora, observando a si mesma. Um exemplo é o de outro paciente de Penfield, o qual conversava com o experimentador e, ao mesmo tempo, vivenciava várias lembranças antigas.

As experiências já vividas podem não ser apenas recordadas, mas também revividas. A pessoa não apenas se lembra, mas sente-se do mesmo modo, em nível emocional, como se sentiu quando alguns eventos ocorreram consigo no passado.

Essa breve exposição anterior sobre o funcionamento do cérebro aponta para a grande descoberta da Psicanálise, principalmente atribuída a Freud, de que existe uma vida consciente e uma vida inconsciente. Muitos fatos vividos no passado, principalmente na infância e na adolescência (mas não somente) ficam registrados no inconsciente humano, e são revividos em certas situações, com grande carga emocional.

Assim sendo, numa empresa, muitas dificuldades de comunicação, e conflitos, ocorrem porque além do diálogo que se estabelece no presente, entre dois interlocutores, também são feitas associações com fatos e realidades inconscientes, enquanto ocorre a comunicação entre ambos. Duas pessoas, chefe e subordinado, por exemplo, podem estar discutindo o atingimento de metas e resultados, o que é objetivo e concreto. No entanto, uma das pessoas (o subordinado) pode estar relacionando a figura do chefe com a personalidade de seu pai, que era ou é uma pessoa autoritária. Em consequência, o subordinado pode estar vivendo uma situação emocional difícil, não inteiramente racional, já que percebe no chefe "um pai autoritário".

Esta relação entre consciente e inconsciente, entre fatos racionais e emocionais, na vida de empresa pode ser mais bem explicada se citarmos possíveis mecanismos de defesa que ocorrem na comunicação entre pessoas. Esta também é uma contribuição da Psicanálise ao estudo do comportamento humano e organizacional.

Estudos de base psicanalítica estão presentes em textos franceses que tentam explicar o comportamento humano e organizacional. Por serem por demais psicológicos e até psicanalíticos, não vamos citá-los na presente obra.

No primeiro livro (*Gestão de Pessoas*: práticas atuais sobre o RH Estratégico), explicamos as teorias de liderança mais ligadas aos estudiosos que escreveram sobre o assunto nos Estados Unidos, as quais são mais pragmáticas e mais associadas à gestão de uma empresa. Assim, o leitor atento e o pesquisador, neste segundo livro, poderão ler assuntos e conhecer fatos e exemplos que podem levá-los a aprofundar o assunto, do ponto de vista da Psicologia Profunda.

Passamos abaixo a citar e a explicar os mecanismos de defesa:

- **formação reativa:** atitude ou hábito psicológico, de sentido oposto a um desejo reprimido, e constituído como reação ao mesmo. Exemplo pode ser o de uma pessoa que demonstra muito pudor e preconceito nas relações com pessoas, mas que em nível inconsciente tem atitudes e desejos de vaidade e exibicionismo reprimidos. Em alguma fase de sua vida, essas tendências poderão se tornar manifestas e conscientes, superando o pudor e o preconceito que eram sua linha básica de comportamento. Ou seja, essas novas atitudes de vaidade e exibicionismo passam a gerar traços de caráter, integrando o conjunto da personalidade.

Para alguém que não é Psicólogo é importante recordar, mais uma vez, que a Psicanálise conceitua que todos os fatos da nossa infância e adolescência, bem como fatos da vida adulta, permanecem guardados no nosso inconsciente. Esses fatos têm uma carga emocional maior ou menor associada às situações vividas com pai, mãe, irmãos, familiares, amigos e com a cultura da região ou país onde a pessoa viveu sua infância e adolescência. Assim sendo, quando estamos atuando numa empresa, vivenciando situações diversas, tendemos a exibir um comportamento que é duplamente afetado, pelo lado racional do evento, e pelas associações inconscientes que fazemos com o mesmo.

Um exemplo é o de quando um chefe faz uma avaliação do nosso trabalho e desempenho e nos comunica que ainda não estamos preparados para uma promoção. Por mais racional e justo que o chefe seja, numa situação semelhante, se a pessoa avaliada teve um pai rigoroso e frustrador, a vivência psicológica relativa à comunicação da não promoção terá uma carga emocional inconsciente, associada às recordações da figura do pai. A vivência inconsciente poderá fazer o avaliado associar a personalidade do chefe com a do seu pai, passando a se sentir pouco valorizado e discriminado pelo primeiro.

- **negação:** ocorre na vida social e na atividade de trabalho dentro de uma empresa; consiste na negação de um comportamento, percebido e comentado pelos colegas, (ou que surgiu numa avaliação 360°), mas que não é aceito pela pessoa que é alvo de comentários.

Exemplo pode ser o de alguém que se mostra egoísta, com baixa capacidade de colaborar e interagir com os colegas, ajudando-os em situações de trabalho. No entanto, se a pessoa teve uma formação moral e ética que pregava uma atitude fraterna e colaboradora, ao ser avaliado como egocêntrico e não colaborador pode defender-se dizendo que é o oposto do que todos observam. Ou seja, vai negar os aspectos da sua personalidade que o classificam, para seu grupo de trabalho, como egoísta e não colaborador.

- **compensação:** o ser humano tem a tendência de se afirmar, de mostrar o melhor de si mesmo, num grupo social ou de trabalho. No entanto, alguém pode ter um sentimento de inferioridade acentuado em relação às pessoas com as quais interage, sempre se diminuindo, vendo-se como menos competente ou habilidoso. Uma forma de compensar este sentimento de inferioridade, estruturado no seu inconsciente, é compensar o mesmo, reagindo em forma agressiva, sempre que uma situação ou pessoa supostamente ameaçarem seu desejo de se afirmar e de mostrar o melhor de si mesmo. Esse sentimento de inferioridade pode ter se formado na infância, na relação com uma mãe muito crítica, ou que impedia a pessoa de se manifestar e experimentar suas habilidades, nas relações com outras crianças ou irmãos;
- **regressão:** consiste, por exemplo, num adulto vivenciar um grupo social ou de trabalho, reagindo como se fosse uma criança ou adolescente. É o retorno ou regressão emocional a fases anteriores da sua vida. Por exemplo, alguém pode ter vivenciado muita solidão na adolescência, por ser filho único e por não ter tido uma forte vida social e de interação com amigos nesta fase da vida. Sua forma de reagir a esta realidade pode ter sido se fechar em si mesmo, vivendo uma vida isolada, com pouco contato humano e social. Quando adulto, numa situação de trabalho, se não for convidado para um evento social importante, pode regredir emocionalmente à vivência da adolescência, isolando-se do seu grupo de trabalho, evitando ao máximo o contato humano e social;
- **racionalização:** uma pessoa pode buscar uma explicação lógica e coerente, para uma ação que deve ser baseada em atitudes éticas e morais, quando seu comportamento é o oposto do que seria ética e moralmente aceitável, na situação na qual está envolvido.

Um exemplo pode ser o de alguém que ocupa uma posição de Gerente de Compras de uma organização, e que aceita ser subornado por um fornecedor de matéria-prima ou produto; para fechar negócio com o mesmo, prejudica a empresa, não comparando o preço e a qualidade oferecida pelo mesmo com o que lhe é oferecido por outros melhores fornecedores. Este Gerente, ao proceder de forma não ética, interiormente pode racionalizar e justificar seu comportamento, dizendo que todos os Gerentes de Compras, ou até outros Gerentes da empresa, procedem de forma semelhante. Ou seja, na racionalização, alguém justifica um comportamento que não tem fundamento lógico, ou moral e ético.

Temas para Reflexão:

1 – A que pergunta a pesquisa de Penfield tentou responder?
2 – O que parece provar a pesquisa de Penfield?
3 – O cérebro registra as sensações associadas com as experiências passadas?
4 – Experiências passadas, registradas pelo cérebro, podem ser revividas com forte conteúdo emocional?
5 – Qual o estudioso que fez a descoberta da existência de uma vida inconsciente no ser humano?
6 – O que é uma atitude ou hábito psicológico, de sentido oposto a um desejo reprimido, e constituído como reação ao mesmo?
7 – Qual o significado do mecanismo de defesa denominado de negação?
8 – O que é o mecanismo de defesa denominado de compensação?
9 – Qual o significado da racionalização como mecanismo de defesa?

2.2 ANÁLISE TRANSACIONAL E O MODELO PAC DE ERIC BERNE

Continuando com a explicação do comportamento humano e organizacional, vou continuar tentando demonstrar a seguir que o comportamento consciente, racional e lógico sempre tem raízes no inconsciente e nas vivências emocionais, associadas principalmente à infância e à adolescência.

Na minha própria carreira, fui inicialmente psicoterapeuta, de base analítica, depois me tornei executivo e diretor de empresas, e hoje atuo como consultor. Vale dizer, pude conhecer um pouco mais da vida inconsciente, e das motivações profundas do ser humano, na clínica psicoterápica; posteriormente pude observar nas empresas como os colaboradores e executivos interagiam, trabalhando em equipe ou exercendo funções de liderança; atualmente continuo a avaliar a liderança e também a inteligência emocional e social dos executivos em projetos de *Executive Search*, *Management Assessment* e *Coaching*.

Para mostrar o lado não tão conhecido da liderança e do comportamento humano e organizacional, vou usar o modelo da Análise Transacional de Eric

Berne. Acho que o mesmo é uma forma mais fácil de mostrar a vida interior e subjetiva, a mistura de razão e emoção, que estão presentes em todas as ações e decisões da vida empresarial.

O modelo PAC de Eric Berne

Durante uma terapia de uma mulher de 35 anos, que sofria de insônia, a mesma mostrou preocupação com o que ela estava fazendo com os filhos; começou a chorar e disse para o psicoterapeuta (Berne) que ele a fazia sentir como se tivesse três anos de idade.

Berne perguntou o que a fazia sentir-se assim. Disse ela que não sabia e que se sentia como uma fracassada. Berne solicitou que falasse sobre as crianças da família, acrescentando que talvez assim fosse possível descobrir algo dentro dela que produzia tais sensações.

Em outro momento da sessão de terapia a voz da cliente modificou-se, tornando-se crítica e dogmática. Disse ela: "afinal os pais também têm direitos; crianças têm de conhecer o seu lugar".

Berne observou que quase durante uma hora esta mãe foi três pessoas diferentes: criança dominada por emoções; mãe orgulhosa, mulher ponderada e racional, adulta e mãe de três filhos.

Não somente a Análise Transacional, mas outros modelos de análise têm provado que tais estados diferentes de consciência (relacionados com o consciente e inconsciente) existem em todas as pessoas submetidas a uma terapia. Berne chamou estas dimensões do psiquismo humano de PAC (Pai, Adulto e Criança, ou, em Inglês, Parent, Adult, Child).

Passamos então a mostrar estas três dimensões do psiquismo:

- **PAI**: coleção de registros feitos no cérebro, de eventos externos não questionados ou impostos, percebidos por uma pessoa, nos seus primeiros cinco anos de vida.

Os registros referem-se à memória dos exemplos e pronunciamentos dos pais reais, ou dos pais substitutos. A dependência da criança pequena, e sua incapacidade para raciocinar e verbalizar, faz com que ela registre quaisquer dados, sem corrigi-los ou explicá-los. As regras dos pais são registradas como verdades, boas ou más, com conteúdo mais emocional do que lógico.

Na maior parte das vezes, para a criança, é indispensável a interiorização da ordem de seu pai ou mãe, para garantir seu ajustamento e seu equilíbrio no lar onde está sendo criada. No entanto, ela também interioriza possíveis comportamentos incoerentes, quando os pais dizem uma coisa e fazem outra coisa, diferente da orientação dada à criança.

Um pai bom e uma mãe ruim (+ com −) vão produzir um PAI enfraquecido (um esquema mental mais fraco).

Exemplos simples de interiorização de atitudes ou ideias de pai ou mãe:

- uma mãe sempre ouviu de sua própria mãe que "chapéu ou casaco nunca se coloca em cima da mesa". Já adulta e mãe de uma filha adolescente, ela nunca deixou de agir segundo a orientação de sua mãe e passou a mesma recomendação para a filha.
- dona de casa que recebeu sugestão do marido para comprarem aparelho triturador de lixo da cozinha e que sempre adiou esta compra, sem se dar conta da razão do seu procedimento. Um dia descobriu que quando menina o lixo da cozinha, na casa de seus pais, era guardado para servir de alimento para os porcos.

Existem fontes de dados comportamentais que são registrados formando um registro PAI. O exemplo mais marcante do nosso tempo é o do efeito da televisão sobre o psiquismo da criança. Se, por exemplo, ela assiste a programas violentos na TV é provável que ela repita esta violência na sua relação com os colegas da escola.

Na infância, registram-se mais as emoções produzidas por ações externas, já que não se tem capacidade crítica, racional e discriminativa para avaliar o que é bom e ético e o que não se enquadra nestes padrões. Podemos lembrar também crimes cometidos por adolescentes nas suas escolas, quando tiraram a vida de jovens sem um aparente motivo. Quanto mais patológica for a personalidade de um jovem, mais será afetada por atitudes violentas dos pais ou violência vista no cinema ou na TV.

- **CRIANÇA:** enquanto os acontecimentos externos estão sendo gravados no PAI, outra gravação é feita, simultaneamente, que é o registro dos acontecimentos internos, das reações emocionais de uma criança pequena ao que vê e ouve, nas situações que vivencia.

Na terapia há a recordação de acontecimentos e de cenas passadas, que são a reprodução do que um paciente adulto viu e ouviu quando criança. Os adultos fazem inúmeras exigências às crianças para que não tenham um comportamento meramente instintivo. Assim fazendo, reprimem satisfações básicas ou a vida instintiva das crianças. Elas são "pequenos animais" que reagem com agressividade, batem nos colegas quando algo não lhes satisfaz, têm urgência na satisfação de suas necessidades fisiológicas, precisam estar se movimentando continuamente, desarrumando a casa ou até quebrando móveis e utensílios da mesma.

A criança não tem noção de causa e efeito, não verbaliza adequadamente o que está sentindo, quando é bem pequena, e por isso imagina que quando os pais reclamam e ficam zangados a culpa é sempre dela, que sempre é assim e sempre será assim.

Esse estado emocional produz um sentimento negativo: "eu não sou OK". Essas situações ocorrem com pais bons e cuidadosos e muito mais ainda quando os pais são problemáticos.

Situações difíceis na vida adulta trazem de volta o estado emocional e mental interiorizado da criança, fazendo com que se reproduzam sentimentos negativos, como por exemplo, rejeição, frustração e abandono. Assim sendo, numa pessoa dominada por emoções ou por raiva, dizemos que a CRIANÇA assumiu o comando. No entanto, também existe um lado alegre nas memórias das vivências infantis: o primeiro gole de um refresco gostoso, o contato com o gatinho de pelo macio, o prazer de um banho de banheira cheia de bichinhos de borracha.

De maneira geral, nas pessoas que tiveram uma infância difícil, o sentimento de "eu não sou OK" supera as vivências positivas e agradáveis. Berne compara o registro das vivências infantis passadas a uma gravação dos acontecimentos.

Em geral a dimensão CRIANÇA para de gravar as situações e emoções mais ou menos aos cinco anos de idade, quando começa uma vida social e uma ida a escola. Por isso as gravações posteriores vão reforçar as mais antigas.

Nesse ponto, cabe uma pergunta: se saímos da infância com um conjunto de experiências gravadas permanentemente no PAI e na CRIANÇA, qual a nossa possibilidade de mudar e superar o passado? A resposta vem com o surgimento de outra dimensão do psiquismo, o ADULTO, ou a parte do psiquismo que pensa e examina racionalmente os dados registrados, refletindo sobre os fatos ocorridos, que estão ocorrendo e que ainda podem vir a ocorrer.

Para Berne, o ADULTO principia ao redor dos 10 meses, quando a criança começa a registrar melhores situações que lhe provocam prazer na locomoção, porque se mexe com mais independência, tendo liberdade de ir e vir. Para o mesmo autor, é a repetição desta memória infantil que vivenciamos quando caminhamos de um lado para outro para refletir e diminuir a nossa ansiedade.

O adulto se preocupa em transformar estímulos em informações, tentando processar e arquivar estas informações, comparando-as com experiências prévias.

Passando pela infância e adolescência o ADULTO vai amadurecendo, de fraco torna-se forte e aí podemos comparar três dimensões psíquicas da vida adulta:

- **o ADULTO desenvolve o conceito pensado da vida;**
- **o PAI desenvolve o conceito ensinado da vida;**
- **a CRIANÇA desenvolve o conceito sentido da vida, ou uma percepção mais emocional da mesma.**

O objetivo do amadurecimento não é acabar com o PAI e a CRIANÇA, mas ser livre e ter certa neutralidade para examinar este conjunto de dados.

A verificação dos dados do PAI não apaga as gravações "não OK" na CRIANÇA. Quando uma criança apanha da mãe, para que não fique sozinha na rua, sua reação é de medo e raiva, porque não entende que sua mãe o ama e quer protegê-lo. Estes sentimentos ficam gravados como emoções e não têm uma componente lógica e crítica sobre o acontecimento vivenciado. Não podemos apagar a gravação, mas podemos "desligar" o aparelho mental, esquecendo as referidas vivências.

Também são verificados dados da CRIANÇA, para se analisar quais sentimentos podem ser expressos com segurança. Na nossa sociedade é normal que a mulher chore num casamento, por exemplo, mas não que ela grite com o marido, mais tarde, na recepção, neste mesmo casamento. No entanto, gritar e chorar são emoções gravadas na CRIANÇA.

O ADULTO conserva a expressão emocional adequada e atualiza o PAI e a CRIANÇA, exercendo a importante função de estimativa das probabilidades.

As probabilidades não examinadas ou conscientizadas podem ser a base de muitos fracassos transacionais, ou de relacionamento com situações e pessoas.

Se o ADULTO está aberto para estimar as probabilidades de um problema, ele está preparado para encontrar soluções para o problema, quando este se concretizar.

Para se desenvolver a competência da criatividade, devem-se examinar os dados antigos, validando-os ou não, fazendo o arquivamento dos mesmos para uso futuro.

Pode ser mais seguro para a vida emocional de uma pessoa acreditar mais numa mentira do que em seus próprios olhos e ouvidos. Podemos citar o exemplo de alguém que tem seu pai preso, por ter cometido um delito; este filho terá dificuldade em acreditar na sociedade que tirou a liberdade do pai e pode acreditar que "ela não presta".

Em decorrência do anteriormente exposto, na vida adulta, Berne julga que existem quatro posições possíveis a serem assumidas nas situações e relacionamentos que temos:

- eu não sou OK e você é OK;
- eu não sou OK e você não é OK;
- eu sou OK e você não é OK;
- eu sou OK e você é OK.

No final do terceiro ano de vida, ou durante o terceiro ano, a criança já decidiu por uma das três primeiras posições.

Em geral "eu não sou OK e você é OK" é a primeira decisão que se baseia nas experiências do primeiro ano de vida. Nossas experiências de vida, quando bem pequenos, embora não reproduzíveis em palavras, são gravadas e posteriormente reproduzidas na vida adulta.

Pelo final do segundo ano de vida a primeira posição é abandonada em favor da segunda ou terceira posições antes citadas. Ficará sempre assim, a menos que a pessoa, conscientemente, mude para a quarta posição.

Vamos explicar melhor as quatro posições mencionadas:

- **Eu não sou OK e você é OK:** a criança firma essa posição, segundo os psicanalistas Adler e Sullivan (que contribuíram para os conceitos da Análise Transacional), devido ao seu pequeno tamanho e desamparo, típicos da sua idade, que faz com que se considere inferior aos adultos.

Também existe nesta posição uma vivência de carinho em relação ao adulto, contida no você é OK, já que numa relação sadia entre pais e filhos, estes cuidam, alimentam e dão proteção à criança. Nesta posição, a dimensão ADULTO tem algo com que trabalhar: que devo fazer para ganhar carinho e aprovação?

As pessoas podem viver essa posição de dois modos:

- viver com roteiro de vida que confirme "o não OK". Isso leva a uma vida reclusa, já que é penoso viver cercado de gente OK. Em consequência procura-se estímulo na fantasia e numa vida de desejos: "se eu... e quando eu";
- viver com roteiro provocador que obriga outras pessoas a se voltarem contra a pessoa, provando assim, mais uma vez que "eu não sou OK".

Outro modo, mais comum de vivenciar esta posição, é através de um contrarroteiro, com vivências e pensamentos emprestados do PAI: você pode ser OK, se...

Uma pessoa assim procura amigos e associados, com PAI grande, e se torna ansiosa, doce e submissa. Passa a vida toda se esforçando para galgar posições e ganhar aprovação para seus atos e realizações. Quando atingem uma posição pretendem logo passar para outra. "O não OK" redige o roteiro; "você é OK" (e eu quero ser como você) redige o contrarroteiro. Nenhuma das duas atitudes gera felicidade porque a pessoa continua "não OK". Conhecida e conscientizada a posição, modificando-se as características do contrarroteiro, pode-se ajudar a pessoa a elaborar novo plano de vida, como ADULTO.

- **Eu não sou OK e você não é OK:** pelo final do primeiro ano de vida a criança está andando e não depende mais de ser apoiada e segurada com frequência. Se a mãe é um tanto fria e distante, e se aceitou apenas em parte a sua maternidade e o filho, para ela este acontecimento sinaliza que terminaram os dias de bebê do seu filho. Em função disso o contato físico diminui e quase cessa.

As punições de algumas condutas do filho ocorrem com mais frequência e rigor. Se este afastamento e frieza prosseguirem até o segundo ano de vida, a criança conclui: "eu não sou OK e você não é OK". Nesta posição o ADULTO para seu desenvolvimento, o qual no primeiro ano de vida significa treinar o ato de caminhar e no segundo ano tem a característica de pensar a causalidade dos acontecimentos. A pessoa pode sofrer uma regressão, tentando obter um contato físico semelhante ao que tinha quando estava com um ano de idade e precisava ser segurado e alimentado.

- **Eu sou OK e você não é OK:** acontece muito nas crianças que sofrem agressões brutais dos pais. Há um OK positivo, mas de onde vem ele se a fonte de carinho (os pais), que deveria ser favorável, não é OK?

Supõe-se que o fato ocorra na recuperação de ferimentos dolorosos, como por exemplo, nas lesões corporais. Parece que quando a criança está se recuperando das agressões experimenta uma sensação de autoconforto: "vou ficar bom se você me deixar sozinho e quieto; eu sou OK sozinho".

Quando o pai agressivo aparece, a criança sente medo e pensa: "eu sou OK e você não é OK". A história de criminosos revela este tipo de abuso físico que leva a criança a experimentar a violência, mas também a capacidade de sobreviver.

Fica condicionada a pensar que tudo acontecerá de novo e, quando fica mais velha pensa que deve reagir de forma agressiva, sem piedade, buscando ser dura e se defender. O ódio passa a ser um sentimento que a sustenta, embora procure disfarçar essa atitude. A culpa sempre é a dos outros. Uma pessoa assim vai procurar se cercar de pessoas servis e bajuladoras.

- **Eu sou OK e você é OK:** a diferença nesta dimensão é que as três primeiras fases são inconscientes, ocorrendo em primeiro lugar a fase eu não sou OK e você é OK, que é a que permanece por toda a vida, na maioria das pessoas.

Na quarta dimensão, existe verbalização de ideias e emoções e uma consciência dos acontecimentos, o que provoca uma quantidade maior de informações sobre o próprio indivíduo e os outros, como também pode incorporar possibilidade de pesquisas diferenciadas no campo da Filosofia e da Religião. Ou seja, ela possibilita maior capacidade de reflexão e amadurecimento.

As três primeiras posições são baseadas em sentimentos, a quarta é baseada no pensamento, na fé, na avaliação do risco da ação e dos fatos da vida. Lamentavelmente a posição mais comum é a "eu não sou OK e você é

OK e a maneira mais comum de desempenhar seguindo o perfil desta posição é através dos jogos".

Berne define os jogos como "uma série de transações complementares, que se vão desdobrando até um resultado previsível, bem definido". Ou então, também conceitua os jogos "como um conjunto de transações, frequentemente repetitivas, superficialmente plausíveis, com uma motivação oculta", ou ainda como "uma série de movimentos, com uma cilada ou truque que ocorre no final dos mesmos".

Para Berne, aparentemente, todos os jogos têm origem num jogo simples de infância: "o meu é melhor do que o seu". Este jogo traz alívio à posição não OK e pode ser observado em crianças com até três anos.

O alívio sentido refere-se à inferioridade da criança em relação ao adulto. Sucede que os adultos também jogam o jogo "o meu é melhor que o seu". Adquirem alívio comprando casa maior do que o vizinho, ou caprichando na modéstia: "sou mais humilde que você". Em consequência do exposto, a quarta posição é uma posição mais racional e consciente, e não sentimento ou emoção, os quais são mais comuns de ocorrerem no nível mais inconsciente.

Os registros "não OK da CRIANÇA" não são apagados por uma decisão no presente. A tarefa a cumprir é como iniciar uma coleção de registro OK e que resulte em transações bem sucedidas, com estimativas corretas das probabilidades, programadas pelo ADULTO e não pelo PAI ou pela CRIANÇA. Naturalmente tudo isso deve ser baseado numa ética que possa ser explicada racionalmente. Saber que eu sou OK e você é OK implica em saber que alegria e tranquilidade instantâneas não podem ocorrer com rapidez, devendo-se ter paciência e fé e maturidade, ao buscar o sucesso de uma ação ou situação.

Quando nos recusamos a crer em algo porque nos desagrada (PAI), ou nos assusta (CRIANÇA), ou só porque é chocantemente novo, aí então a distância entre o fato e a percepção se transforma num abismo e a ação se torna irracional.

Temas para Reflexão:

1 – Qual o autor que estabeleceu o modelo PAC da Análise Transacional?
2 – Durante uma terapia as pessoas revelam vários estados de consciência?
3 – Qual a dimensão do psiquismo PAI, segundo Berne?
4 – Qual a dimensão do psiquismo CRIANÇA, segundo o mesmo autor?
5 – Qual a dimensão do psiquismo ADULTO, segundo Berne?
6 – Qual o objetivo do amadurecimento do ser humano segundo Berne?

7 – Quais são as quatro posições que Berne julga que podem ser assumidas nos relacionamentos humanos?

8 – Qual o significado da posição eu não sou OK e você é OK?

9 – Qual a interpretação da posição eu não sou OK e você não é OK?

10 – Como explicar a posição eu sou OK e você não é OK?

11 – Como conceituar a posição eu sou OK e você é OK?

12 – Segundo Berne, qual a posição que é baseada no pensamento, na fé, na avaliação do risco da ação e nos fatos da vida?

2.3 LIDERANÇA E ESPÍRITO EMPREENDEDOR; AS COMPETÊNCIAS HUMANAS E ORGANIZACIONAIS NA GESTÃO MODERNA

Existe um comentário antigo que diferencia o gerente do líder. Um bom gerente, capaz de administrar sua área, não é necessariamente um bom líder. O líder deve ser capaz de inspirar e empolgar seus colaboradores com uma boa visão de futuro, alinhando sua equipe com a missão da empresa, seu planejamento, sua cultura, fazendo com que busquem a inovação e façam as mudanças necessárias. Naturalmente, o ideal é que o gerente também seja um bom líder.

Neste segundo livro, sobre o tema, resolvi mencionar a opinião de professores, consultores e executivos, com vivência associada ao *business*, diretamente ou indiretamente responsáveis pelo fazer acontecer e por obter melhores resultados nas empresas.

Meu objetivo é correlacionar liderança, espírito empreendedor e sucesso nos negócios.

Vou começar por um antigo mestre, Peter Drucker, citando e comentando sua obra *O Líder do Futuro*, da Editora Futura.

Peter Drucker estabelece um perfil de todos os líderes eficazes com os quais interagiu ao longo da sua expressiva carreira de escritor, consultor e guru de empresas:

- A única definição de líder é de alguém que possui seguidores. Algumas pessoas são pensadoras, outras são profetas. Os dois papéis são importantes e muito necessários. Mas sem seguidores, não podem existir líderes.
- Um líder eficaz não é alguém que é amado e admirado. É alguém cujos seguidores fazem as coisas certas. Popularidade não é liderança. Resultados sim.
- Os líderes são bastante visíveis. Portanto servem de exemplo.

- Liderar não quer dizer posição, privilégios, títulos ou dinheiro. Significa assumir responsabilidades.

O mesmo Peter Drucker ainda afirma: "independentemente da diversidade quase ilimitada de personalidade, estilo, capacidade e objetivos, os líderes eficazes que encontrei, com quem trabalhei e quem observei, também se comportavam de forma muito semelhante".

Prosseguindo, Drucker continua fazendo o perfil dos líderes, que assim pode ser resumido:

- não começavam pela pergunta: "o que eu quero?". Começavam perguntando: "o que precisa ser feito?";
- depois questionavam: "o que posso e devo fazer de importante?" Isso precisa ser algo que tanto necessite ser feito quanto corresponda à capacidade do líder e à maneira como ele é mais eficaz;
- constantemente questionavam: "qual a missão da organização e quais são suas metas? O que constitui o desempenho e os resultados nesta organização?";
- eles (os líderes) eram muito tolerantes com a diversidade das pessoas e não procuravam cópias em papel carbono de si mesmos. Raramente perguntavam, "gosto ou não gosto dessa pessoa?" Mas eram totalmente, cruelmente intolerantes, quando se tratava do desempenho, de padrões de comportamento e de valores de alguém;
- não temiam a capacidade de seus colaboradores e pares. Desfrutavam muito dela. O tema destes líderes era o que Andrew Carnegie quis colocar na sua lápide: "aqui jaz um homem que atraiu para assisti-lo pessoas melhores do que ele próprio";
- de uma forma ou de outra se submetiam ao texto do espelho, isto é, certificavam-se de que a pessoa que viam no espelho pela manhã era o tipo que gostariam de ser, respeitar e acreditar. Desse modo resistiam à maior tentação do líder: fazer coisas populares, triviais, inconsistentes e insignificantes, em vez de fazer coisas certas;
- os líderes eficazes não eram pregadores, mas sim pessoas ativas. Líderes eficazes delegam bem muitas coisas; precisam fazê-lo, ou se afogam em ninharias. No entanto não delegam algo que apenas eles podem executar com excelência; realizam aquilo que realmente tem importância, aquilo que define padrões, aquilo pelo que desejam ser lembrados. Eles agem.

Ainda sobre o tema da liderança, vamos citar também o pensamento de Charles Handy, escritor e educador:

- o líder precisa conquistar sua autoridade;
- o líder precisa de crença em si mesmo para caminhar em direção ao desconhecido e persuadir outros a irem onde ninguém esteve antes. Mas, isto exige a capacidade de duvidar e perceber que podemos errar. Deve ainda ouvir os outros, e não somente falar;
- o líder precisa ter paixão pelo trabalho combinada com outros interesses e vivências: cinema, teatro, viagens, por exemplo;
- o líder precisa ter amor pelas pessoas porque os que causam sofrimento e aborrecimento são respeitados, e talvez sejam bons técnicos, mas não são seguidos de bom grado;
- o líder precisa aprender a conviver com a solidão, já que nem sempre pode compartilhar suas preocupações com mais alguém. Poucos lhe agradecerão pelo que der certo, mas muitos o condenarão quando os resultados forem negativos.

Um comentário importante é que novas arquiteturas organizacionais estão aparecendo mais baseadas em habilidades e competências e não tanto centradas em cargos e funções. Muitas pessoas podem não ter um cargo com poder formal. No entanto, podem desempenhar um extraordinário papel de liderança numa organização. Para que uma organização opere com flexibilidade, o poder não pode derivar simplesmente de um cargo. Existem outros tipos de poder: o da especialização, do conhecimento, ou das habilidades e conhecimentos que caracterizam determinada especialização; existe ainda o poder das relações e ligações pessoais ou o poder dos carismas.

Uma conclusão possível é a de que a organização que permite às pessoas se manifestarem e desenvolverem este tipo de poder, independente de *status* e hierarquia, vai contribuir para o aperfeiçoamento da liderança.

As empresas modernas precisam trabalhar com as equipes, integrando pessoas e processos de várias áreas, para obterem melhores resultados. As pessoas precisam desenvolver suas habilidades e competências e deve-se buscar a multifuncionalidade e o *empowerment*, se querem fazer mudanças que sejam necessárias.

Por trás das modernas arquiteturas organizacionais percebe-se que uma totalidade pressupõe o encadeamento dinâmico das várias partes do todo. Os conjuntos de pessoas são um algo maior e mais imprevisível do que a soma das partes, quase que formando um organismo vivo, uma mente coletiva, de natureza diversa das individualidades que o compõem.

Diz Peter Senge que começamos a pensar em três tipos essenciais de líderes na construção das organizações voltadas para a aprendizagem (as *learning organizations*), os quais correspondem a três diferentes realidades organizacionais:

- líderes de linha locais, que podem empreender expressivos experimentos organizacionais para testar se novos recursos de aprendizagem conduzem a melhorias nos resultados dos negócios;
- líderes executivos, que apoiam os líderes de linha, desenvolvem infraestruturas de aprendizagem e guiam pelo exemplo, no processo gradual de evolução das normas e de uma cultura voltada para a aprendizagem;
- intercomunicadores ou construtores da comunidade, os semeadores de nova cultura, que podem mover-se livremente pela organização para encontrar aqueles que estejam predispostos a efetuar mudanças, colaborando com experimentos organizacionais e ajudando na difusão de novos aprendizados.

Outro aspecto interessante da liderança é o abordado por Edgar H. Schein, quando foca o líder como agente de mudança, acompanhando as transformações tecnológicas, econômicas, políticas e socioculturais.

Tudo que faz com que uma organização se institucionalize, chegando a certo grau de maturidade, pelo impacto de várias forças num certo momento, exige habilidades e competências voltadas para desaprender o que aprendeu. Demanda a perseguição de novos conceitos, processos e sistemas de trabalho.

Nesta realidade, os líderes precisam ter a capacidade emocional de dar apoio à organização enquanto ela lida com as ansiedades resultantes do ato de se desprender processos anteriormente bem-sucedidos.

Uma cultura é o produto de muitas ações passadas e não pode ser alterada radicalmente e arbitrariamente. No entanto, os modelos conceituais da cultura antiga podem ser expandidos, ampliados e associados à criação de nova cultura. Se uma organização foi, por longo tempo, baseada em incentivos individuais, ela não pode, de repente, exigir o trabalho em equipe e participativo, apenas porque o Presidente concluiu que um trabalho coletivo é mais importante do que o desempenho individual. A maneira de associar o sistema de gestão mais antigo ao novo, que se quer criar, é passar a recompensar os colaboradores na ação de ajudar os demais colegas; por contribuírem não só para o trabalho de suas áreas, mas também para as tarefas de outros departamentos.

Rosabeth Moss Kanter nos fala de sua percepção do que sejam os líderes cosmopolitas, líderes de classe mundial: "os cosmopolitas não são simplesmente cidadãos do mundo, que viajaram muito; algumas pessoas que viajam permanecem irremediavelmente provincianas; muitos cosmopolitas de mente aberta estão bastante comprometidos com suas comunidades locais".

Os cosmopolitas são líderes de mente aberta e acessíveis aos parceiros. São receptivos às informações externas ao seu modelo de trabalho atual e tem prazer em novas experiências e ideias. Estão um passo à frente dos demais na visão de novas possibilidades que rompam com os modelos tradicionais. Os líderes cosmopolitas do futuro devem ser integradores que enxerguem além das diferenças óbvias entre as organizações, setores, áreas, funções ou culturas. Devem ser diplomatas que resolvam conflitos entre os diferentes meios pelos quais organizações, comunidades ou países operam; podem influenciar pessoas a trabalharem participativamente e a encontrarem uma causa comum. Devem ser multifertilizadores, levando o melhor de um lugar para outro. Também devem ser profundos pensadores, bastante inteligentes para enxergar novas possibilidade e concebê-las.

Kanter chama a atenção para a exigência, cada vez maior, feita a um líder, em termos de inteligência, capacidade e agilidade mental, para que possam "imaginar possibilidades fora das categorias convencionais, visualizando ações que cruzem as fronteiras tradicionais, prevendo as consequências, tirando proveito das interdependências, fazendo novas conexões, ou inventando novas combinações de ideias ou de ações".

Oportunidades empreendedoras não respeitam territórios, não se apresentam nas caixas estabelecidas nos organogramas. Quanto mais acentuadas as divisões entre funções ou entre empresas, menos provável é que as pessoas se aventurem fora de suas caixas para tentar algo novo. Cabe aos líderes cosmopolitas incentivar aos demais a abrir suas mentes e recorrer à força da parceria nas organizações, assim como através delas.

Existem inúmeras características citadas por diferentes autores sobre o perfil de um líder, mas uma das que mais me impressionou é a de Judith Bardwick, que afirma que o líder deve comportar-se de modo íntegro. Ou seja, sem integridade a confiança dos liderados nunca é obtida. Os melhores líderes são transparentes: eles fazem o que dizem, suas ações são coerentes com suas palavras. As pessoas acreditam neles porque agem em linha com os valores que adotam. Não fazem jogos maquiavélicos de manipulação e má-fé. Neste sentido, são vistos como pessoas honestas.

Ser íntegro baseia-se em parte na coragem. Requer honestidade consigo mesmo, assim como com os outros, e em relação ao que é sinceramente valorizado e considerado importante. Comportar-se de modo íntegro também significa ser coerente com as suas próprias escolhas e ações. Além de coragem, os líderes devem ter alguma certeza quanto à direção a seguir e quanto ao caminho a escolher.

Tudo isso requer dos líderes uma firme e constante convicção dos valores e propósitos que os levam a distinguir entre certo e errado, sabedoria e tolice.

Stephen Evey diz algo semelhante a Bardwick, destacando como primeira função de um líder gerar um modelo de liderança baseado em princípios. Quando uma pessoa ou uma organização está baseada em princípios, torna-se um modelo, um exemplo para outros. Esse tipo de modelo, esse tipo de caráter, competência e ação promove a confiança entre as pessoas, fazendo com que se identifiquem com ele e por ele sejam influenciadas. Servir de modelo, consequentemente, é uma combinação de caráter (quem você é, enquanto pessoa) e competência (o que você pode fazer). Estas duas qualidades representam seu potencial de realização. Mas, quando você realmente faz acontecer, quando combina ação e caráter, consegue estabelecer o modelo do líder ideal.

Temas para Reflexão:

1 – Como Peter Drucker define o que é um líder?
2 – Quais as características de um líder segundo o mesmo autor?
3 – Segundo Drucker, podemos encontrar líderes com diversos estilos de personalidade, estilo pessoal, capacidade e diferentes objetivos?
4 – Segundo Drucker, quais as principais perguntas feitas pelos líderes, quando envolvidos em uma ação ou solução de um problema?
5 – Segundo o autor, líderes temem interagir com pessoas diversas?
6 – Segundo ele, líderes temem a capacidade, a competência, e o talento dos subordinados?
7 – Segundo Drucker, líderes eficazes são proativos ou são discursadores?
8 – O líder, segundo Drucker, tem que acreditar em si mesmo e ter a capacidade de viver momento de solidão e isolamento?
9 – Pessoas podem exercer algum tipo de liderança, se a mesma não está baseada em um cargo, com poder formal?
10 – Quais os tipos de poder que não derivam de um cargo formal?
11 – As empresas modernas precisam integrar pessoas e processos?
12 – É importante que as empresas modernas desenvolvam habilidades e competências das pessoas, bem como multifuncionalidade e *empowerment*?
13 – Qual a importância atribuída aos grupos de pessoas nas arquiteturas organizacionais modernas?
14 – Segundo Peter Senge, quais são os três tipos de líderes encontrados na construção das *learning organizations*?
15 – Qual o autor que foca o líder como agente de mudança?
16 – Podemos alterar radicalmente e arbitrariamente uma cultura organizacional?
17 – Modelos de uma cultura organizacional antiga podem ser ampliados e associados à criação de uma nova cultura?
18 – Como Elizabeth Moss Kanter define líderes cosmopolitas?
19 – Quais as exigências feitas a um líder segundo Kanter?
20 – Qual o autor que afirmou que o líder deve se comportar em forma íntegra?
21 – Qual a primeira função de um líder segundo Stephen Evey?

3

Perfil de um Líder; Avaliação de Desempenho; Motivação de Pessoas

3.1 CARACTERÍSTICAS ESSENCIAIS DE UM LÍDER

Todos os estudiosos da liderança apresentam uma lista de atributos que os líderes devem ter. Para conhecimento do leitor vamos enumerar alguns desses atributos, segundo vários autores:

- **Warren Bennis, autor de *On Becoming a Leader*:**
- Visão orientadora; paixão; integridade; confiança; curiosidade; ousadia.
- **Burt Nanus, autor de *The Leader's Edge*, coautor com Warren Bennis do livro *The Strategies for Taking Charge*.**
- Visão do futuro; domínio da mudança; desenho organizacional adequado à visão; aprendizagem previdente e continuada; iniciativa; domínio da interdependência (incentivo à comunicação e troca de ideias); altos padrões de integridade.
- **Stephen Covey, autor de *Os Sete Hábitos das Pessoas muito Eficazes* e *Principle-Centered Leadership*:**
- Ser proativo; começar com o resultado em mente (visualização do futuro a ser alcançado); (colocar as coisas mais importantes em primeiro lugar); pensar sempre em vencer, pensando sempre que existe muito de alguma coisa para todos (não acreditar que o sucesso de uma pessoa requer o fracasso de outra); pensar sempre em vencer; tentar primeiro entender, depois ser entendido; buscar a sinergia (acreditar que o todo é maior do que

a soma das partes; valorizar diferenças entre pessoas); aprimorar (busca do aperfeiçoamento e da inovação contínuos).

- **Stephen Covey e as oito características diferenciadoras de líderes centrados em princípios:**
- Aprendizado contínuo; orientação para o serviço (encarar a vida como uma missão); irradiar energia positiva; acreditar nas outras pessoas; ter uma vida equilibrada (ser moderado, simples, direto, não ser manipulador); ver a vida como uma aventura; buscar a sinergia (incentivar mudanças produtivas e trabalho inteligente); fazer exercícios físicos, mentais, emocionais e espirituais para a autorrenovação.

Este critério de atributos que um bom líder deve possuir foi contestado por autores como Peter Drucker e Warren Blank e colegas do Leadership Group em Chapel Hill, Carolina do Norte (Estados Unidos). Estes últimos afirmam que podemos entender melhor os líderes se focalizarmos menos seus traços e mais o relacionamento entre eles e seus seguidores. Segundo eles o que os líderes têm em comum é ter seguidores voluntários; não líderes não têm seguidores.

Quando se foca o relacionamento como ponto mais importante da relação entre líderes e seguidores, encontramos o que Warren Blank resume em nove leis da liderança, sendo que as a seguir transcritas são as mais importantes:

- Um líder tem seguidores e aliados voluntários; líderes com a intenção de realizar algo importante devem envolver outras pessoas na sua causa.
- A liderança é um campo de interação; não é tanto uma relação pessoal, mas sim uma relação interpessoal; demanda o desenvolvimento de um sólido relacionamento profissional com colegas e colaboradores.
- A liderança ocorre sob a forma de um evento, ou de liderança em condições específicas: o líder de hoje pode não ser o líder de amanhã.

Na evolução dos conceitos de liderança, dos estudiosos mais recentes, existe uma ênfase no desenvolvimento de uma visão para a empresa, sem focar tanto a construção de uma estratégia de negócio. A última é considerada necessária, mas não suficiente.

A conclusão é que as pessoas não se comprometem facilmente com estratégias, não formam vínculos emocionais com elas. As estratégias pontuam o quê, mas não o porquê e este último tem mais significado para os colaboradores. Estes devem sentir que pertencem a uma organização com a qual se identificam, pela qual sentem orgulho, e com a qual se comprometem. Ou seja, os funcionários devem pertencer a uma organização com um propósito.

Karl Albrecht, autor do livro *Service America* e também da obra *The Northbound Train*, explica a necessidade de uma visão da seguinte forma: "de muitas formas a crise nos negócios hoje é uma crise de significado. As pessoas não se sentem seguras por não entenderem mais o porquê por detrás do quê. Perderam a sensação de que as coisas são bem definidas e que trabalhar duro leva ao sucesso.

Cada vez mais pessoas sentem dúvida e incertezas com relação ao futuro de suas empresas e, em consequência, dúvidas com relação às suas próprias carreiras e futuro. Um número cada vez maior de empresas e seus indivíduos se encontram em uma crise de significado. Os que aspiram papéis de liderança nesse novo ambiente não devem subestimar a profundidade dessa necessidade humana do significado. É uma aspiração humana muito fundamental, um apetite que não acabará".

A visão é mais emocional que analítica, devendo atingir o coração e não só a mente.

Segundo Karl Albrecht, é uma imagem compartilhada do que queremos que a empresa seja ou se torne. A visão responde a pergunta: "Como desejamos que as pessoas queridas nos vejam? A declaração de visão envolve um elemento de objetivo nobre e altos valores, de algo considerado especialmente valioso."

Muitas visões de empresa são expressas em uma forma simples e objetiva, como pode ser analisado nos exemplos seguintes:

- 3M: Resolver problemas não solucionados, de forma inovadora.
- HP: Oferecer contribuições técnicas para o progresso e bem-estar da humanidade.
- Nike: Experimentar a emoção da competição da vitória e de vencer os adversários.
- Sony: Experimentar a satisfação de progredir e aplicar a tecnologia em benefício do público.

É importante registrar algumas perguntas que devem ser feitas para se gerar uma visão relacionada com a empresa onde alguém atua:

- Qual é o negócio da empresa, quais são suas peculiaridades e como a organização opera, na prática?
- Que tipo de cultura é dominante na empresa e quais são os valores fundamentais da mesma?
- A empresa tem uma visão claramente definida?

- Todos os colaboradores têm uma visão clara da visão e de onde a empresa quer chegar?
- A visão está alinhada com a estrutura organizacional, com os processos de trabalho, com o sistema de informações e com as políticas de gestão de pessoas?
- Como a visão afeta as várias áreas da empresa e também os acionistas, os clientes, os fornecedores e o governo?
- Como o cenário futuro de inovações tecnológicas ou de aumento de competidores, por exemplo, afeta a direção da empresa sinalizada pela visão?
- Qual o impacto sobre a visão de possíveis alterações futuras no cenário social, econômico e político?
- Existem visões alternativas que possam ser comparadas com a visão principal, para os próximos anos da empresa no mercado onde atua?

Outro ponto importante é correlacionar as competências do negócio com as competências pessoais do colaborador. Da mesma maneira, é importante correlacionar a visão da empresa com a visão de vida e carreira que o colaborador tem sobre si mesmo.

Outro estudiosos da liderança observam ser relevante para um líder que ele tenha a habilidade de contar histórias. O Psicólogo Howard Gardner, já citado no nosso primeiro livro, sobre um tema diferente (*A Gestão de Pessoas nas Organizações*: práticas atuais sobre o RH estratégico), afirma que talvez o segredo da liderança seja a comunicação eficaz de uma história.

Ele descobriu que líderes famosos, ou mais ou menos famosos, se distinguiam de outros não tão bem-sucedidos, por terem se mostrado bons contadores de histórias, no início de suas vidas. Eles tinham boa oratória e/ou capacidade de redigir textos impactantes.

O referido autor observou que as histórias mais significativas, narradas por líderes, referem-se a perguntas que fazemos sobre nossas escolhas pessoais, sociais e morais. Na realidade estas questões se relacionam com nossa busca de identidade.

Gardner ainda comenta que o público que um líder visa atingir não é um quadro em branco, esperando que a primeira, ou a melhor história seja gravada. O colaborador de um líder já tem no seu interior muitas histórias que lhes foram contadas em casa, na sociedade onde viveu e também no ambiente profissional, ao longo da carreira. Uma nova história deve abrir caminho em meio à enorme quantidade de histórias que já foram assimiladas pelo colaborador. Uma nova história, contada por um líder, poderá encontrar muita resistência e ser rejeitada se a identidade que ela expressa for muito nova ou muito diferente das histórias que o colaborador já interiorizou.

Diz o mesmo autor que líderes e seguidores desempenham papéis num drama dinâmico, com várias etapas que ocorrem ao longo do tempo. As histórias se integram, não permanecendo isoladas. Todas elas passam a fazer parte da história e da identidade do colaborador. Cabe ao líder ser hábil para contar uma nova história que agregue valor e motive o colaborador, num determinado momento de sua vida e da existência da empresa.

Este assunto do líder, com habilidade para contar uma história, está profundamente relacionado com a visão de uma empresa (aonde ela quer chegar) e com a estruturação de uma mudança organizacional ou gestão da mudança (*change management*), a qual está explicada na segunda parte do presente livro.

Pelo anteriormente exposto percebe-se que não seria necessário comunicar uma visão se ela já fosse conhecida; também não seria necessário existirem líderes para se fazer o que já se conhece bem. A moderna liderança tem a ver com a implantação de uma mudança, alterando o que se fez no passado e com uma visão nova de um cenário futuro.

Numa empresa tradicional, as ideias dos colaboradores que estão na base da estrutura, estão sujeitas a um detalhado processo vertical de revisão e de aprovação, estão sujeitas a uma autoridade centralizadora. Esse sistema, que garante o controle e a conformidade também inibe a iniciativa e a criatividade.

Nas empresas mais modernas e arrojadas os líderes criam culturas que encorajam o espírito empreendedor na linha de frente, encorajando as pessoas a darem novas ideias, questionando a estratégia, as políticas e os objetivos da empresa. O líder ajuda a criar, a destruir (quando necessário) e a mudar, acabando com a burocracia e a dificuldade de inovar; ele procura visualizar novas possibilidades, trabalha junto com os colaboradores e também procura aconselhá-los e servi-los.

Neste ponto cabe uma referência ao líder servidor, conceito criado por Robert K. Greenleaf, ex-diretor de pesquisa gerencial da AT&T, o qual se inspirou, na década de 1960, nos textos do escritor suíço-alemão Hermann Hesse, principalmente na sua obra *Viagem ao País da Manhã*.

A história do livro conta uma viagem espiritual de um grupo em busca da sabedoria do Oriente. O personagem principal, Leo, é um servo que assiste ao grupo e mantém a união do mesmo durante a jornada. Um dia, ele desaparece; o que causa a interrupção da jornada do grupo e a sua separação.

Depois de muitos anos de busca, Leo é localizado e é reconhecido como um mestre de uma ordem mística que patrocinara a jornada do grupo ao Oriente. A conclusão é de que a boa atitude de servir é a atitude do líder, no caso, exemplificada pelo comportamento de Leo, o qual independente do seu *status* na referida ordem, procurava dar assistência a todas as pessoas.

Greenleaf desenvolveu posteriormente o conceito do líder como servidor e também o conceito de *empowerment* na organização.

Assim, seguem abaixo algumas características do servo líder, que hoje são bem aceitas e praticadas:

- Faz perguntas relativas a como ele pode ser útil para os colaboradores.
- Acredita que a organização mais produtiva é aquela em que existe o maior volume de iniciativas voluntárias.
- Tem a crença de que as pessoas estão em primeiro lugar e busca formar outras lideranças.
- Enfatiza o comportamento ético.
- Procura diminuir a competição interna, principalmente a destrutiva.
- Procura equilibrar os conflitos e busca melhorar o estilo das pessoas, para que sejam entendidas e ouvidas.
- Interage com os colaboradores e cria tempo na agenda para atender as pessoas.
- Apesar de amistoso com as pessoas, acredita no potencial das mesmas e espera que elas melhorem seu desempenho.

A questão central do tema liderança é se é possível aprender a ser líder, através de treinamento e educação.

A seguir damos um resumo das opiniões de vários pesquisadores e autores sobre o assunto:

- O potencial de liderança pode ser aumentado pela estimulação de alguma capacidade mental e física, principalmente na primeira infância.
- O que acontece nos primeiros anos de vida faz a diferença. São os primeiros sucessos e fracassos, elogios e críticas, que ajudaram ou atrapalharam na construção da confiança pessoal e da capacidade de realização.
- Muitas pessoas se tornam líderes como resultado de dificuldades que encontraram no princípio da vida, o que desenvolve um sentido de missão, levando-as a querer melhorar o mundo e mostrar a todos sua capacidade de realização.
- A liderança tem a ver mais com educação do que com treinamento. A primeira busca mais a informação e o conhecimento podendo gerar compreensão e sabedoria. O segundo desenvolve mais habilidades e técnicas.
- Alguns até sugerem que os líderes devem ter uma formação humanista e uma visão histórica, para que possam entender, holisticamente, seus subordinados.
- Os líderes precisam ter a oportunidade de experimentar na prática a liderança na faixa dos 20 a 30 anos. Esta vivência mostra que somente as téc-

nicas gerenciais isoladas não funcionam em organizações complexas, com grande dinamismo e mudança. A experiência prática da liderança faz com que os gestores lidem com os pontos fortes e fracos das pessoas, aprendendo muito nessa prática e nessa interação humana.
- Os verdadeiros líderes aprendem muito com seus fracassos, que os levam a querer melhorar e superar seus erros.
- O verdadeiro líder tem seguidores constantes, que o apreciam.
- Ponto importante para o líder é manter o relacionamento com os seguidores, ouvindo e apoiando os mesmos.
- O bom líder no presente, numa organização específica, não necessariamente será um bom líder amanhã, em outra empresa.
- O bom líder é mais visionário que estrategista, mais contador de histórias do que um chefe hierárquico, mais um agente e servo da mudança do que um especialista em alguma área da administração.

3.2 A LÓGICA DOS SISTEMAS DE AVALIAÇÃO DE DESEMPENHO E DE MOTIVAÇÃO DE PESSOAS

Esta parte do livro tenta mostrar a lógica das avaliações de desempenho e das práticas que visam motivar e gerenciar pessoas, sempre dando *feedbacks* e informações. É mais importante que o leitor entenda o que se considera como agir em forma correta, segura e produtiva, nestes temas, do que fornecer um sistema específico de avaliação de desempenho. Esta interpretação dos sistemas de avaliação de desempenho pode preparar um gestor para entender como os mesmos funcionam e ajudá-lo a manejar na prática um sistema específico.

No ano de 1978, Thomas F. Gilbert publicou o livro *Human Competence: engineering worthy performance*, no qual se propôs a medir a competência das pessoas no trabalho, explicando também porque as pessoas são incompetentes.

Também se propôs a detalhar os procedimentos necessários para se eliminar a incompetência.

Segundo o mencionado autor, devemos buscar a capacidade de obter o máximo com o mínimo de esforço, liberando tempo para a busca ociosa de outras realizações de maior valor.

Vale à pena fazer uma relação do que Gilbert pensa sobre o tema:
- Deve-se aumentar o número de realizações, reduzindo-se a energia que empregamos para atingi-las.
- Muito trabalho, conhecimento e motivação, sem realizações, não significam bom desempenho.

- As realizações não têm valor se for elevado o esforço utilizado nas mesmas.
- Uma boa avaliação de desempenho, acompanhada de recompensas, deve focar trabalho, motivação, conhecimento e realizações.
- A competência é avaliada através do desempenho manifesto e não pelo comportamento oculto.

Para o autor em questão, se queremos determinar a competência de um grupo, é preciso comparar o desempenho típico desse grupo com o desempenho de outro grupo modelo, que tenha um desempenho elevado.

Esta relação gera um índice, o potencial de melhoria do desempenho (PMD).

Quanto maior a incompetência de um grupo, mais fácil é melhorar o seu desempenho.

A causa imediata de um desempenho deficiente é uma falha no repertório de comportamentos.

O repertório de comportamentos tem três elementos: o conhecimento, ou a contribuição das pessoas ao trabalho resultante de sua educação, o treinamento e a experiência.

O referido conhecimento exige informação, instrumentos (ferramentas, técnicas, tecnologia, processos, procedimentos métodos de trabalho e estrutura organizacional) e incentivos para que o mesmo se transforme em ações concretas.

Para Gilbert, seu sistema permite um diagnóstico do desempenho e considera que nenhuma pessoa ou ambiente é totalmente adequado à tarefa a ser executada. Vale dizer, sempre se pode melhorar o desempenho. O ponto central da reflexão de Gilbert é que para isso acontecer devemos melhorar as estratégias que podem produzir os resultados de maior valor, ou a melhor realização com o menor custo comportamental.

Os motivos mais frequentemente apontados como origem do baixo desempenho são a competência e a motivação. No entanto, a maioria das pessoas tem motivação e competência suficiente para apresentar um bom desempenho. Por isso Gilbert sugere que se priorize o exame do ambiente que a empresa criou para as pessoas poder mostrar sua capacidade de trabalho. Este ambiente deve favorecer a produtividade e a criatividade.

Em face do anteriormente exposto, o autor dá sugestões para se criar um bom ambiente de trabalho:

- Fornecer às pessoas informações suficientes e confiáveis. Falta de informação e *feedback* são as duas maiores razões do surgimento da incompetência.
- Deve-se analisar quem precisa saber de algo e quando precisa saber.

Frequentemente percebe-se que as pessoas não compreendem a missão de sua empresa ou a estratégia do seu negócio, porque não foram informadas a respeito. Além disso, elas não têm medidas, metas e objetivos para avaliarem seu desempenho:

- Avaliar se as pessoas têm as técnicas, os métodos e a tecnologia necessários para o trabalho.
- Dar incentivos monetários e não monetários para melhorar o desempenho.
- Examinar se as pessoas podem aperfeiçoar suas habilidades através de treinamento.

Quando se fala em avaliar o desempenho e fornecer *feedback*, **fala-se também em motivar e incentivar as pessoas.**

Com relação ao tema, não podemos deixar de mencionar Kaplan e Norton e o *Balanced Scorecard*, **pois, segundo eles, para avaliar o desempenho das pessoas e das organizações temos que avaliar, em forma equilibrada, medidas financeiras e não financeiras dos resultados das empresas e das pessoas. Por tal motivo sugerem a utilização de um** *Balanced Scorecard*, **o qual mostra: aos gerentes seniores as medidas não financeiras responsáveis pelo êxito financeiro em longo prazo; aos colaboradores de linha as medidas financeiras agregadas, para que possam conscientizar as implicações financeiras de suas ações.**

Para se obter o equilíbrio nas avaliações mencionadas, os autores sugerem quatro medidas:

- **Perspectiva Financeira**, que indica se a estratégia da empresa e sua execução estão ajudando na melhoria da produtividade, contendo alguns itens:
    - Receita operacional.
    - Retorno sobre o capital empregado.
    - Valor agregado econômico (lucro operacional, após a tributação, menos o custo do capital).
    - Crescimento das vendas.
    - Crescimento das receitas.
    - Percentual da receita decorrente de novos produtos e serviços.
    - Lucratividade por produto, serviço e cliente.
    - Receita líquida por tonelada, preço por chamada, preço por unidade.
    - Receita por funcionário.

- **Perspectiva do Cliente,** a qual em geral não é bem avaliada em termos de satisfação, retenção e aquisição de clientes:
    - Fatia de mercado com clientes-alvo.
    - Crescimento percentual de negócios com clientes existentes.
    - Lucratividade dos clientes.
    - Tempo de desenvolvimento de produtos ou serviços.
    - Entrega pontual de produtos ou serviços.
    - Tempo de resposta às demandas do cliente.
    - Índice de defeitos (principalmente focados nos sistemas de gestão da qualidade).
    - Devoluções.
    - Pedidos de garantia por parte do cliente.
    - Sucesso no tratamento de solicitações de serviço de campo.
- **Perspectiva do processo interno:** são medidas que indicam o sucesso de uma empresa no desenvolvimento e utilização de processos de negócios essenciais para identificação de mercados, criação de ofertas de produtos e serviços, desenvolvimento e entrega de produtos e serviços e prestação de serviço pós-venda ao cliente.
    - Percentual de vendas de novos produtos.
    - Percentual de lançamento de novos produtos em relação ao plano original feito pela empresa.
    - Tempo necessário para desenvolver a nova geração de produtos.
    - Tempo de *break-even* para novos produtos.
    - Eficiência de mão de obra e de equipamentos.
    - Qualidade na fabricação e tempo de ciclo adequado, evitando desperdício, sucata e retrabalho.
- **Perspectiva de aprendizado e crescimento:** mostram se a empresa está treinando adequadamente e motivando o colaborador e se está obtendo melhoria de processos e rotinas e de tecnologia e sistemas.
    - Satisfação do funcionário.
    - Rotatividade e retenção do funcionário.
    - Receita por funcionário.
    - Valor agregado por funcionário.
    - Relação entre funcionários qualificados *versus* necessidades de trabalho previstas.

- Tempo de treinamento para os funcionários adquirirem novas habilidades.
- Sugestões por funcionário.
- Sugestões implementadas.
- Relação entre metas da empresa e metas pessoais dos funcionários.
- Quantidade de informações estratégias existentes contra as necessidades de informações previstas.
- Processos com *feedback* em tempo real de qualidade, tempo de ciclo e custo.
- Número de funcionários com acesso às informações sobre os clientes.

Para finalizar uma breve exposição de como o *Balanced Scorecard* propõe medidas de avaliação do desempenho da empresa e das pessoas, é sugerido que as mesmas não devem ser examinadas isoladamente, existindo a necessidade de ser feita uma correlação das mesmas entre si.

Assim procedendo, segundo o *Balanced Scorecard*, vão ser melhoradas as informações dos funcionários sobre os clientes, incentivando-se ações de mais treinamento e oportunidades de desenvolvimento.

Em consequência, os colaboradores entenderão melhor as necessidades dos clientes e irão oferecer produtos e serviços customizados a essas demandas. Segue-se como resultante maior satisfação dos clientes, maior volume de negócios e maior receita e lucratividade.

Esta rápida exposição do *Balanced Scorecard*, independentemente deste sistema ser ou não utilizado, nos diz que não é simples avaliar o desempenho das empresas e das pessoas e que todo sistema de avaliação de desempenho deve ser customizado ao negócio da empresa e ao seu sistema de gestão e à sua cultura organizacional.

A AVALIAÇÃO 360°:

Este sistema visa fornecer uma informação mais completa e precisa aos funcionários de uma empresa, com relação ao desempenho deles no trabalho. O método procura colher informações de chefes, colegas, subordinados, clientes e outras pessoas.

No seu início histórico, o sistema visava mais o gerenciamento da carreira e ao desenvolvimento das pessoas; hoje, no entanto, ele também visa avaliar o desempenho.

O sistema combina muitas informações e por isso exige que as empresas utilizem um *software* de gerenciamento dos funcionários, para compilar e incluir no mesmo informações das pessoas, utilizando também a *Web*.

Os gerentes podem acessar os objetivos e a progressão na carreira de um funcionário na tela do computador. As autoavaliações dos funcionários e as análises do desempenho dos mesmos são combinadas num modelo 360°.

Após se classificar o desempenho de um funcionário nos objetivos que deveria atingir, os resultados obtidos serão divididos em três categorias:

- Sucessos e realizações obtidos.
- Problemas e frustrações.
- Comentários gerais.

Para garantir a segurança e o sigilo do sistema tem que existir uma senha e um número de identificação do usuário e todos os dados são armazenados e salvos no arquivo do histórico do funcionário.

Outras variações do sistema 360° também podem calcular e gerenciar os incentivos financeiros, com base no desempenho dos funcionários, identificando as falhas na *performance*, fornecendo ainda orientação e sugestão de treinamento.

Uma grande maioria das empresas utiliza o sistema mais com foco no desenvolvimento do colaborador, do que no desempenho. Quando usado nesta última hipótese, pode gerar medo e ansiedade na pessoa avaliada, se o processo não for aplicado com cautela e competência pela área de Gestão de Pessoas.

Para se implantar adequadamente este sistema, deve-se atentar para os seguintes pontos:

- Assegurar o sigilo dos avaliadores. O funcionário não pode identificar quem fez qualquer tipo de comentário a seu respeito, com exceção da avaliação do seu chefe, o qual deverá dar a ele um *feedback* dos resultados obtidos.
- Os avaliadores são responsáveis pelas avaliações bem feitas ou não. As chefias deverão comentar com eles se realizaram bem sua tarefa de avaliação, utilizando bem as escalas de classificação e se suas respostas ao questionário foram precisas e confiáveis.
- Deve-se evitar distorções no sistema, que ocorrem quando alguns avaliadores tentam ajudar ou prejudicar seus avaliados, dando-lhes avaliações muito altas ou muito baixas.
- É importante usar métodos estatísticos, obtendo médias ou outras abordagens estatísticas a fim de se evitar a subjetividade.
- Devem-se registrar preconceitos ou preferências relacionadas à idade, sexo, etnia, religião ou preferências políticas, ou ainda outros fatores que podem distorcer as avaliações.

Existem argumentos favoráveis ou desfavoráveis à utilização do sistema 360°:

Os favoráveis que podem ser citados:

- O sistema é bem completo porque reúne opiniões de várias pessoas que trabalham "ao redor" da pessoa.
- A qualidade das informações é melhor, desde que os avaliadores tenham sido treinados para realizarem as avaliações.
- Inclui clientes externos e internos da área do funcionário, com os quais o avaliado se relaciona.
- Diminui opiniões distorcidas ou tendenciosas sobre o avaliado, pois permite colher a opinião de um número elevado de pessoas (avaliadores), obtendo-se uma média de todas as opiniões.
- O *feedback* de colegas e de outras pessoas pode ajudar no autodesenvolvimento do funcionário.

Os argumentos desfavoráveis vem a seguir:

- O sistema tem uma grande complexidade, a qual é fazer uma combinação bem feita de todas as respostas, para que se obtenha uma boa avaliação da pessoa.
- O *feedback* sempre causa ansiedade e até protestos do avaliado, se o mesmo julgar que os avaliadores tentaram diminuí-lo ou prejudicá-lo nas avaliações.
- Podem ocorrer opiniões conflitantes sobre itens semelhantes.
- O sistema depende muito de ser dado bom treinamento a todos que dele participam. Deve-se atentar para que os avaliados também sejam, ao mesmo tempo, avaliadores de outras pessoas.
- Os funcionários podem sabotar o sistema, dando avaliações negativas uns aos outros.
- Existe a dificuldade de se responsabilizar os avaliadores por respostas não consistentes, se suas avaliações forem anônimas.

A fim se serem evitadas distorções do sistema, algumas providências devem ser tomadas.

O treinamento das pessoas deve deixar claro quais são os objetivos do sistema, a frequência das avaliações, os responsáveis pelas mesmas e os padrões de desempenho.

Existirá uma diferença, por exemplo, na utilização do sistema para o desenvolvimento do funcionário ou para atribuir-lhe uma remuneração ou incentivo.

O treinamento deve eliminar erros subjetivos de avaliação errada de permanência na empresa, promoção, substituição ou demissão.

Pode surgir um efeito halo quando não se criam descrições cuidadosamente elaboradas dos comportamentos do funcionário avaliado. Também deve-se evitar o efeito perverso quando uma chefia enfoca um aspecto negativo de um funcionário, generalizando-o, o que resulta numa avaliação geral negativa.

Outro erro possível é o dos avaliadores evitarem avaliações altas ou baixas, dando sempre respostas na média, ou ainda somente realizarem avaliações muito altas ou muito baixas.

Uma tentativa de evitar os erros citados de avaliação é utilizar o modelo da distribuição forçada, o que faz com que as chefias coloquem certo número de funcionários em cada uma das várias categorias de desempenho. Pode-se exigir que 10% das avaliações sejam fracas ou excelentes.

Outro erro a ser evitado é o do imediatismo, quando se avalia alguém com base no seu desempenho recente, não se tendo dados históricos da *performance*, em vários momentos da vida do profissional na empresa onde atua.

Também se pode fazer o erro da comparação, quando a avaliação do funcionário resulta deficiente, para mais ou para menos, em função de se comparar seu desempenho com o de outro funcionário, feita imediatamente antes.

Finalmente, outro erro é o do avaliador que supervaloriza uma pessoa por achá-la semelhante a si mesma. Nesse caso, o avaliador se identifica com alguém e o valoriza, inadequadamente.

Existem outros métodos de avaliação de desempenho, que não serão abordados porque o espírito do livro é dar uma visão geral do assunto, não gerando uma obra específica sobre a avaliação de potencial e desempenho. Como já foi dito, priorizei o significado e a interpretação dos métodos de avaliação de desempenho.

No entanto, alguns métodos podem ser citados para a realização de pesquisas posteriores, por quem tiver a curiosidade de aprofundar o assunto:

Métodos de traços de personalidade; escalas de classificação gráfica; escalas de padrão misto; método de escolha forçada (já citado neste livro); método de ensaio; métodos comportamentais; método do incidente crítico; método de lista de verificação comportamental; escala de classificação comportamental; escalas de observação de comportamento; métodos de avaliação de resultados; medidas de produtividade; gestão por objetivos; *balanced scorecard* (já descrito no presente livro).

ENTREVISTAS DE AVALIAÇÃO:

As entrevistas são uma parte fundamental e importante da avaliação de desempenho. Dá a oportunidade a um chefe de discutir o resultado da ava-

liação de desempenho com o subordinado, explorando as áreas principais de melhoria e desenvolvimento do avaliado. Possibilita ainda a identificação mais precisa de atitudes, sentimentos e comportamentos do avaliado e isso ocorrendo consegue-se melhorar a comunicação entre o líder e o liderado.

É recomendável realizar duas entrevistas em dias diferentes, sendo uma para a revisão do desempenho, do passado até o presente, e outra para o desenvolvimento do funcionário na empresa, pensando no futuro dele e da organização.

Na primeira entrevista o chefe é mais um avaliador, sem deixar de ser um *coach*. Na segunda, o chefe é mais um *coach*, sem deixar de ser um avaliador.

É importante que se agende com antecedência de 10 a 20 dias as entrevistas anteriormente mencionadas, as quais devem ser planejadas de acordo com o sistema de avaliação utilizado pela empresa.

Norman R. F. Maier, no seu livro *The Appraisal Interview*, cita três tipos possíveis de entrevista:

- **Falar e convencer:** exige competência do entrevistador para levar o avaliado a mudar seu comportamento, o que também implica no trabalho de motivação, convencimento e concessão de incentivos ou de apoio ou recursos.

- **Falar e ouvir:** na primeira parte da entrevista o entrevistador deve comunicar os pontos fortes e fracos do desempenho do avaliado. Na segunda parte devem ser pensados e sentidos pelo entrevistador os sentimentos e emoções que o avaliado teve ao ouvir a sua avaliação.

O entrevistador deve levar em consideração as possíveis discordâncias e o comportamento defensivo do avaliado, sendo capaz de dar suporte emocional ao segundo, para que ele possa separar seu sentimento de frustração da análise mais fria e lógica dos pontos fracos apontados na sua avaliação de desempenho.

- **Soluções de Problemas:** ouvir, aceitar e não reagir são fatores muito importantes a serem considerados pelo entrevistador neste tipo de entrevista. Deve objetivar ainda ir além do suporte emocional ao colaborador. Visa também estimular seu crescimento e desenvolvimento, discutindo seus problemas, suas necessidades, suas sugestões de melhorias e de inovação e sua possível insatisfação na posição ocupada, na área da empresa onde atua.

Provavelmente uma combinação destes tipos de entrevista deve ser feita, dependendo do assunto a ser discutido, ou do comportamento do funcionário que está recebendo o *feedback*.

Se por exemplo ele estiver ansioso, frustrado e insatisfeito com a avaliação é importante dar suporte emocional e ouvir todas as suas queixas e sugestões.

Neste livro não será possível abordar em forma mais profunda a Técnica não Diretiva de Carl Rogers.

Este autor americano sugere que se faça a pessoa refletir sobre o assunto que está sendo discutido, sempre colocando na pessoa a responsabilidade de refletir e concluir por si mesma todas as implicações do assunto que estiver sendo tratado entre o entrevistador e o entrevistado.

Rogers, numa forma simplista de retratar seu método, sempre faz algumas perguntas, após ouvir o problema exposto pelo entrevistado: o que acha você deste assunto? Você tem alguma sugestão a respeito do mesmo? Esta situação pode ser vista de outra maneira? Perguntas deste tipo fazem a pessoa refletir e diminuem sua emoção e sua ansiedade com o assunto tratado na entrevista e com os *feedbacks* recebidos.

Um bom entrevistador deve ser treinado para obter um bom relacionamento racional e emocional com o entrevistado. Não deve ser altamente diretivo e autoritário, dando a impressão de que está conduzindo um interrogatório policial.

Várias questões devem fazer parte do treinamento do entrevistador e devem também de servir de roteiro para uma entrevista:

- **Solicitar uma autoavaliação:** não é apenas uma técnica ou gentileza. O entrevistado pode mostrar aspectos do seu perfil humano e profissional que o entrevistador ainda não havia percebido. Dá também a oportunidade deste último comparar a sua avaliação com a autoavaliação.
- **Estimule a participação:** ou seja, incentive, por várias maneiras o diálogo e tenha a real capacidade de ouvir e entender a pessoa que está sendo avaliada. Por vezes são problemas pessoais e familiares que estão prejudicando o desempenho do avaliado. Com a participação e a interação profunda, muita coisa vem à tona e uma questão específica passa a ser mais bem percebida e analisada.
- **Demonstre o reconhecimento:** use elogios, mostre que tem apreço pelo esforço do funcionário e por tudo o que ele já realizou de positivo. Dê prioritariamente mais destaque aos pontos fortes e não aos pontos fracos do avaliado.
- **Minimize as críticas:** expresse com cuidado suas observações sobre os pontos falhos do desempenho do avaliado, não exagere na utilização de críticas, escolha o momento certo para dizer algo sobre os pontos fracos do avaliado.
- **Mude o comportamento e não a pessoa:** não se deve focar uma mudança de personalidade da pessoa, mas sim estimular comportamentos positivos relacionados a pontos específicos do trabalho do funcionário, que podem ser melhorados.

- **Dê maior atenção à solução de problemas:** não se deve buscar a culpa ou o culpado de uma dada situação de trabalho não ter dado certo. Deve-se buscar a causa da mesma e as maneiras mais viáveis e práticas de se solucionarem os problemas ocorridos no desempenho do funcionário.

O avaliado precisa sentir que está sendo ajudado e apoiado, o que supõe as seguintes sugestões:

- **Dê apoio:** o chefe deve perguntar ao avaliado: "o que posso fazer por você, como posso te ajudar? Que apoio ou recursos você precisa?"
- **Estabeleça metas:** todo o desempenho, em última análise, deve visar o aperfeiçoamento da atuação do avaliado, devendo ter foco no seu futuro na empresa.
- *Follow-up* e *feedback* **frequentes:** essas atitudes de acompanhamento e de comentários sobre as ações do funcionário não devem fazer parte apenas da avaliação de desempenho formal. Devem ser praticadas na vida diária da relação entre o chefe e o subordinado, sempre que algum problema, ou alguma ação ocorrer. Não se deve deixar passar o momento do elogio, da reflexão e da crítica positiva. Muitas coisas comentadas pelo chefe, muito tempo após a ocorrência das mesmas, são difíceis de serem assimiladas pelo funcionário. Vale dizer, perdeu-se o momento certo e o valor das duas atitudes recomendadas.
- **Verificar a origem e as causas do desempenho negativo:** em geral elas estão relacionadas com a capacidade e as habilidades do funcionário no trabalho, com a sua motivação e com métodos, sistemas e ambiente de trabalho.

Por vezes, ao fazer um *assessment* para avaliar o potencial e o desempenho de uma pessoa, chega-se a verificar que a mesma tem grande talento, porém, por várias razões, está desmotivada no cargo que ocupa, o que a leva a mostrar um desempenho insatisfatório.

Outras razões para o baixo desempenho também podem ser situações que o avaliado está vivenciando na sua família, como separação, problemas de saúde ou até perda de algum parente.

3.3 OS INCENTIVOS QUE DEVEM ACOMPANHAR A AVALIAÇÃO DO DESEMPENHO; O IMPACTO DA REMUNERAÇÃO NA MOTIVAÇÃO E NO DESEMPENHO

Vou abordar o tema dentro da linha de pensamento que orienta o livro: "não dar o peixe, porém ensinar a pescar". Não acho importante sugerir formas ou tipos de incentivos, mas sim explicar a racionalidade da concessão de incentivos e recompensas. Sobre o tema pretendo citar um autor que escreveu sobre o assunto, sempre sendo citado a respeito: Aubrey C. Daniels, *Bringing out the best in people: how to apply the astonishing power of positive reinforcement* (New York: McGraw-Hill, 1994).

Para Daniels a parte mais importante da Gestão é gerenciar comportamentos, já que é o desempenho das pessoas que faz as coisas acontecerem. Em face disso, impõe-se a concessão de recompensas ou incentivos ao bom desempenho das pessoas.

Ele nos diz que gerenciamos desempenho falando e orientando os colaboradores sobre como devem fazer o trabalho e como devem agir em determinadas situações.

Para o autor, isto significa fornecer "antecedentes", que significam um sinal, um comando que orienta como fazer ou deixar de fazer. A crítica que faz é que este tipo de ação não atua bem sobre o desempenho, em forma permanente. Quando a chefia não está presente, atuando diretamente sobre os liderados, a falta de iniciativa deles volta a ocorrer.

Daniels acrescenta que também é possível influenciar o comportamento, após o mesmo ter ocorrido, a fim de aumentar ou diminuir a possibilidade de que ele volte a se repetir. Além de pedir às pessoas que concluam seu trabalho dentro do prazo, podemos também oferecer uma recompensa, reconhecimento ou elogios, quando nos dão um relatório na data certa, e podemos demiti-las ou puni-las de outra forma, quando não cumprem o prazo. O nome que o autor dá para este gerenciamento do desempenho é "consequência", ou o que acontece com uma pessoa, como resultado do seu comportamento.

A função de um antecedente é fazer com que um comportamento ocorra novamente, embora seja previsível que somente ocorra algumas vezes, não gerando um bom e permanente desempenho. No entanto, a função de uma consequência é fazer com que ele ocorra novamente, em forma sistemática e permanente.

Os antecedentes precipitam o comportamento, mas as consequências mantêm ou interrompem o comportamento.

Como as consequências são a parte mais importante do sistema de Daniels, daremos a seguir os quatro tipos que ele menciona:

- **Consequência 1, reforço positivo, ou a "cenoura"** que é dada como recompensa: uma pessoa diz ou faz alguma coisa; a pessoa consegue o que deseja; em consequência seu comportamento é estimulado para que se repita; isto significa um reforço positivo.

- **Consequência 2, a punição, ou a "vara"**, que figurativamente é utilizada para castigar: uma pessoa diz ou faz alguma coisa; a pessoa obtém o que deseja; no entanto, o comportamento da pessoa é desestimulado; isso quer dizer uma punição relativa ao comportamento da pessoa.

- **Consequência 3, a extinção, ou "o que os olhos não veem o coração não sente":** uma pessoa diz ou faz alguma coisa; a pessoa obtém uma resposta negativa ou neutra; o comportamento será estimulado inicialmente e desestimulado ao longo do tempo; esta ação provoca uma extinção do comportamento, devido à ambivalência da resposta.
- **Consequência 4, reforço negativo, "é melhor obedecer, senão...":** uma pessoa diz ou faz alguma coisa; a pessoa escapa da obrigação ou evita algo que ela não deseja fazer; o comportamento será estimulado; no entanto, trata-se de um reforço negativo a uma ação que a pessoa na realidade não quer que aconteça.

O reforço negativo ("é melhor obedecer, senão...") talvez seja o tipo mais usual e inadequado de consequência na maior parte das empresas.

Um exemplo pode ser o comportamento diretivo do chefe dando uma data irrevogável para um trabalho ser entregue. Com tal atitude ele consegue que o trabalho em questão seja entregue na data certa. O errado com este tipo de comportamento é que as pessoas respondem ao reforço negativo simplesmente para evitar as consequências negativas de não atender a ordem do chefe. Este consegue o desempenho mínimo do colaborador. Ele recebe o que pediu e nada mais.

Em forma semelhante ao reforço negativo, a punição vai funcionar em curto prazo, mas também levará à conformidade e ao desempenho mínimo. As pessoas que são punidas mentem, disfarçam, inventam desculpas para escapar da punição. Ou seja, escondem-se da autoridade do chefe e não aceitam a responsabilidade de suas ações.

A extinção da ação é uma alternativa à punição. Não são mostradas as consequências negativas para evitar o comportamento indesejado. O mesmo é ignorado, na expectativa de que ele desapareça espontaneamente. Pode funcionar em algum momento, porém este momento pode demorar a acontecer. Mesmo quando o comportamento não desejado é evitado, ele pode ressurgir, ou ser substituído por outro comportamento indesejado.

A conclusão é que o reforço positivo é o instrumento mais eficaz para gerenciar comportamento; o mesmo pode ser definido como qualquer consequência de um comportamento que aumenta a frequência desse mesmo comportamento no futuro. O reforço positivo tem duas características importantes:

- O reforço positivo ensina às pessoas o que elas devem fazer, e não o que não devem fazer.
- O reforço positivo estimula todo o potencial das pessoas.

Este tipo de reforço é muito forte porque é natural, estando naturalmente conectado ao comportamento. Daniels cita ganhos de desempenho de até 300%, desde que se faça um uso correto do reforço positivo.

O reforço deve ser ajustado aos desejos, às necessidades e preferências da pessoa cujo comportamento se quer reforçar. Devemos observar o estilo das pessoas ou perguntar a elas o que consideram ser um reforço positivo às suas ações.

No entanto, se deixarmos passar muito tempo entre o comportamento e o reforço, este último perderá parte de sua força. Deve-se reforçar o comportamento quando ele ocorre, repetindo o mesmo sempre que o bom comportamento voltar a se manifestar.

Não se sugere estimular a competição com prêmio do tipo "o melhor funcionário do mês". O melhor é criar programa de premiação e reconhecimento no qual a pessoa compete em relação a um padrão de comportamento a ser atingido ou à superação do padrão do seu próprio desempenho anterior.

Também não se deve misturar reforço com instrução, dizendo: "você fez um excelente trabalho neste relatório, mas poderia ter feito em forma diferente e melhor se tivesse...". Neste caso a instrução cancela o reforço positivo anterior.

Naturalmente a remuneração, em forma de incentivos, dada a um bom desempenho sempre é um reforço expressivo, embora não seja o único. Porém, também não adianta sempre elogiar ou dar parabéns sem nunca atribuir uma remuneração ao bom desempenho.

É preciso examinar o cenário maior da remuneração, no qual se encaixam os incentivos monetários atribuídos a um bom desempenho.

Questões relacionadas à descrição, avaliação e *ranking* dos cargos de uma empresa, bem como Pesquisa e Política Salarial podem ser lidas no meu primeiro livro (*Gestão de pessoas: práticas atuais sobre o RH estratégico*).

As empresas americanas sempre serviram de modelo em tal assunto e sempre cuidaram mais de implantar sistemas de remuneração, que incluem incentivos, associados à Gestão de Pessoas, estimando um salário-base para diferentes cargos, depois dos mesmos serem descritos e avaliados pelo sistema de pontos.

O sistema de avaliação por pontos tem as seguintes características:

- **Os gerentes preparam descrições detalhadas de cargos** para todas as posições existentes na empresa. Depois, cada descrição de cargo é classificada com base em fatores comuns, como condições de trabalho, complexidade de soluções de problemas, conhecimento exigido para assumir o cargo e responsabilidade pelo desempenho.

- **Cada cargo acumula pontos com base na pontuação de cada fator.** O total de pontos é utilizado como base para definir o nível salarial associado a cada cargo. Os cargos com pontuação mais alta recebem maiores salários e o inverso é verdadeiro para os cargos com pontuações mais baixas.

- **O salário baseado no sistema de fatores e pontos é então associado a um aumento anual por mérito,** sendo baseado em avaliações individuais de desempenho.
- **Pesquisas salariais determinam como estão sendo remunerados cargos que têm a mesma pontuação, em outras empresas.** As outras empresas pesquisadas são o mercado ao qual uma organização quer se comparar, ou seja, é o seu mercado salarial. A partir desta comparação também é definida uma Política Salarial: pagar na média, ou acima dela, no primeiro, segundo ou terceiro quartil.

Com o sistema descrito anteriormente a empresa obtém algumas vantagens:

- Alto grau de imparcialidade e igualdade interna, sendo todos os cargos avaliados por um mesmo sistema.
- Permite uma comparação entre os cargos de uma empresa com os cargos de outra empresa, pois a maioria utiliza este sistema.
- Viabiliza analisar os cargos de várias unidades de negócio e departamentos para ver se todos estão sendo remunerados em forma semelhante e consistente.
- Os colaboradores com melhores desempenhos recebem então pontuação elevada e aumentos maiores.

A partir da década de 1980 as empresas americanas sentiram a necessidade de se desburocratizar para se tornarem mais rápidas, flexíveis e inovadoras e aí começaram a perceber as dificuldades criadas pela avaliação segundo o sistema de análise de fatores e atribuição de pontos:

- O sistema estimulava às pessoas a fazerem o que estava escrito na descrição das responsabilidades de seu cargo. Não viabilizava a eliminação das fronteiras entre departamentos e o trabalho em equipe.
- Dava reforço à noção de hierarquia, o contrário da tendência da época que começava a falar em *downsizing* e redução de níveis gerenciais.
- O sistema igualava as pessoas a um conjunto de atribuições, em lugar de estimular suas capacidades e habilidades.
- A maior parte das avaliações de desempenho, em última análise, provocava a expectativa de um aumento salarial e eram baseadas em avaliações muito subjetivas feitas pelas chefias.

Posteriormente surgiram sistemas de remuneração baseados nas habilidades, associando as mesmas ao salário-base de um colaborador.

Podemos registrar dois tipos de sistemas baseados em habilidades:

- Sistemas baseados no aumento do conhecimento. Quanto mais conhecimento o funcionário adquire, maior será seu salário.
- Sistemas baseados em múltiplas habilidades que associam salário ao conjunto de habilidades que uma pessoa possui e/ou à gama de funções que é capaz de executar dentro de uma organização.

Geralmente o sistema é desenvolvido para as áreas industriais e de produção, onde os empregados são remunerados com base no número de funções que conseguem executar, nos diversos estágios do processo de produção.

Com estes tipos de sistemas baseados em habilidades conseguiram-se algumas vantagens:

- O sistema encorajava as pessoas a aprender e executar uma ampla variedade de tarefas, tornando-as mais flexíveis e mais cooperativas, o que facilita uma necessária rotação de pessoal. Por isso o sistema também facilita a ocorrência de mudanças organizacionais. Além disso, o sistema cria uma mentalidade de aprendizagem e de progresso contínuo.
- As pessoas aprendem habilidades horizontais e verticais, tendo uma noção mais ampla do sistema de gestão da empresa e pensam e agem sistemicamente. Como os colaboradores são mais versáteis, podem atender melhor os clientes e os fornecedores nas suas necessidades.

Ao fazer uma análise crítica do sistema de remuneração por habilidades, também encontramos algumas desvantagens no mesmo, as quais são mencionadas linhas abaixo:

- É preciso dinheiro e tempo para se identificar as habilidades realmente necessárias numa empresa específica.
- Também é alto o custo do pagamento das habilidades sucessivamente adquiridas, e do respectivo treinamento voltado para desenvolvê-las.

Dando um passo adiante, as empresas começaram a estudar o salário baseado na verificação e no desenvolvimento de competências, as quais devem criar valor para uma determinada organização.

Neste ponto de vista, é preciso identificar com cuidado e sistematicamente as competências que se necessita para sustentar a estratégia da empresa, criando valor agregado para o produto ou serviço da mesma.

Se a organização busca prestar um serviço de valor para seu cliente, deve buscar que os funcionários tenham competências como: orientação voltada para o serviço ao cliente; capacidade de ouvir de dar respostas adequadas; flexibilidade na busca de soluções; habilidade de relacionamento interpessoal; trabalho em equipe e cooperação.

Uma providência ligada ao sistema de competências é a entrevista dos funcionários com desempenho elevado, para que se determine que atitudes eles adotam na maioria das situações, como resolvem seus problemas e como desempenham no exercício dos seus cargos.

Destas observações podem resultar descrições de competências e de desempenhos excelentes necessários para as pessoas que ocupam determinadas posições na empresa.

Como exemplo, podemos citar uma relação de características pessoais, ou competências, relacionadas com o trabalho em equipe:

- Discutem com habilidade e abertamente com a equipe os conflitos pessoais e profissionais, buscando soluções, dando sugestões e orientações.
- Estimulam todas as atividades e conceitos que desenvolvam o trabalho em equipe e a cooperação entre as várias áreas da empresa.

Estas competências podem ser detectadas em grau menor nos funcionários que tem desempenho aceitável ou desempenho inferior ao aceitável.

Para finalizar o tema, podemos dizer que a análise destes comportamentos e atitudes é complexa. Vai existir uma diferença entre avaliar um indivíduo sobre um determinado assunto ou avaliar uma determinada habilidade ou avaliar o que o torna mais admirado pelos clientes e mais voltado para o sucesso.

Dá para entender planos salariais baseados nas habilidades, que associam a remuneração de uma pessoa à sua habilidade de aprender e executar tarefas necessárias à organização. No entanto, a complexidade é maior quando se tenta remunerar pessoas com base em traços psicológicos subjetivos, ou características como liderança, capacidade de adaptação, motivação, inovação, capacidade de trabalho em equipe e foco no cliente.

As pessoas devem ser remuneradas com base no desempenho relacionado à execução de tarefas específicas. Neste caso devem-se focar mais habilidades e conhecimentos relacionados com a tarefa e não as mencionadas competências subjetivas.

O método de remuneração baseado nas habilidades ou na competência relaciona o salário com a aprendizagem e o desenvolvimento de habilidades. Por isso também devem ser dados incentivos quando as pessoas utilizam conhecimentos e habilidades em prol da organização onde trabalham.

Para que estes incentivos, associados às habilidades e competências, sejam eficazes, eles devem ter algumas características:

- **Devem mostrar o objetivo que querem atingir**, o que parece possível quando se dão incentivos em torno de 10 a 15%, o que faz com que a pessoa perceba que está sendo premiada.
- **Os incentivos devem evidenciar a relação entre o desempenho nas atividades diárias e a recompensa que irá ser dada.**
- **É importante que os incentivos também levem em consideração os resultados da empresa** e não somente o bom desempenho individual. Se as duas coisas não acontecerem os incentivos não devem ser concedidos.
- **Os incentivos devem ser baseados em medidas simples e claras de avaliação de desempenho,** levando em conta os benefícios que a empresa colhe com base num bom desempenho e também permitindo que os funcionários entendam os critérios de avaliação.
- **Idealmente, a premiação deve ser concedida o mais próximo possível da ocorrência do bom desempenho**. Talvez mensalmente ou trimestralmente; sob este ponto de vista os dois prazos são considerados um prazo melhor do que a concessão de incentivo semestral ou anual.
- **Deve ocorrer uma divulgação dos incentivos concedidos,** pois um prêmio comunicado é motivador para todas as pessoas que dele tomam conhecimento.
- **As metas devem ser realistas e acessíveis** e devem provocar um estímulo nos funcionários para que desenvolvam melhor desempenho.
- **É melhor que os incentivos visem mais a recompensa do desempenho da equipe e não somente do desempenho individual.**

A conclusão de tudo o que vimos sobre incentivos como motivação do desempenho nos leva a concluir que não existe uma única estratégia salarial para todas as empresas.

Diferentes organizações e diferentes grupos de funcionários de uma mesma empresa podem exigir estratégias diferentes.

O salário tem que ser relacionado com a visão, os valores e as estratégias de negócio de uma empresa.

Tudo isso nos leva a dizer que o melhor sistema de incentivos para a maioria das empresas deve ser uma combinação de participação nos lucros e compra e propriedade de ações, associados aos planos de participação nos resultados das principais unidades operacionais.

A participação nos resultados e lucros, e a compra e a propriedade de ações da empresa, têm um foco no desempenho do funcionário e da empresa, a longo prazo, visando o sucesso geral da organização. Focam mais o desempenho coletivo e não o individual.

Melhor ainda é o efeito do incentivo quando se associam todas estas práticas mencionadas com a aquisição de habilidades por parte dos funcionários. Assim procedendo a pessoa é motivada para estudar e aprender mais do negócio e da sua área de trabalho.

3.4   O PLANEJAMENTO ESTRATÉGICO DA ÁREA DE RH

Do ponto de vista teórico, este assunto deveria preceder qualquer outro tema da Gestão de Pessoas. No entanto, quis mencionar no início deste livro conceitos mais ligados à liderança, ao comportamento humano e organizacional, à avaliação de potencial e desempenho e ao *feedback*.

Pretendi esclarecer inicialmente que a Gestão de RH lida com pessoas e busquei descrever as suas características físicas e psicológicas.

Esclarecida a questão anterior, vou enfocar o Planejamento Estratégico da área de RH, o qual tem muita importância para que se entenda a segunda e a terceira parte do livro.

As empresas têm que ter competitividade e enfrentar a concorrência por meio das pessoas. Ou seja, depois que se tem um planejamento, são as pessoas que trabalham na empresa que vão transformá-lo numa realidade, nas operações do dia a dia da organização.

O Planejamento Estratégico da empresa envolve vários procedimentos para a tomada de decisões sobre os objetivos e as estratégias de longo prazo da organização. Este trabalho de planejamento explicita o modo como a organização se posicionará em relação aos concorrentes, a fim de sobreviver, agregando valor aos produtos e serviços, visualizando seu futuro, pensando no longo prazo.

O Planejamento de Recursos Humanos, por outro lado, é o processo de prever e tomar medidas para a movimentação de pessoas, dentro e fora da organização. Visa ajudar os gerentes a alocar pessoas, da forma mais eficaz e produtiva, onde e quando for necessário, para que as metas e objetivos da empresa sejam atingidos.

O Planejamento de RH é essencial em situações como: estabelecimento de estratégias globais ou mundiais; fusões; realocações de fábricas; inovação; *downsizing* ou enxugamento das estruturas; *outsourcing* ou terceirização; fechamento de unidades ou fábricas e demissão de pessoas.

O Planejamento de RH deve estar alinhado com o Planejamento da empresa e prevê a viabilidade de várias ações que a empresa quer iniciar ou rever, visando analisar se existem competências e pessoas disponíveis e preparadas para a execução da estratégia.

Vamos tratar da *Primeira Etapa* de um Planejamento Estratégico, a qual é a definição de Missão, Visão e Valores:

- Missão é a finalidade principal da empresa, a razão da sua existência e o objetivo das suas operações.
- Visão Estratégica: indica o direcionamento da organização, para onde ela está indo e aonde quer chegar, no futuro. Está relacionada com a direção de longo prazo, que condiciona a implantação da estratégia.
- Valores: crenças e princípios estáveis, relacionados com a cultura da empresa, os quais impactam no estilo de sua gestão e nas suas decisões.

A *Segunda Etapa* do Planejamento Estratégico diz respeito ao Cenário Externo que cerca a empresa, que implica em fazer uma análise das oportunidades e ameaças externas.

Esses fatores externos, que devem ser acompanhados em forma continuada, são:

- Fatores econômicos.
- Análise dos processos, serviços e inovações dos competidores.
- Mudanças tecnológicas.
- Legislação e questões políticas.
- A realidade social do meio onde a empresa atua, a qual pode demandar iniciativas da área de RH como creches, entidades educacionais e obras sociais.
- Perfil demográfico e perfil do mercado de trabalho, que pode determinar, por exemplo, facilidade ou dificuldade de contratação de mão de obra.
- Necessidades dos clientes que devem gerar ações.
- Novos entrantes no mercado, que demandam da empresa colocar barreiras que impeçam as novas empresas de se afirmarem no mercado e junto à clientela onde ela atua.
- Fornecedores que vendem produtos e matéria-prima e que devem atuar dentro dos padrões de qualidade, preço e prazo necessitados pela empresa, para suas operações.

A *Terceira Etapa* do Planejamento Estratégico diz respeito à Análise do Cenário Interno da empresa e os seus pontos fortes e fracos. Fundamentalmente esta etapa está relacionada com a Cultura, Competências e Composição da Força de Trabalho, que passamos a analisar:

- **A cultura da empresa** condiciona os seus valores e crenças e é preciso saber através de pesquisas se a mesma é seguida e respeitada em todas as operações e iniciativas da empresa e se os empregados estão confortáveis e felizes com os princípios seguidos pela organização. Esta questão responde a perguntas como: Como a empresa se comunica com os funcionários? Como os funcionários interagem entre si? Qual é o estilo de liderança que a empresa adota? A empresa reconhece o esforço dos funcionários e estes podem progredir na mesma?
- **As competências da empresa** são conjuntos de conhecimentos que a distinguem de seus concorrentes, pois significam um valor que a organização agrega nas suas operações de atendimento dos seus clientes. É aquele algo mais que somente a empresa com o conhecimento elevado do seu negócio pode dar aos seus clientes. Ou seja, as pessoas são uma fonte de vantagem competitiva quando seus conhecimentos, habilidades e capacidades não são semelhantes aos dos concorrentes da empresa onde elas atuam.
- **Composição da Força de Trabalho:** os gerentes precisam saber se as pessoas estão disponíveis, interna e externamente, para a implantação das estratégias que eles definiram. As chefias precisam tomar decisões sobre quem deve ser empregado efetivo, quem deve ser terceirizado, e como deve ser feito o gerenciamento de pessoas com diferentes habilidades.

Todo Planejamento pressupõe a capacidade de prever necessidades futuras e de trabalhar com números. O corpo gerencial precisa prever a evolução da empresa no futuro para suprir as suas demandas.

Para tanto devem considerar três fatores principais: previsão da demanda de pessoal; previsão da disponibilidade de pessoal; equilíbrio a ser atingido entre disponibilidade e demanda.

Assim, a empresa pode ter pessoal disponível pouco ou muito utilizado, ou pode ter maior ou menor demanda e não ter o pessoal disponível para movimentações internas (transferências e promoções). Qualquer movimentação de pessoal leva em consideração a demanda e a disponibilidade de pessoal e não se ter uma previsão pode gerar custos maiores de recrutamento e treinamento e pode atrasar ou prejudicar uma ação estratégica da empresa, por falta de pessoal qualificado para assumir as responsabilidades destas ações.

Para obtermos boas previsões de necessidade de profissionais e de mão de obra, os instrumentos recomendados são:

- **Quadros de pessoal,** contendo representações gráficas dos cargos da empresa, com o número de funcionários que estão ocupando os referidos cargos e as futuras requisições de contratação mensal e anual para preenchimento de várias posições da estrutura da organização.

- **Registro da movimentação interna do funcionário,** ao passar de um cargo para outro, eventualmente em vários departamentos ou várias unidades da empresa.
- **Banco de dados** contendo o grau de educação, a experiência, os interesses, as habilidades e competências dos funcionários. Pela comparação do perfil do funcionário com o perfil do cargo pode-se fazer o preenchimento rápido de posições na empresa.

A *Quarta Etapa* é a da Formulação da Estratégia. Depois dos gestores terem analisado os pontos fortes e fracos internos da empresa, assim como as oportunidades e ameaças externas, eles têm as informações que necessitam para formular as estratégias corporativas de negócios e as de RH.

Nesta quarta etapa, alguns fatores devem ser considerados:

- **Estratégia Corporativa** que implica em tomar a decisão de onde, quando e como a empresa vai competir no mercado de determinado produto ou serviço.
- **Crescimento e Diversificação:** quando as empresas crescem devem fazer opções estratégicas, focalizando possibilidades como expansão geográfica e aumento de volume de produtos ou serviços.

Neste ponto é essencial a ajuda do RH, já que o crescimento depende de três importantes fatores: aumento da produtividade; aumento do quadro de pessoal; desenvolvimento de novas habilidades. A empresa deve se ocupar mais fortemente com recrutamento e seleção, treinamento, motivação e desempenho dos colaboradores.

No tocante ao desenvolvimento de habilidades, a falta de tempo para preparar pessoas pode recomendar recrutamento externo.

- **Fusões e Aquisições:** nestas ações as empresas devem ter ajuda de RH para a escolha dos executivos que vão preencher várias posições na empresa que resulta de um processo de união de duas empresas. Um dos maiores desafios para a Gestão de Pessoas é lidar com as diferentes culturas e sistemas de gestão de duas companhias que se fundem. Também é um desafio, na aquisição, implantar a cultura e a gestão da empresa compradora a outra que foi comprada. Sobre esta realidade e de como se deve implantar uma mudança, o leitor poderá examinar o capítulo do livro que trata deste tema.
- **Alianças Estratégicas e** *Joint Ventures***:** nas *joint ventures*, principalmente nas que ocorrem entre empresas multinacionais, pode haver conflito entre a cultura local ou nacional e uma cultura internacional. Quando uma aliança é formada o Gestor de Pessoas ajuda a selecionar os principais executivos e a desenvolver o trabalho em equipe entre as respectivas forças

de trabalho. Além disso, este mesmo gestor está sempre envolvido com o projeto de avaliação de potencial e desempenho e nos incentivos a serem oferecidos para a efetivação da aliança.

- **Estratégia Corporativa:** as empresas podem aumentar o valor para seus clientes seja pela diminuição de custos, seja pelo aumento dos benefícios oferecidos, ou ainda por uma combinação de ambos. Em consequência, a estratégia de negócios da empresa reflete estas decisões.
- **Estratégia de Baixo Custo:** significa competir com base em produtividade e eficiência, significa também manter os custos suficientemente baixos para que seja possível oferecer um preço bem atraente para os clientes.

Uma estratégia de baixo custo tem que ter o apoio de RH. Não significa pagar pouco para os colaboradores para fazer economia na folha de pagamento. Pode significar pagar bem, motivar, treinar e desenvolver as pessoas, para que elas obtenham alta produtividade no seu trabalho. Geralmente, assim procedendo, as organizações precisam de menos pessoas, mais bem preparadas e melhor remuneradas e obtém um alto índice de retorno sobre o investimento feito nos funcionários.

Outro caminho desta mesma estratégia de baixo custo, que tem a ver com a área de RH, é a terceirização dos empregados, que não estejam por demais vinculados às competências essenciais do negócio.

Realizar terceirização com base apenas na redução de custos, sem levar em conta as competências essenciais, pode reduzir a qualidade e a produtividade das operações da empresa.

- **Estratégia de Diferenciação:** tem como base a alta qualidade dos produtos ou serviços, inovações frequentes e com impacto na competitividade da empresa no mercado onde atua. Também diz respeito à velocidade de distribuição no mercado, ou ao fornecimento de serviço e assistência ao cliente, de nível superior.

Além de formular estratégias em nível corporativo e de negócios, os gestores também podem precisar melhorar as prioridades estratégicas em áreas funcionais da organização (Marketing, Finanças, Produção, *Supply Chain*, RH, TI). Neste caso é imprescindível uma forte adequação destas prioridades estratégicas ao planejamento de RH.

A *Quinta Etapa* é a da Operacionalização da Estratégia: ou seja, de fazer acontecer o que foi planejado. Para tanto se precisa ter pessoas ativas, *hands on*, pragmáticas e fazedoras.

O RH tem muito a colaborar com a operacionalização da estratégia, porque tem que se envolver com realidades como estrutura organizacional, demanda de pessoal preparado, valores compartilhados pelas pessoas e equipes de trabalho, sistema de informações e processos e fluxo de trabalho.

Como o RH é o guardião da cultura organizacional ele vai prestar atenção a como as pessoas vão fazer as coisas acontecer. Grande número de pessoas tenta permanecer na zona de conforto e adotar procedimentos repetitivos, vindo do passado da empresa. No entanto, operações bem sucedidas exigem mudança de estilo de comportamento.

Nesta etapa, o papel principal do RH é fazer a adequação entre os recursos necessários à operacionalização da estratégia, comparando-os com os recursos disponíveis.

Outra preocupação do RH é fazer o *downsizing* ou o enxugamento do quadro de pessoal, o que às vezes, infelizmente, é muito necessário para adequar o custo e a eficiência da estrutura de pessoas com a produtividade e a velocidade de crescimento da organização.

A *Sexta Etapa* **é a da Avaliação e Análise:** a fim de avaliar seu desempenho as empresas precisam ter padrões que configurem os resultados desejados a serem obtidos com o planejamento estratégico. Isso pressupõe medidas que sirvam para controlar a eficiência da empresa na obtenção dos resultados desejados.

Uma atividade comum é a do *benchmarking,* no qual a empresa analisa as melhores práticas do mercado em produtividade, logística, gerenciamento de marca, treinamento e em outros fatores. Nesta atividade é feita uma comparação entre estas práticas da empresa com a de outras organizações.

A estratégia de RH, como suporte a esta *sexta etapa*, diz respeito a medidas de capital humano e medidas de RH. As primeiras avaliam aspectos da força de trabalho e as segundas avaliam o desempenho da área de RH, no seu apoio ao planejamento estratégico e à gestão da empresa.

Podemos destacar linhas abaixo algumas medidas importantes para avaliar o Capital Humano de uma empresa:

- **Valor agregado ao capital humano:** responde à questão de quais são as contribuições dos funcionários para a produtividade e a lucratividade da empresa.
- **Retorno do investimento em capital humano:** uma justa relação entre o capital investido em salários e benefícios para se obter um lucro proporcional ao dinheiro investido em pessoas.
- **Custo do desligamento de pessoas** e qual o valor desta ação para a empresa.
- **Taxa de desligamento voluntário,** que exige reposição com pessoas internas ou externas. Esta taxa deve ser mantida sob controle, tentando-se reduzi-la para se economizar o custo de novas contratações, mantendo o

bom nível do atendimento ao cliente, feito por empregados experientes e com tempo de casa.

- **Investimento em Treinamento,** necessário, pois prepara melhor as habilidades exigidas dos funcionários para atuarem no negócio da empresa, dando melhor atendimento aos clientes.

Em resumo, a área de RH é essencial para a materialização da estratégia da empresa e contribui para aumentar sua competência gerencial e sua flexibilidade organizacional, na adaptação ao crescimento, às mudanças que ocorrem, ou até a diminuição das operações da organização.

O planejamento de RH ajuda a prever eventos futuros, manter a empresa atualizada com a legislação trabalhista, prever tendências econômicas e tecnológicas, identificar as ações dos concorrentes, ou ainda realizar ações que gerem criatividade e inovações.

Outra contribuição valiosa do RH é treinar pessoas capazes de fazer diferentes coisas de diferentes maneiras. Para tanto, pode realizar um treinamento multitarefa, uma rotação de funções, ou o aperfeiçoamento do trabalho em equipe e da liderança.

Temas para Reflexão:

1 – Quais as características de um líder, segundo Stephen Covey?
2 – Quais são as leis da liderança, segundo Warren Blank?
3 – Como Karl Arbrecht explica a necessidade da organização ter uma visão?
4 – Segundo o mesmo autor, a visão é mais analítica do que emocional?
5 – Qual a visão conhecida da 3M?
6 – Que perguntas podem ser feitas para se caracterizar a visão de uma empresa?
7 – Qual o psicólogo que afirma que "o segredo da liderança é a comunicação eficaz de uma história?"
8 – Existe relação entre a habilidade de contar uma história e a visão de uma empresa?
9 – Quais as características de um líder servidor, segundo Robert K. Greenleaf?
10 – Liderança pode ser aprendida através da educação e do treinamento?
11 – O que Thomas Gilbert se propôs a medir na obra que escreveu?
12 – A quem pertence a afirmação: "muito trabalho, conhecimento e motivação, sem realização, não significam bom desempenho"?
13 – Segundo Gilbert, como se determina a competência de um grupo ou área de trabalho?

14 – Quem afirmou que "melhorando as estratégias podem-se produzir resultados de maior valor"?

15 – Quais os motivos comumente apresentados como responsáveis pelo baixo desempenho?

16 – O que Gilbert sugere para se criar um bom ambiente de trabalho?

17 – De acordo com Kaplan e Norton, autores do *Balanced Scorecard*, que medidas devem ser avaliadas para que se avalie o desempenho das pessoas e organizações?

18 – Quais as quatro medidas que estes autores sugerem para se obter equilíbrio nas avaliações de pessoas e organizações?

19 – O que é uma avaliação 360º?

20 – Que pontos devem ser seguidos para se implantar adequadamente esse sistema?

21 – Quais os argumentos favoráveis e desfavoráveis do sistema 360°?

22 – Qual a importância do *feedback* na avaliação 360°?

23 – Qual o valor de uma entrevista de avaliação de desempenho?

24 – Qual a parte mais importante da gestão, de acordo com Aubrey C. Daniels?

25 – Segundo o mesmo autor, pode-se influenciar positivamente o comportamento de uma pessoa?

26 – Quais os quatro tipos de "consequência" do sistema de Daniels?

27 – Qual o instrumento mais eficaz para gerenciar comportamento?

28 – A remuneração é um bom incentivo?

29 – Quais as características de um sistema de pontos para se avaliar diferentes cargos?

30 – Quais as vantagens de se avaliar cargos pelo sistema de pontos?

31 – Quais são os dois sistemas de remuneração baseados em habilidades?

32 – O salário pode ter por base a verificação e o desenvolvimento de competências?

33 – Que características pessoais, ou competências, podem estar relacionadas com o trabalho em equipe?

34 – É complexa, ou é simples, a tentativa de se remunerar pessoas com base em traços psicológicos subjetivos, utilizando conceitos como liderança, motivação ou inovação?

35 – Utilizando-se o método de remuneração baseada em habilidades e competências devem ser dados incentivos, quando estas características de um funcionário beneficiam a organização?

36 – Os incentivos devem levar em conta os resultados do desempenho de uma pessoa, sem ser levado em conta o desempenho da empresa?

37 – Existe sempre uma única estratégia salarial, para todas as empresas?

38 – A participação nos resultados e nos lucros, bem como a compra de ações de uma empresa, pelo funcionário, tem foco no desempenho a longo prazo ou a curto prazo?

39 – Qual a atividade que está definida na conceituação abaixo?

"O processo de prever e tomar medidas para a movimentação de pessoas, dentro e fora da organização, visando ajudar os gerentes a alocarem pessoas, de forma mais eficaz e produtiva, onde e quando for necessário, para que metas e objetivos da empresa sejam atingidos."

40 – Deve-se alinhar o planejamento de RH com o planejamento da empresa?

41 – Quais as definições de missão, visão e valores?

42 – Qual a segunda etapa do planejamento estratégico?

43 – Qual a terceira etapa?

44 – Quais os três fatores principais utilizados pelo corpo gerencial para prever a evolução das demandas futuras da empresa, ao se fazer um planejamento de RH?

45 – Qual a quarta etapa do planejamento e quais fatores devem estar presentes na mesma?

46 – Quais são as três ações possíveis que permitem a uma empresa aumentar seu valor para o cliente?

47 – Qual a quinta etapa do planejamento?

48 – Que área de uma empresa é a guardiã da cultura organizacional?

49 – Qual é a sexta etapa do planejamento?

50 – Com que medidas a estratégia de RH pode dar suporte ao planejamento da empresa?

51 – Quais as medidas mais importantes para avaliar o Capital Humano da empresa?

4

O Consciente e o Inconsciente; o Significado das Atitudes

4.1 CONTEÚDO E AÇÃO DO INCONSCIENTE E DO CONSCIENTE

O tema é importante para assuntos como liderança, avaliação de potencial e desempenho, *coaching*, trabalho em equipe, relacionamento interpessoal, criatividade e inovação. Vale dizer, em todas estas metodologias e situações está presente o comportamento humano e organizacional, o qual tem tudo a ver com os níveis consciente e inconsciente da nossa personalidade.

No primeiro livro (*Gestão de pessoas: práticas atuais sobre o RH estratégico*) expliquei em detalhes o que é a personalidade humana, tendo afirmado que ela "é algo e faz algo". É fácil entender esta afirmação quando se pensa nas diferentes personalidades das nossas relações pessoais, ou na personalidade de diversos políticos, músicos e empresários. A personalidade de todas as pessoas é a história de sua evolução, suas habilidades e competências, suas atitudes e reações peculiares. Este conjunto, ou a personalidade de uma pessoa, realiza e cria muitas coisas (no trabalho, na família, nas relações sociais), de acordo com seu perfil comportamental.

O que pretendo aprofundar a seguir são os níveis da personalidade que todos nós possuímos, principalmente explicando o nível consciente e o inconsciente.

As pessoas que ainda não estão familiarizadas com a Psicologia e com estudos de comportamento humano e organizacional geralmente associam a personalidade apenas com o nível consciente de uma pessoa. No entanto, no inconsciente reside nossa história, vivências positivas ou difíceis, transcorridas principalmente na época da infância e adolescência. Muitos valores, crenças, preconceitos, medos são adquiridos nestas duas etapas do nosso desenvolvimento. Permanecem inconscientes no nosso interior e condicionam nossa ação no presente e nas outras fases da vida, facilitando ou dificultando nosso relacionamento interpessoal e nossa maturidade.

A existência do plano inconsciente

Através do bom-senso e dos fatos comuns da vida podemos concluir que a nossa vida psíquica não é apenas o conjunto dos pensamentos, sentimentos e ações que vivemos conscientemente. Também existem impulsos e ideias que se manifestam na vida diária: inesperadas variações do humor, preferências e antipatias sem justificação aparente, reações emocionais e desproporcionais em determinadas situações e conteúdo extravagante dos sonhos (durante o sono), ou até do "sonhar acordado" (no estado de vigília).

Tudo isso nos mostra que por baixo da nossa vida consciente existem forças, energias vivências que afetam a nossa conduta. Esta constatação é a grande contribuição da Psicologia e da Psicanálise, que também dá subsídios para o estudo da liderança, de todas as situações que ocorrem na gestão de uma empresa, e que estão associados a comportamento humano e organizacional.

Definição do inconsciente

De maneira geral, é o conjunto de conteúdos psíquicos dos quais a pessoa não está atualmente consciente. Estes conteúdos psíquicos e psicofísicos são os impulsos instintivos e biológicos, os traços psicológicos procedentes da cultura do país e da família na qual fomos criados. Também estão localizadas no inconsciente todas as experiências que vivenciamos na nossa vida pessoal, como já mencionamos anteriormente.

Razão da importância do inconsciente

Do inconsciente procede a energia do nosso psiquismo, as nossas emoções e motivações e crenças mais profundas. Esta energia se transforma em impulsos ou estímulos diferenciados, de acordo com os níveis através do quais se manifesta. Quando ocorre um bloqueio do nosso inconsciente, por repressão de impulsos e emoções em desacordo com nossa educação e nossas crenças, a energia psíquica diminui e sentimos diminuição do vigor físico, afetivo e mental. É o caso de alguém que se torna Gerente de Vendas de uma empresa que produz cigarros e que em nível profundo acredita que se deve buscar a saúde e a felicidade de todas as pessoas. Neste caso, suas crenças e motivações inconscientes estão em desacordo com o produto oferecido pela empresa onde trabalha, o que pode causar-lhe falta de motivação e disposição para divulgar o produto da sua empresa. A dissonância existente entre as crenças e o trabalho do Gerente de Vendas mencionado talvez possam levá-lo a sentir tensão, angústia, diminuição da motivação e do rendimento no trabalho.

Inconsciente é a sede dos impulsos ou necessidades básicas primárias

Do inconsciente procedem as linhas fundamentais da ação que conduz à satisfação dos impulsos ou necessidades primárias. O homem tem no seu interior, na sua constituição psicofísica, todas as normas que a inteligência do instinto coloca à sua disposição para melhor conservar sua saúde física e mental, no tocante a sono e repouso, fome e alimentação e vida afetiva.

O inconsciente se relaciona com o desenvolvimento da personalidade

O inconsciente, e as vivências, emoções e crenças, nele depositadas ao longo da vida, ajudam ou atrapalham sua autorrealização. O ser humano tem a necessidade de desenvolver todas as suas potencialidades físicas e psicológicas. Ele tem que buscar a saúde, para evitar a doença e a dor, tem que buscar o conhecimento, para trabalhar e entender o mundo em que vive. O bloqueio de conteúdos inconscientes é o responsável pela realização incompleta das aspirações de várias pessoas.

Para exemplificar, podemos citar o caso de alguém que teve uma educação na qual os pais foram controladores e autoritários, em todas as fases da infância e da adolescência, o que fez com que se tornasse pessoa tímida e insegura. O bloqueio de suas energias, sua falta de capacidade de testar sua força na sua evolução humana e social, irá dificultar que se torne um bom líder em uma posição gerencial. Não terá a maturidade e a firmeza para coordenar equipes de trabalho, a não ser que seja ajudado por um processo de *Coaching*, ou por uma psicoterapia.

Damos a seguir algumas características do inconsciente:

- **Ausência de cronologia:** para o inconsciente não existe uma clara diferenciação entre o passado e o presente. Todas as vivências que estão depositadas no nosso interior, na memória inconsciente, têm uma presença, uma atualidade constante. A carga emocional ligada a um acontecimento antigo continua viva no inconsciente. Se na fase da infância alguém caiu de um muro, tendo se machucado bastante, esta vivência pode determinar um medo de altura na vida presente, quase que incontrolável.

- **Ausência do conceito de contradição:** o inconsciente não se orienta por categorias lógicas e as ideias opostas não se neutralizam reciprocamente.

Assim, alguém pode sentir em relação a determinada pessoa, concomitantemente, impulsos hostis e sentimentos de afeto e admiração.
- **Linguagem simbólica:** o inconsciente não utiliza a linguagem verbal, mas sim a dos símbolos, o que é mais bem percebido nas situações que ocorrem nos nossos sonhos.

Um executivo pode ter um grande desejo de atingir suas metas na empresa, para ser reconhecido e ganhar seu bônus anual. Durante um sonho pode se vir num palco, diante de todos os colegas, recebendo um troféu por parte do Presidente. Neste sonho a linguagem verbal não desempenha nenhum papel. Tudo ocorre com se fossem cenas de um filme, assistidas por quem sonha.

- **Igualdade entre a realidade interna e a externa:** para o inconsciente algo pode ser real mesmo que não tenha ocorrido. Se alguém teme muito a crítica de outra pessoa, pode vivenciar o medo de ser criticado, mesmo que nenhum fato tenha ocorrido neste sentido. Em função disso, pode sentir hostilidade e medo desta outra pessoa que teme.
- **Predomínio do princípio do prazer:** a Psicanálise freudiana nos mostra que na fase da infância a criança busca todo o tipo de prazer e de brincadeira. O princípio da realidade surge através da influência educativa dos pais e da escola, e das vivências da pessoa, que gradualmente percebe que tem limites na sua relação com os outros e que deve assumir uma responsabilidade cada vez maior na vida em sociedade. No entanto, permanece no ser humano, no seu interior, uma forte busca de prazer e de diversão, da mesma forma que também está presente no inconsciente o instinto de preservação da vida. Este último, associado com o princípio da realidade e da maturidade social, e com o princípio do prazer, faz com que a pessoa trabalhe, organize sua vida e constitua uma família. Ou seja, o amadurecimento da pessoa e a idade adulta fazem com que combine a busca do prazer com a adaptação à realidade social, econômica e cultural.

Vivências inconscientes influenciam as atitudes conscientes

Uma pessoa criada pelos pais e pela escola para ser por demais educado e respeitoso com todas as pessoas, pode ter dificuldade de reagir quando não for bem tratado. No entanto, esta repressão de sentimentos negativos e esta falta de capacidade de reagir pode se deslocar para uma crítica da pessoa que não o tratou bem, na ausência da mesma. Ou seja, a pessoa não consegue dizer a alguém, na hora em que algum fato negativo a atinge, que não gostou da atitude do outro. Apenas consegue, em outra hora, descarregar sua tensão e criticar o agressor na ausência do mesmo.

O papel do nível consciente na vida psíquica e na relação interpessoal

Pelo que descrevemos do inconsciente, poder-se-ia concluir que somos instrumentos passivos de forças desconhecidas, que agem no nosso interior.

Nada mais errado, já que nossa vontade pessoal e nosso julgamento têm importância primordial nas nossas ações e tomadas de decisão.

A mente consciente registra nossas sensações, impulsos, desejos e emoções. Faz uma relação entre todas nossas vivências, sobre todos os dados que registramos, sobre a verdade e a realidade dos fatos e acontecimentos. Ela elabora toda esta realidade, buscando a forma mais conveniente e mais prática de nos adaptarmos ao ambiente onde vivemos, buscando sermos aceitos e ficarmos protegidos.

Níveis da vida consciente e inconsciente:

- **O Eu-experiência:** ou a experiência de si mesmo. Em todas as vivências um indivíduo observa a si mesmo enquanto age. O acúmulo de experiência em uma vida constitui a consciência que o indivíduo tem de si mesmo e este acervo de vivências abrange o nível vegetativo, motor, afetivo e mental.

- **O Eu-Ideia:** aproximadamente ao redor dos dois a três anos de idade a criança adquire progressivamente a capacidade de representar as coisas que vê, de imaginar e de pensar, o que permite uma combinação destas representações. Graças a essa capacidade de representação poderá ir adquirindo progressivamente formas mais elevadas de pensamento. Irá relacionar ideias entre si, formar juízos, sendo capaz de intuir conceitos mais abstratos.

Junto com as representações do mundo a criança aprende a formar a representação de si mesma, a imagem e a ideia de sua própria realidade, de sua maneira de ser e de seu valor no mundo.

O Eu-Ideia será o eixo ao redor do qual irá girar, permanentemente, a quase totalidade dos pensamentos elaborados pela pessoa normal.

O Eu-Idealizado: a mente consciente reprime muitas ideias e sentimentos negativos no inconsciente. O resultado dessa repressão é a necessidade que a pessoa tem de criar uma imagem ideal de si mesma, na qual se possa ver como alguém diferente e melhor, grande, perfeita e poderosa. Na medida em que o presente não pode satisfazer tal necessidade, surge a intenção de criar uma projeção ideal de si mesmo no futuro. Em outras palavras, sou alguma coisa e quero ser outra. Quero ter no futuro mais dinheiro, saúde ou qualquer habilidade ou virtude. Neste cenário intervém a mente consciente que nos traz para a realidade e nos convida a ficar com os pés no chão. A realidade social e o ambiente de vida e trabalho colocam estes sonhos e pretensões nas suas reais dimensões, mostrando-nos que não são facilmente atingíveis. Em consequência o Eu-Idealizado "cai na real" e o indivíduo se contenta em realizar o que é possível.

Mecanismos de controle e censura

Muitos conteúdos inconscientes são uma adaptação do princípio do prazer para o princípio da realidade (já descritos anteriormente) e podem ser todos os gestos de inibição e repressão de emoções e sentimentos que são trabalhados pela educação e pela nossa adaptação à sociedade.

Podemos perceber que quando estamos numa festa ou ambiente social importante e sofisticado, selecionamos palavras e atitudes, de modo diverso de quando estamos mais à vontade, num grupo de amigos ou familiares.

Nestas linhas anteriores tentei mencionar em forma didática e clara um assunto por demais complexo, não tendo a intenção de transformar o leitor num Psicólogo. No entanto, todos os que diretamente ou indiretamente se relacionam com a Gestão de Pessoas devem ter alguma sensibilidade para a complexa realidade psicofísica de uma pessoa humana. Se esta sensibilidade e conhecimento aumentarem, todas as relações humanas se tornarão mais fáceis e muitos conflitos serão evitados.

4.2 O SIGNIFICADO DAS ATITUDES NO COMPORTAMENTO HUMANO

Uma atitude, em forma simples e resumidamente, pode ser descrita como a compreensão pessoal de cada um com relação aos fatos da vida. Ou seja, é uma posição que se assume em determinadas situações.

Pensando em situações extremadas, como atentados terroristas ou conflitos étnicos geradores de guerras, podemos dizer que as pessoas envolvidas em tais fatos têm atitudes que justificam, para si mesmas, que estão fazendo a coisa certa.

É difícil, por vezes termos uma observação precisa de uma atitude, já que dependemos de questionar a pessoa que assume determinada posição para podermos avaliar sua atitude pelo tipo de resposta que ela nos dá.

Respostas favoráveis ou desfavoráveis a uma determinada atitude nos revelam o pensamento, a racionalidade ou a ideologia que está subjacente ao comportamento observado.

Muitas atitudes são assumidas sem que se tenha uma experiência concreta de uma determinada realidade. Posso afirmar, por exemplo, que gosto muito de viajar, não tendo tido ainda tal experiência.

Para Thurstone a atitude é um afeto pró ou contra um objeto psicológico. Para Triandis atitude é uma ideia carregada de emoção que predispõe a se realizar um conjunto de ações e a se vivenciar um conjunto particular de situações sociais.

Qualquer ação tem três componentes, a seguir mencionados:

- **Componente cognitivo:** composta por pensamentos, crenças, percepções e conceitos relacionados com a atitude. Inclui percepções, conceitos e crenças acerca do objeto da atitude, as quais são percebidas através de perguntas, na forma oral ou escrita. Exemplificando, um funcionário pode ter percepções, crenças e conceitos acerca de uma mudança realizada pela empresa, a partir de informações recebidas e de vivências pessoais. Tudo isso lhe dá um significado da mudança da organização e ele vai se posicionar favoravelmente ou desfavoravelmente às transformações ocorridas.

- **Componente afetivo:** sentimentos e emoções associados ao objeto da atitude. O mesmo é a forma como uma pessoa se sente em relação a um objeto atitudinal, sendo geralmente determinada pela associação prévia do objeto de atitude com estados agradáveis ou desagradáveis. Este componente tem uma conotação de avaliação, elogio ou crítica. Os funcionários formam atitudes positivas ou negativas diante de uma mudança organizacional, com base nas suas crenças a respeito da mesma, o que pressupõe um conteúdo afetivo e emocional. Pessoas mais antigas, apegadas emocionalmente à cultura e ao sistema de gestão da empresa no passado, têm um vínculo emocional grande com as mesmas e possuem dificuldade em se posicionar diante das mudanças que ocorrem no tempo presente.

- **Componente comportamental:** ações ou intenções de agir, associadas à atitude. Resulta em uma predisposição anterior à mudança. Significa uma intenção particular de direcionar a mudança para seu ponto de vista pessoal. Dificulta olhar e analisar friamente a mudança organizacional concreta, em curso.

Na realidade, a atitude vista mais simplesmente, é uma quantidade de afeto a favor ou contra uma determinada ideia ou acontecimento. Antes de uma pessoa adotar uma postura com relação a um objeto, ela aceita receber informações que dão suporte e outras que contradizem suas próprias ideias. No entanto, uma vez que a pessoa está comprometida com uma escolha ou opinião, ela seleciona as informações que apoiam seu posicionamento pessoal e exclui aquelas que são contrárias ao mesmo.

As atitudes envolvem o que as pessoas pensam, sentem e como elas gostariam de se comportar em relação a uma atitude a ser assumida.

O comportamento não é apenas determinado pelo que as pessoas gostariam de fazer, mas também pelo que elas pensam que devem fazer e pelas consequências esperadas de seu comportamento.

A correlação entre atitudes e comportamento será tanto maior quanto maior for o interesse investido pela pessoa no conteúdo atitudinal. Quanto maior o interesse no objeto analisado, maior será a congruência entre a atitude e o comportamento de um indivíduo. Se o casamento é importante na vida de uma pessoa, seu comportamento será mais congruente com suas atitudes relacionadas com o casamento, em comparação a outra pessoa cujo casamento não assume um papel importante em sua vida. As atitudes desta última pessoa, frente ao casamento, terão um fraco valor preditivo de seu comportamento em relação ao mesmo.

As atitudes são importantes fatores na previsão do comportamento humano.

Podem ser observados dois aspectos diferentes das atitudes:

- **Atitudes gerais:** relativas como uma tendência para a ação. Por exemplo, uma pessoa que tem atitudes positivas frente a *sites* de relacionamento, pode optar por não acessá-los, por meio do computador da empresa onde trabalha, conformando-se com a expectativa de seus superiores, os quais não são favoráveis à utilização dos seus computadores, com tal finalidade.

- **Atitudes específicas:** referentes a um comportamento relacionado com o objeto da atitude. Ou seja, as percepções de como outras pessoas esperam que uma pessoa aja, e a sua motivação em conformar-se com esta expectativa. São úteis para prever um comportamento específico.

Um indivíduo pode ter atitudes fortemente positivas em relação a assistir novelas. No entanto, irá evitar assisti-las na presença de seus colegas de faculdade, pois supõe que assistir novelas não seja um comportamento aceito por aquele grupo.

Todos nós possuímos algumas questões ou pontos de vista mais passionais que outros. A posse de atitudes muito fortes aumenta a capacidade das pessoas refutarem ativamente novas informações opostas às suas atitudes. Também impede de aceitarem positivamente novas informações sobre determinado assunto, dificultando o possível processo de mudanças de atitudes.

Pode-se afirmar que algumas atitudes são mais fortes que outras pelos seguintes motivos:

- **Afetam diretamente os resultados esperados e os interesses pessoais envolvidos.**

- **Estão relacionados com valores filosóficos, políticos e religiosos,** profundamente aceitos e interiorizados.

- **Guardam relação com identidade grupal,** principalmente com familiares e amigos. Sabe-se que no desenvolvimento do ser humano, principalmente na passagem da adolescência para a idade adulta, faz parte da evolução de uma pessoa identificar-se com grupos sociais. Esta identificação faz parte da formação da personalidade, pois muitos valores e interesses são adquiridos no convívio com familiares, amigos e colegas de trabalho. Grande parte também do conhecimento de si mesmo é realizado através do convívio social, pelos exemplos recebidos e pela observação da reação provocada nos outros, pelo comportamento de determinada pessoa.

A avaliação geral de uma pessoa frente a um assunto pode revelar mais ou menos concordância com suas crenças, afetos e comportamentos sobre o tema em questão.

Por exemplo, alguém que gosta de churrasco conhece a escolha e o preparo das carnes e tem uma opinião favorável sobre o mesmo. No entanto, ao mesmo tempo, sabe também que esta não é uma comida muito saudável, por ser rica em gordura, e a evita quando está de dieta.

Outro ponto a ser considerado é o da formação das atitudes. A personalidade individual envolve uma série de atitudes. O contexto no qual as atitudes se formam é importante para que seja determinado o papel que elas irão desempenhar no comportamento de uma pessoa.

As atitudes de uma pessoa servem de mediadores entre suas demandas internas e seu ambiente externo e suas relações sociais.

As atitudes humanas formam-se para atender determinadas necessidades. É vital que se entenda a razão da formação de uma determinada atitude, para que se entenda o processo de uma possível mudança de atitude.

Estas necessidades podem ser esquematizadas como segue:

- **Atitudes que se caracterizam pela maximização ou minimização do custo de uma ação qualquer.** Estas atitudes não possuem uma base profunda na configuração da personalidade humana, podendo ser facilmente alteradas, caso as circunstâncias assim o exijam. Alguém, no início da vida tem preconceito quanto ao valor do dinheiro. Porém, ganhando uma promoção e aumento de salário, passa a aceitar como positivo o papel do dinheiro na sua vida.

- **Atitudes que estão a serviço da defesa do ego, a serviço de como as pessoas se percebem.** Protegem o indivíduo contra o reconhecimento de verdades indesejáveis. Ou seja, alguém se vê como muito honesto. Se lhe mostram que falhou com uma regra ética, em qualquer situação, pode negar esta realidade, para que sua autoimagem não fique prejudicada.

- **Atitudes relacionadas com a manifestação de um valor que o indivíduo preza acentuadamente, com relação ao qual sente a necessidade de exibir uma posição bem definida.** Por exemplo, um indivíduo que é católico, quando se relaciona com pessoas que criticam sua religião, vai adotar uma posição firme de defesa do Catolicismo.
- **Atitudes voltadas para a colocação de ordem no ambiente externo.** Poderia ser o caso de alguém que aprecia sobremaneira a higiene pessoal e a limpeza de todo e qualquer ambiente. Ao interagir com pessoas que não têm forte preocupação com tais valores, pode adotar atitudes de críticas a estas pessoas.

Outra visão sobre como o indivíduo muda uma atitude também fornece informações sobre como as atitudes são formadas.

A influência social nos mostra três processos de formação de atitudes:

- **Aceitação**: ocorre quando um indivíduo aceita a influência de outro ou de um grupo, a fim de obter a aceitação por parte deste outro indivíduo ou grupo.
- **Identificação:** quando um indivíduo adota um comportamento que deriva de outro indivíduo ou grupo porque tal comportamento está associado à relação daquela pessoa com um determinado indivíduo ou grupo, por estar preocupado com o apoio social que precisa receber.
- **Internalização:** quando o indivíduo aceita uma influência ou opinião específica, em consonância com o seu sistema de valores.

A teoria da consistência cognitiva afirma que as atitudes se formam segundo o princípio da harmonia e da boa forma. São mais fáceis de organizarem-se as atitudes que formam um todo coerente e que são interiormente consistentes, do que as atitudes incoerentes, as quais provocam tensão e desejo de mudança.

As atitudes podem ser modificadas a partir de novas informações recebidas, de novos afetos que surgem, ou pela ocorrência de novos comportamentos ou situações. Pode-se mudar de atitude com relação a um determinado assunto porque se descobre que ele faz bem à saúde ou nos ajuda, de alguma forma. Pode-se exemplificar dizendo que podemos não gostar muito de comer vegetais até o momento que recebemos a informação de que são importantes para a nossa nutrição e saúde. A partir desta informação, vamos mudar nossa atitude sobre a nossa capacidade de gostar dos vegetais.

A teoria da dissonância cognitiva afirma que os elementos de uma atitude devem ter uma concordância entre si. Pode-se mudar uma atitude quando se é obrigado a comportar-se em desacordo com ela.

Alguém pode não gostar dos rapazes que são vizinhos no prédio onde reside. Porém, quando obrigado a conviver com eles, na mesma classe de uma escola, para evitar tensão constante e conflito, irá procurar aspectos positivos nos rapazes. Isto produzirá uma aproximação com eles e uma mudança de atitude com relação aos mesmos.

Nesta parte do livro, passamos uma síntese sobre o assunto da formação e mudança das atitudes, conforme é analisado pela Psicologia Social. Assim, tentamos sensibilizar o leitor para a relação deste tema com a liderança, o trabalho em equipe, a comunicação e a mudança organizacional e com a Gestão de Pessoas, de maneira geral.

Temas para Reflexão:

1 – Existe um plano de vida inconsciente na personalidade humana?
2 – Qual é uma definição possível do inconsciente?
3 – Qual a razão da importância do inconsciente?
4 – É possível ocorrer um bloqueio do inconsciente por repressão de impulsos e emoções?
5 – De onde procede a satisfação dos impulsos e das necessidades humanas?
6 – Qual o papel do inconsciente na autorrealização?
7 – Quais as cinco características que explicam a vida inconsciente?
8 – Vivências inconscientes influenciam a vida consciente?
9 – A existência da vida inconsciente nos leva a concluir que somos instrumentos passivos de forças desconhecidas?
10 – Qual a importância da vida consciente?
11 – Quais são os três níveis possíveis da vida consciente e da inconsciente?
12 – O que são mecanismos de controle e censura?
13 – O que é uma atitude?
14 – Quais são os três componentes de uma ação?
15 – Quais os dois aspectos possíveis de atitudes que nos ajudam a prever o comportamento humano?
16 – Por que algumas atitudes são mais fortes que outras?
17 – As atitudes humanas são formadas para atender determinadas necessidades do ser humano?
18 – Porque é vital que se entenda a formação de uma determinada atitude?
19 – Como se explicam atitudes que se caracterizam pela maximização ou minimização do custo de uma ação qualquer?

20 – Como se interpretam as atitudes que estão a serviço do ego e a serviço de como as pessoas se percebem?

21 – Como se caracterizam as atitudes relacionadas com a manifestação de um valor que o indivíduo preza acentuadamente?

22 – Como se explicam as atitudes voltadas para a colocação de ordem no ambiente externo?

23 – Qual a teoria que afirma que as atitudes se formam segundo o princípio da harmonia e da boa forma?

24 – Como as atitudes podem ser modificadas?

25 – Qual a afirmação básica da teoria da dissonância cognitiva?

2ª PARTE

Mudança Organizacional (*Change Management*); Aprendizagem, Política, Ética e Responsabilidade nas Organizações

5

A Importância de Aprender e o Valor da Aprendizagem; Aprendizagem Focada em Negócios

5.1 A NECESSIDADE DE APRENDER

A Ciência atual produziu uma grande evolução na eletrônica, na Internet, nas telecomunicações e na tecnologia em geral, aplicada a várias áreas. No entanto, temos que rever como lidamos com o mundo e como administramos os fenômenos globais, os quais impactam na vida socioeconômica e na ecologia. Ou seja, a tecnologia viabiliza a comunicação acelerada entre as pessoas, porém o conteúdo da comunicação (psicológico, atitudinal e emocional) ainda tem que ser mais bem conhecido e estudado.

As empresas precisam lidar com a velocidade das mudanças do mundo atual para sobreviver e prosperar. Têm de desenvolver novas competências para lidarem com ambientes disruptivos.

Para que as organizações possam sobreviver, devem aumentar sua capacidade de aprender. Assim, precisam lidar com o que vem a seguir:

– **mudanças radicais:** a mudança descontínua do mundo atual pressiona as empresas. Um exemplo é o da indústria automotiva, que está sendo forçada a criar veículos não poluentes; outro é o da indústria da mídia que luta com as questões dos direitos autorais digitais e cada vez mais depende da Internet.

Outros exemplos ainda a serem citados: a indústria farmacêutica, impactada pela bioengenharia e pela tecnologia genética; o setor de energia que busca geração de tecnologias limpas; a indústria financeira que deve se reinventar, superando aspectos do capitalismo selvagem que tem praticado.

O economista Joseph Schumpeter observou em sua obra que existe uma "destruição criativa, que é o poder inovador e transformador, por trás do desenvolvimento e do crescimento econômico de longo prazo, o qual participa da essência do Capitalismo".

A Internet ganhou novas dimensões a partir de 1990, mudando a infraestrutura global de comunicações, impactando nas relações *business-to-business* (entre empresas), *business-to-consumer* (entre empresa e consumidor) e também entre *peer-to-peer* (entre indivíduos).

- **ocorre também a ascensão das organizações baseadas em conhecimento, como alavancador estratégico para a criação de valor.** As empresas precisam definir o tipo de conhecimento que é fundamental para seu modelo de negócios, no tocante ao conhecimento do mercado e às suas competências internas.

Os mais importantes conhecimentos estão depositados nas pessoas e nas práticas aplicadas ao contexto no qual a empresa opera. O desafio é disponibilizar as informações relevantes para as pessoas certas, nos locais certos e no momento certo.

Se não considerarmos este fato, os investimentos de TI, na aprendizagem e na gestão do conhecimento, não renderão frutos. Faz-se necessário uma arquitetura social inteligente que relacione as pessoas certas aos ambientes que estimulem o compartilhamento e a colaboração, criando uma infraestrutura que apoie essas ações e práticas.

Essa arquitetura deve abranger políticas de compartilhamento do conhecimento, sistemas de incentivo, mecanismos para gerar confiança recíproca, incentivo à criação de comunidades de prática e a utilização de ferramentas de redes sociais.

- **outra realidade fundamental é reconhecer que as competências essenciais constituem a base da vantagem competitiva de uma organização.** Essas competências podem ser a marca, patrimônio físico, processos diferenciados, *expertise* tecnológica, talentos distintivos, acesso diferenciado a mercados de capital, entre outros fatores.

A definição do estoque de competências de uma empresa determina quais as atividades de negócios precisam permanecer no controle direto da organização e quais podem ser terceirizadas ou entregues por parceiros na cadeia de valor da referida empresa.

- **existe também uma crescente importância das pessoas que estão próximas à operação da empresa, com contato direto com clientes, fornecedores e autoridades governamentais. Para manter a competitividade, as empresas precisam abrir mão das hierarquias ostensivas e do controle central e dar autonomia às pessoas próximas às operações da organização. A alta liderança deve criar uma arquitetura organizacional que incentive o empreendedorismo, o diálogo estratégico e a colaboração entre departamentos. Os colaboradores precisam aprender a tomar decisões, lidar com reclamações dos clientes, com falhas no processo ou na gestão da qualidade.

- **cada vez mais surgem organizações conectadas a redes globais.** Muitas das atividades que eram realizadas dentro dos limites da empresa deixaram de ser controladas apenas por um participante e agora, frequentemente, requerem a colaboração de uma rede complexa, que muitas vezes está espalhada ao redor do mundo e pode incluir centenas de participantes. Nessa realidade, a vantagem competitiva da empresa reside em criar colaboração com outros parceiros e administrar esse processo de criação da colaboração. O poder hierárquico não funciona fortemente entre os membros de uma rede que demanda a colaboração entre as partes. A liderança deve se basear em coordenação horizontal e processos de ajuste que seguem a lógica de liderar sem poder formal. O desafio principal é a criação do desenvolvimento de habilidades de comunicação e colaboração.

5.2 O SIGNIFICADO ATUAL DA APRENDIZAGEM

O sistema educacional do mundo ocidental trata a aprendizagem em forma racional e analítica. Tem relação com a explicação científica e racional do mundo, que se resume a uma abordagem mecanicista do mesmo.

Criar impacto em ambientes organizacionais requer competências emocionais, sociais e políticas para que se possam materializar ações em um contexto de interesses conflitantes.

A organização, para competir em ambientes complexos e altamente dinâmicos necessita gerar excelência de pessoas, excelência organizacional e excelência estratégica.

A excelência de pessoas e a organizacional têm que ser produzidas em forma associadas para que possam ser concretizadas. No entanto excelentes organizações com pessoas gabaritadas podem fracassar se descansam nos sucessos do passado. Por isso, fazem-se necessárias a excelência estratégica e a capacidade de questionar continuamente as regras do jogo, transcender modelos de negócio existentes e administrar a rede de *stakeholders*, de forma a alavancar as competências essenciais da organização.

A aprendizagem depende do contexto no qual ela ocorre. Vemos o mundo através de um filtro cognitivo e emocional influenciado por nossas experiências prévias. Não existe objetividade absoluta na comunicação humana.

Qualquer coisa que aprendemos é sempre parcial e subjetiva de acordo com o contexto específico no qual pensamos e vivemos.

O contato com pontos de vista ou situações novas abala os modelos mentais e emocionais que nos ajudam a estruturar o sentido do mundo. Essas diferenças e desconfortos são a fonte da aprendizagem.

Espaços projetados de incômodos podem ser uma sala de aula, uma organização ou um processo de negócios.

O processo de negociar diferentes visões de mundo também cria uma experiência em comum e constitui um relacionamento social entre as partes.

A excelência de pessoas é o domínio indiscutível da educação corporativa. A excelência organizacional é manifesta quando se constata que os mais brilhantes profissionais não terão bom desempenho se forem impedidos pela hierarquia de múltiplas camadas, por processos ineficientes de tomada de decisões ou por uma cultura de desconfiança e intriga.

A excelência estratégica mostra que as empresas precisam estar atentas à dinâmica do seu negócio, percebendo as descontinuidades que permitem acionar grandes mudanças. Também devem criar novos modelos de negócio que abalem as regras atuais do jogo estratégico. Devem explorar novas oportunidades, novas competências, olhando além do paradigma predominante do mercado, gerando empreendedorismo, incentivando a experimentação e permitindo o fracasso, dentro de certos limites.

A aprendizagem tem várias dimensões:

- **Aprendizagem tópica**: seu objetivo é a aquisição de fatos e conhecimentos sobre o mundo. O conhecimento estruturado deve facilitar a compreensão do tema e o sucesso na aprendizagem é medido pela capacidade do aluno reproduzir fatos, através de testes e provas.

- **Aprendizagem analítica:** são contextos de aprendizagem típicos no mundo dos negócios, como, por exemplo, o estudo de casos, em que a riqueza das perspectivas dos participantes é utilizada por um facilitador.

Estas duas dimensões da aprendizagem – tópica e analítica – lidam com o aspecto cognitivo de como compreender o mundo em forma racional e são importantes para o desenvolvimento das ciências. Ocorrem nas universidades e na educação continuada dos executivos.

- **Aprendizagem emocional:** inclui *insights* sobre os pontos fortes e fracos, sobre a dinâmica da personalidade e a capacidade de lidar com as emoções e de refletir sobre os padrões de conduta internalizados.
- **Aprendizagem social**: lida com a capacidade de interagir com sucesso, dentro do contexto imediato da pessoa, em contato direto com os outros.

A liderança e a colaboração requerem competências emocionais e sociais, podendo ser desenvolvidas através de *coaching*, treinamento experiencial, desenvolvimento pessoal e de equipes, visando colocar as pessoas em contato com o seu eu profundo.

- **Aprendizagem política:** ela adquire maior importância à medida que uma organização cresce em tamanho e complexidade. Raramente aparece nos estudos de aprendizagem.

Está relacionada com a dinâmica do poder nas organizações. Requer clareza analítica, força emocional, boa comunicação e diplomacia. Por isso é estranho que existam poucas iniciativas para desenvolver a habilidade política no contexto da aprendizagem.

- **Aprendizagem ética:** a excelência em todas as dimensões anteriores não leva necessariamente a um comportamento eticamente responsável. Ela tem por objetivo pensar e agir de acordo com princípios éticos universais que levem em consideração o contexto social e ecológico mais amplo.
- **Aprendizagem voltada para a ação**: as competências antes mencionadas não se materializam no mundo real, se não forem colocadas em prática. A ação demonstra se a aprendizagem ocorreu. Ela tem relação com o empreendedorismo, com a criação de uma visão e a concretização da mesma através de um planejamento adequado das ações.

5.3 APRENDIZAGEM FOCADA EM NEGÓCIOS

O presente texto está baseado no livro *Organizações Inteligentes* de Roland Deiser.

O autor registra que usualmente localizamos a prática da aprendizagem no Departamento de RH, que cuida da excelência das pessoas. No entanto, opina que a aprendizagem não deve apenas alterar os modelos mentais e as habilidades dos colaboradores e executivos, deve também criar estruturas políticas e processos da organização que viabilizem uma aprendizagem contínua, inteligente, eficaz e ética.

Com o objetivo assinalado, o autor nos apresenta um modelo de cinco níveis de aprendizagem, permitindo que ela atinja pessoas, organização e estratégia.

Passamos a descrever os referidos cinco níveis de aprendizagem:

- **Nível 1, o da aprendizagem padronizada:** ela se dirige totalmente aos indivíduos e não oferece assistência para aplicar o conhecimento adquirido a ações específicas que beneficiem a empresa ou o negócio. Ela cuida de temas gerais, universalmente válidos e independentes de qualquer contexto específico.

Exemplos são cursos de línguas, habilidades de informática, de elaboração de textos ou capacitação genérica de vendas. Também pertencem a essa categoria a educação superior, como o ensino geral da Administração e a *expertise* técnica ou funcional.

- **Nível 2, o da aprendizagem customizada:** tenta relacionar o conteúdo da aprendizagem ao contexto específico da empresa. Pode ser customização baixa ou alta. Nesse último caso os fornecedores dos programas conduzem entrevistas com os executivos, estudam o contexto da empresa e elaboram um desenho em estreita colaboração com uma equipe interna de *experts* de aprendizagem. Esse tipo de programa leva em consideração o contexto dos participantes e facilita a transferência das lições aprendidas para a situação de trabalho.

Exemplos são programas *in-company* para uma única empresa ou até programas de escolas de negócio como os de Harvard Business School, London Business School ou INSEAD.

- **Nível 3, o da aprendizagem como direcionadora da mudança organizacional:** ela orienta a implementação de projetos de mudança organizacional, ao projetar e regular uma arquitetura de aprendizagem organizacional que dê apoio a tal atividade.

O *expert* em aprendizagem neste nível deve realizar o desenvolvimento de ferramentas, intervenções e políticas, que apoiem e sustentem a mudança organizacional pretendida.

Exige também um *design* inteligente de uma arquitetura de processos que garanta a sequência certa de intervenções e a consistência do conjunto de ferramentas e políticas.

Este tipo de aprendizagem difere do modelo da sala de aula, pois coloca o espaço de aprendizagem na vida real da organização e foca a necessidade de desenvolvimento imediato da empresa.

Neste nível diminui o papel e a participação das escolas de negócio e o das consultorias de treinamento na aprendizagem de uma empresa.

- **Nível 4, o da aprendizagem como direcionador das iniciativas estratégicas de negócio:** neste nível a arquitetura da aprendizagem é projetada não apenas para implementar a mudança organizacional interna, com também se transforma em um elemento capacitador fundamental para orientar os negócios e promover o desenvolvimento estratégico da empresa.

Atividades deste tipo focam o desenvolvimento de estratégias, a otimização dos processos de negócios, a exploração de novas ideias de negócios ou a entrada em novo mercado, possibilitando o desenvolvimento de *insights* capazes de melhorar o desempenho e acionar a inovação.

Exemplo deste nível pode ser uma *Action Learning*, que utiliza questões de negócios como veículos de aprendizagem, o que requer um papel maior da gestão da empresa (e não somente do RH) no *design* e na administração da organização que aprende.

- **Nível 5, o da aprendizagem como motor para a transformação do mercado:** esse nível conceitua que o sucesso estratégico de uma organização também depende das competências de seus parceiros estratégicos, principalmente fornecedores e clientes. Ela busca principalmente desenvolver as competências e otimizar o desempenho da própria empresa e da sua rede de parceiros. O desafio neste nível é político. Como envolver e motivar parceiros da rede de negócios para se unirem e sustentarem uma arquitetura de aprendizagem em comum, determinando juntos as prioridades dessa mesma aprendizagem.

Exemplos são projetos de aprendizagem que otimizam a colaboração por toda a cadeia de valor, como a composição de arquiteturas de inovação aberta ou ainda plataformas com parceiros terceirizados para melhorar a administração da *interface* mútua.

Os níveis de aprendizagem 1 e 2 sempre serão exclusivos do RH. A aprendizagem dos níveis 3 e 4 vão além da missão do RH e requerem a participação de *stakeholders* relevantes dentro da empresa, da média e da alta gestões da mesma. O nível 5 leva o domínio da aprendizagem para além das fronteiras da empresa, focando uma cadeia de valor mais ampla, incluindo clientes, fornecedores e até concorrentes.

Temas para Reflexão:

1 – A capacidade de aprender tem relação com a sobrevivência de uma organização?

2 – O que são mudanças radicais?

3 – Qual o conceito de "destruição criativa", segundo Joseph Schumpeter?

4 – Qual o impacto das novas dimensões na Internet, na vida socioeconômica do planeta, a partir de 1990?

5 – Organizações baseadas em conhecimento criam valor, no segmento onde atuam?

6 – Os mais importantes conhecimentos de uma organização estão depositados nas pessoas e nas práticas ao contexto na qual a empresa opera?

7 – O que é uma arquitetura organizacional inteligente?

8 – Qual a base de uma vantagem competitiva de uma organização?

9 – A Gestão de Pessoas é muito importante para a empresa manter sua competitividade?

10 – Que tipo de arquitetura organizacional deve ser criado pela alta liderança de uma empresa?

11 – O que é uma organização conectada a redes globais?

12 – Como o sistema educacional do Ocidente trata a aprendizagem?

13 – Competências emocionais, sociais e políticas são necessárias para se materializarem ações em um contexto organizacional que pressupõe interesses humanos conflitantes?

14 – A aprendizagem depende do contexto no qual ela ocorre?

15 – Toda comunicação humana sempre é objetiva e clara?

16 – Quais são as fontes possíveis da aprendizagem?

17 – O que cria o processo de negociar diferentes visões de mundo?

18 – O que mostra a excelência estratégica de uma empresa?

19 – Quais são as sete dimensões da aprendizagem?

20 – O que é aprendizagem social?

21 – O que é aprendizagem política?

22 – O que é aprendizagem voltada para a ação?

23 – O que a aprendizagem deve criar segundo Roland Deiser?

24 – Quais são os cinco níveis de aprendizagem segundo Roland Deiser?

25 – O que é uma aprendizagem relacionada com a mudança organizacional, segundo o mesmo autor?

26 – O que é uma aprendizagem voltada para a estratégia do negócio, de acordo com Deiser?

27 – O que é uma aprendizagem voltada para a transformação do mercado?

28 – Quais os níveis de aprendizagem exclusivos do RH?

29 – Quais os níveis de aprendizagem que vão além da missão de RH e demandam a colaboração de outros participantes, no processo de estruturação da mencionada aprendizagem?

6

Ética e Responsabilidade Social; Habilidades Políticas na Organização; Estratégia e Aprendizagem

6.1 O DESENVOLVIMENTO ÉTICO DAS EMPRESAS E A RESPONSABILIDADE SOCIAL

Na realidade, frequentemente esquecemos que a origem histórica da Ética tem por base a Filosofia e a Religião. Como na vida organizacional buscamos melhorar a gestão da empresa e obter melhores resultados, não atentamos para as origens históricas da ética empresarial.

Naturalmente, o foco do presente livro não reside em referir o pensamento filosófico e religioso, por isso vou descrever como as empresas estão relacionando o tema da Ética com o tema da Responsabilidade Social.

O assunto é amplo e também está relacionado com o tema da Governança Corporativa, presente no Brasil nas reuniões e publicações de várias Câmaras de Comércio e Institutos (como o Instituto Brasileiro de Governança Corporativa) e nas agendas de trabalho dos Conselhos de Administração das empresas.

Para tentar passar o tema aos estudantes e estudiosos, vamos adotar como base citações contidas no livro *Ética e Responsabilidade Social nos Negócios*. Essa obra é o trabalho de vários autores, sob a coordenação de Patricia Almeida Ashley (Editora Saraiva – 2005).

Assim procedendo, damos uma referência bibliográfica e a versão do tema feita por pesquisadores de reconhecida competência, mostrando a relação do assunto com o tema de Gestão de Pessoas.

Durante algum tempo, numa visão histórica, assumiu-se que a empresa geradora de empregos, de impostos, e de lucro aos acionistas, era socialmente responsável.

Nos últimos anos surgiu a teoria dos *stakeholders*, ou dos parceiros envolvidos no sucesso da empresa, a qual prega que as organizações devem assumir uma postura social, tendo comprometimento com os interesses e aspirações da sociedade onde atua, com um todo.

Esta corrente mais moderna vê a responsabilidade social da empresa como contida nas seguintes tarefas e realizações:

- **Valorização dos empregados,** o que pressupõe uma boa Gestão de Pessoas.
- **Respeito aos direitos dos acionistas,** inclusive os minoritários, cuidando do retorno do capital investido.
- **Manter boas relações com clientes e fornecedores,** o que além de ser ético propicia uma relação de "ganha-ganha", de agregação de valor a tudo que a empresa produz e oferece como produto ou serviço à sociedade.
- **Manter ou apoiar programas de preservação ambiental,** o que parece única e exclusivamente uma preocupação com a preservação da natureza, da fauna e da flora. No entanto, sabemos que muitos dos recursos naturais do planeta são escassos, não renováveis e as modificações predatórias do meio ambiente produzem transformações climáticas que afetam a produtividade e os lucros das empresas, além da sobrevivência das próximas gerações e da própria humanidade.
- **Atender à legislação que regula a atividade da empresa,** do ponto de vista ecológico ou até do ponto de vista fiscal e tributário, tendo também relação com a boa Governança Corporativa. O tratamento adequado ao empregado evita, por exemplo, ações legais do funcionário por assédio moral.
- **Realizar ações que visam resolver ou melhorar problemas sociais na área da educação e da saúde.**
- **Dar aos acionistas, aos órgãos reguladores, ao mercado, e também aos clientes e consumidores, informações confiáveis e transparentes.**

A reflexão seguinte é o que a empresa lucra, adotando os procedimentos anteriormente expostos. A vantagem da organização pode ser resumida como segue:

- Maior visibilidade e maior demanda e valorização de suas ações.
- Menor custo de capital.

- Ser prioridade para o os investidores aplicarem dinheiro na empresa.
- Conseguirem maior visibilidade na preferência dos consumidores.
- Inovação e criação de novos produtos e serviços.
- O *goodwill*, que é um elemento intangível que impacta nas relações da empresa com o mercado.
- Sustentabilidade nos negócios e continuidade da empresa.
- Maior retorno sobre o investimento realizado, maior valor e maior produtividade.

A grande questão é buscar a relação entre o desempenho financeiro e o desempenho social da empresa.

Espera-se que as empresa que tenham programas de desenvolvimento social sejam vistas de forma diferenciada pelo mercado.

No livro *Ética e responsabilidade social nos negócios*, que é citado neste capítulo, coordenado por Patricia Almeida Ashley, afirma-se que existem investimentos socialmente responsáveis, materializados em fundos de ações, cujas carteiras são compostas por papéis de empresas socialmente responsáveis, as quais têm apresentado rendimento superior aos dos fundos tradicionais.

Também é dito que hoje existe uma maior conscientização do consumidor, com uma procura mais intensa de produtos e práticas de empresas que geram melhoria para o meio ambiente e a comunidade, valorizando-se aspectos éticos ligados à cidadania. Assim, o mundo empresarial vê a responsabilidade social também como uma nova estratégia para aumentar seu lucro e potencializar seu desenvolvimento.

Na Economia Global e na atual civilização planetária, onde os países e as empresas estão cada vez mais próximos e interdependentes, postula-se um comportamento ético e transparente, com foco nos aspectos sociais e ambientais, visando um desenvolvimento econômico sustentável, com transparência nas ações das empresas locais ou multinacionais.

No Brasil e no mundo frequentemente surgem escândalos relacionados a um comportamento não ético, por parte de algumas organizações. A consequência tem sido o surgir da necessidade de um comportamento da gestão de uma empresa que associe a viabilidade de um negócio com ações de sustentabilidade e responsabilidade social.

Ao incluir, na sua gestão, uma atitude socialmente responsável a empresa tem vantagens como o melhor acesso ao capital, menores prêmios de seguros, menor *overhead*, melhora da imagem, maiores vendas e melhores relações com empregados.

Nas fusões e aquisições, os investidores percebem que as empresas socialmente responsáveis têm uma melhor governança corporativa e têm menor risco de apresentarem problemas criados por seus gestores.

Dados do BNDES indicam que as práticas de responsabilidade social, na ótica da boa governança corporativa, voltada para o bom desempenho financeiro, inicialmente, gera aumento de custo para as empresas.

Posteriormente, a prática de uma responsabilidade social também oferece vantagens para as organizações: agregação de valor às suas atividades; redução de custos e aumento da competitividade; melhoria da imagem institucional; melhoria do ambiente interno de trabalho e da satisfação dos empregados; favorecimento da criatividade e da inovação; aumento da demanda por produtos, serviços e marca; aumento de participação no mercado; melhor convivência com o cenário político e governamental que envolve a empresa, onde ela atua.

A Bolsa de Valores de São Paulo criou a Bolsa de Valores Sociais, com a finalidade de fomentar encontro entre organizações sociais que demandem recursos e investidores que queiram apoiar programas e projetos na área da responsabilidade social. Assim procedendo, a Bolsa de Valores gerou conceitos de investidor social e de lucro social.

O primeiro é por definição o investidor que pretende investir em organizações da sociedade civil de interesse público, canalizando recursos para projetos voltados para diminuir as desigualdades sociais. O lucro social é definido como o resultado obtido por uma organização, fruto das aplicações feitas em projetos de responsabilidade social.

A Bovespa e suas corretoras associadas apresentam portfólio de programas e projetos para o mercado investidor, buscando captar recursos para as organizações da sociedade civil listadas na Bolsa de Valores Sociais. Esta ação orienta os investidores na escolha dos projetos mais adequados para as suas políticas de investimento social. Os recursos obtidos são transferidos totalmente para a organização da sociedade civil escolhida, sem qualquer taxa ou dedução.

Vem sendo observado no Brasil que as empresas com boas práticas ambientais estão sendo recompensadas em até 5% mais do que outras organizações comparáveis, que não praticam a melhoria de projetos favoráveis ao meio ambiente.

Nas avaliações das ações que as empresas têm no mercado brasileiro, os analistas do mercado financeiro já lançam mão dos dados relatados no balanço social, associando-os às demonstrações financeiras.

No mundo, os maiores fundos de pensão, que são fortes investidores institucionais, estão exigindo responsabilidade social das empresas nas quais aplicam seus recursos. Os fundos socialmente responsáveis já existem a quase duas décadas nos Estados Unidos e a mais de uma década no Japão e na Europa. O mesmo vem acontecendo com os fundos de pensão brasileiros, que estão adotando critérios mais fortes de governança corporativa para avaliar a responsabilidade social das empresas nas quais fazem investimentos.

Bancos e administradoras do Brasil têm lançado fundos específicos que destinam verbas para investimento em empresas com projetos na área social e do meio ambiente.

Investidores estrangeiros também têm agido com base nas informações sobre as práticas sociais das empresas brasileiras nas quais querem investir.

Em 2001 foi criado pela Bovespa o Índice de Governança Corporativa (IGC), o qual tem listadas na sua carteira as ações de empresas que adotam bons princípios de governança corporativa. Estas empresas mantêm transparência de informações para entidades como: acionistas, comunidade, clientes, credores, empregados, investidores e governo. Elas também respeitam os direitos dos acionistas minoritários, da mesma forma que o fazem em relação aos acionistas majoritários, preocupando-se ainda com a ação social e o respeito ao meio ambiente.

Tudo isso evidencia uma relação entre os conceitos de responsabilidade social e a governança corporativa. Prioriza-se o comportamento ético e a transparência de atuação, associados à responsabilidade social e a boa governança corporativa. Valoriza-se o comportamento ético com relação aos *stakeholders*, buscando-se certificações e selos de qualidade, bem como as boas ações de sustentabilidade.

O desempenho social de uma empresa está associado às praticas que a mesma utiliza para proteger a flora, a fauna e a vida e a dignidade humana.

Para tanto, como resultado de uma boa Gestão de Pessoas, a organização lança mão de recrutamento, treinamento e formação continuada dos funcionários, visando obter melhores condições de clima organizacional e de relações com os empregados, de higiene e segurança no trabalho e de boas relações com a comunidade onde atua.

A atuação da empresa voltada para a responsabilidade social pressupõe um comportamento ético, significando comprometimento interno, com os empregados e com todos os acionistas e parceiros da empresa.

6.2 HABILIDADES POLÍTICAS ORGANIZACIONAIS

O exercício do poder é algo comum a todos os tipos de organizações. O que se precisa é entender como ele é obtido e exercido, para podermos visualizar o comportamento organizacional relacionado com o poder.

Uma forma simples de definir o poder é dizer que A tem dependência de B. Quanto maior a dependência de A, maior o poder de B. Os líderes utilizam o poder como meio para atingir os objetivos do grupo que coordenam. O poder é um meio de facilitar suas conquistas empresariais e pessoais.

O poder não exige que os objetivos a serem atingidos sejam compatíveis, apenas demanda uma relação de dependência. No entanto, a liderança requer alguma compatibilidade entre os objetivos do líder e os dos colaboradores que estão sendo liderados.

Os estudos sobre o poder têm focado as táticas de conquista da submissão dos liderados, indo além do indivíduo, já que o poder pode ser exercido também por grupos, para controlar outros grupos ou outros indivíduos.

French e Raven argumentaram que existem cinco categorias de fontes do poder: coerção, recompensa, legitimidade, talento e referência, que explicamos a seguir:

- **poder coercitivo**: depende do medo que surge quando as pessoas temem consequências negativas advindas do seu comportamento. Pode se materializar, por exemplo, em sanções físicas, falta da liberdade pessoal, ou pelo controle de necessidades básicas fisiológicas ou de segurança. O mundo empresarial utiliza ações de coerção baseadas no poder econômico. Um líder pode forçar mudanças de comportamento do liderado utilizando ameaças de demissão ou suspensão, ou quando pode dar tarefas que sejam menos nobres ou até constrangedoras.

- **poder de recompensa:** uma pessoa se submete à vontade de outra, com base na capacidade da pessoa dominante de distribuir recompensas, as quais são vistas como valiosas. Estas recompensas não são apenas materiais, podendo ser também recompensas de cunho psicológico e social, como a amizade, a aceitação e o elogio.

- **poder legítimo:** o poder que uma pessoa recebe pela posição que ela ocupa na hierarquia formal da empresa. Ele inclui a aceitação pelos membros da organização da autoridade de um cargo.

- **poder do talento:** é a influência exercida em função da perícia, da habilidade específica ou do conhecimento, pois estamos num mundo onde ciência e tecnologia cada vez mais impactam na vida socioeconômica e participamos de uma Sociedade do Conhecimento.

- **poder de referência:** seu fundamento é a identificação com uma pessoa que possui recursos ou características pessoais almejadas por outro indivíduo. Se admiro e me identifico com alguém, esse exerce poder sobre mim, já que pretendo agradá-lo e me aproximar dele.

Assim, a dependência é um conceito básico que nos leva a entender o exercício do poder. Se algo é abundante, sua posse não aumenta o poder de alguém. Porém, se existe uma escassez do conhecimento ou dos valores que

alguém domina então esse pode exercer o poder, controlando a outorga deles a outra pessoa.

Aquilo que você controla cria dependência quando é algo percebido como importante. A posse de um recurso escasso, como por exemplo, o de um conhecimento importante, faz que o alto escalão possa depender do escalão inferior de uma empresa.

O organograma de uma empresa pode nos enganar, pois não mostra corretamente onde está o poder. Três departamentos podem reportar-se a um Presidente, porém um deles, na prática, pode ser menos valorizado que os outros dois.

Os funcionários transformam suas bases de poder em ações específicas que podem ser rotuladas como táticas do poder:

- **razão:** utilização de fatos e dados para fazer uma apresentação lógica ou racional das ideias;
- **amabilidade:** utilização de elogios, criação de um clima de boa vontade, tentativa de parecer amigável antes de fazer uma solicitação;
- **coalizão:** obtenção de apoio, para as próprias ideias, de outras pessoas na organização;
- **barganha:** negociação utilizando troca de benefícios ou favores;
- **afirmação**: utilização de abordagem direta e vigorosa através de repetidos lembretes, ordem para o cumprimento de uma solicitação e a citação de regras que demandam ser obedecidas;
- **apoio das autoridades superiores:** obtenção de aprovação, para as próprias ideias, dos níveis mais altos da organização;
- **sanções**: utilização de punições ou ameaças relativas ao desempenho do funcionário.

As culturas organizacionais também influenciam o exercício do poder. Algumas empresas são calorosas, descontraídas, informais; outras são conservadoras e formais. Algumas culturas estimulam a utilização da amabilidade; outras fomentam o uso da razão. Outras ainda utilizam as sanções e a afirmação da autoridade.

Pode-se partir de uma tentativa individual de adquirir mais poder organizacional. Se a tentativa não é bem sucedida, em geral as pessoas formam coalizões. Elas devem ter uma formação ampla que dê apoio aos objetivos de um grupo de pessoas. Esta coalizão para se obter um consenso somente ocorre nas culturas organizacionais em que a cooperação, o comprometimento e o processo decisório compartilhado são altamente valorizados. Elas também têm maior probabilidade de sucesso onde existe bastante interdependência de tarefas e recursos.

O exercício do poder também tem a ver com a possibilidade de assédio sexual ou ainda com o assédio moral. Resultam em qualquer atividade ou abordagem de cunho sexual ou moral que afete a relação de emprego, principalmente entre chefes e subordinados.

A relação chefe-subordinado caracteriza uma relação desigual de poder, na qual a posição do chefe lhe dá a possibilidade de recompensar ou de coagir.

Indivíduos que ocupam posições de maior *status* ou de chefia algumas vezes acreditam que o assédio sexual, principalmente em relação às mulheres subordinadas, é apenas uma extensão de seus direitos de fazer exigências às pessoas de *status* inferior na hierarquia. Como o chefe tem poder e controla recursos importantes, muitas vítimas de assédio tem medo de protestar e sofrer retaliações.

Não somente os chefes, mas também os colegas de trabalho podem praticar o assédio sexual, oferecendo ou negando informações, cooperação e apoio, o que na prática é uma manifestação de poder.

O assédio moral basicamente tem a ver com a grosseria e a rudeza no tratamento do funcionário, principalmente por parte do seu chefe, e quase sempre em público, quando o subordinado é submetido a alguma humilhação.

Tanto o assédio sexual quanto o assédio moral são ilegais e podem gerar ações jurídicas do indivíduo contra a chefia e a organização.

Nas organizações, quando as pessoas se agregam em grupos, o poder é exercido; quando o poder se transforma em ações, podemos conceituar que as pessoas estão tendo uma atitude política, procurando influenciar a distribuição de vantagens e desvantagens dentro da organização. Ou quando tentam exercer influência sobre os objetivos, os critérios ou sobre o processo decisório.

Alguns exemplos de comportamentos políticos negativos: retenção de informações importantes para os tomadores de decisões; a denúncia de atos dos colegas; a divulgação de boatos; o vazamento de informações confidenciais para a mídia; a troca de favores com outras pessoas; *lobby* para um indivíduo ou em prol de uma situação qualquer.

Exemplos de comportamentos políticos normais: reclamar com o chefe; ultrapassar a cadeia de comando; formar coalizões; desenvolvimento de contatos e *networking* dentro e fora da empresa.

As organizações são formadas por pessoas e grupos, com diferentes valores, metas e interesses, o que pode causar conflitos pela disputa de recursos e posições.

Como recursos e posições são limitados, conflitos potenciais se transformam em conflitos reais. A alocação de recursos limitados e de promoções tem a ver com as diferentes interpretações possíveis do que seja um bom desempenho, um trabalho realizado satisfatoriamente ou a busca de uma melhoria adequada ou de uma solução para um problema.

Como a maioria das decisões precisa ser tomada levando em conta a ambiguidade de algumas situações, as pessoas lançam mão de toda capacidade de influenciar as mesmas. Procuram fazer com que os fatos justifiquem seus objetivos e interesses o que significa, na prática, fazer política em prol de suas teses.

As pessoas que se autoavaliam e monitoram seus desempenhos têm maior possibilidade de participação em ações políticas. Quanto mais a pessoa tiver investido na organização em termos de expectativas de futuros benefícios mais ela terá de perder se for desligada e menor será sua probabilidade de se envolver com ações ilegítimas.

Quaisquer mudanças, especialmente aquelas que impliquem significativa realocação de recursos dentro da organização são capazes de estimular o conflito e aumentar a atividade política.

É reconhecido o papel das diferenças individuais e de personalidade na realização de atividades políticas. No entanto, as evidências indicam mais acentuadamente que certas culturas são mais favoráveis às ações políticas.

É mais provável que surjam atividades políticas quando os recursos de uma organização estão decaindo, quando o perfil de recursos está mudando, ou quando existem oportunidades de promoções.

Também quando ocorrem ações políticas em culturas caracterizadas por baixo nível de confiança, ambiguidade dos papéis organizacionais, sistemas de avaliação de desempenho pouco eficazes, alta pressão por resultados e direção da empresa com executivos muito egocêntricos e centralizadores.

As mudanças oriundas de falta de resultados também podem despertar atos políticos nas empresas.

A avaliação de desempenho não é uma ciência exata e as decisões a serem tomadas sobre promoções têm uma dimensão política. Em função disso, quanto maior a pressão que um funcionário sofre para apresentar bom desempenho, maior a probabilidade de que ele se envolva em atividades políticas.

No bom sentido, os executivos devem desenvolver seu lado político, praticando ações como as descritas a seguir:

- Argumentar favoravelmente aos seus planos e objetivos destacando quais serão os benefícios dos mesmos para a empresa.
- Criar uma imagem pessoal de acordo com os valores da empresa.
- Desenvolver conhecimentos e talentos que sejam úteis às atividades da empresa.
- Mostrar que é indispensável para os tomadores de decisão da organização.

- Ficar visível em situações que demandam comunicação e posicionamento positivo em relação aos acontecimentos em curso.
- Conquistar pessoas-chave como aliadas, que possam ser fiadores do seu bom desempenho e do acerto das suas ideias.
- Procurar apoiar os esforços dos colegas, do chefe e de outras áreas da empresa com as quais interage, para a obtenção de objetivos empresariais em andamento.

O importante é que o executivo passe uma impressão correta e verdadeira sobre suas ideias e seu desempenho, no estilo 360°, para chefe, pares e subordinados. Se a imagem projetada não for verdadeira, a pessoa será desacreditada.

Nas ações políticas registra-se a possibilidade de comportamentos defensivos para tentar evitar que a pessoa seja responsabilizada por determinadas ações. Estes comportamentos não são adequados; porém, como eles existem, devem ser abordados, para que executivos em posição de liderança saibam agir quando os mesmos ocorrerem:

- **Ater-se inadequadamente a regras e procedimentos da empresa**, justificando uma ação não positiva, que não tem justificativa plausível.
- **Transferência de uma responsabilidade pessoal** para outras pessoas.
- **Fingir ignorância de uma situação ou regra,** para não ser responsabilizado pelas ações praticadas.
- **Despersonalização**, que leva a praticar um tratamento distanciado das outras pessoas, como se fossem objetos ou números, ignorando o impacto das próprias ações sobre elas.
- **Prolongar indevidamente algumas tarefas**, para mostrar que está muito ocupado e produtivo.
- **Formalismo excessivo**, documentando tudo que faz, enviando cópias de *e-mails* para todas as pessoas envolvidas.
- **Fuga de situações** que podem mostrar o mau desempenho de uma pessoa, mesmo quando se deve colaborar para a solução dos problemas ocorridos.
- Colocar a culpa em outras pessoas por fatos de sua própria responsabilidade.
- **Manipulação de informações,** projetando uma falsa imagem de si mesmo.

O comportamento defensivo se torna crônico e até patológico com o passar do tempo. Pessoas que lançam mão de tais expedientes acabam por perder a confiança do chefe, colegas, subordinados e até dos clientes e fornecedores.

Cabe agora ressaltar a necessidade de um comportamento ético nas atividades políticas dentro de uma organização.

Existem três critérios éticos para uma tomada de decisão:

- **Não se podem colocar os interesses pessoais acima dos interesses da organização**. As ações políticas, quando positivas, devem ser coerentes com as metas da organização.

- **Devem ser respeitados os direitos das pessoas com quem se interage**, respeitando, por exemplo, o sigilo e a privacidade que existem em algumas situações específicas.

- **As ações políticas devem ter conformidade com padrões de equidade e de justiça**, quando, por exemplo, se avalia o desempenho de duas pessoas, uma sendo a preferida para uma promoção e a outra não. Independente da preferência é fundamental avaliar com neutralidade o desempenho das duas pessoas.

Existem fortes evidências demonstrando que boas e positivas habilidades políticas estão bastante relacionadas com boas avaliações de desempenho, com aumentos salariais e com a possibilidade de alguém receber promoções.

6.3 RELAÇÃO ENTRE ESTRATÉGIA E APRENDIZAGEM ORGANIZACIONAL

A prática da estratégia analisa tendências do mercado e elabora um plano estratégico. A prática da aprendizagem ajuda a implementar a estratégia através da capacitação da força de trabalho em assuntos de estratégia e planejamento.

Um planejamento a longo prazo faz sentido em ambientes estáveis e previsíveis, mas perde o valor em ambientes instáveis e descontínuos. A nova gestão estratégica visa dominar um processo criativo para conquistar espaços de oportunidades, mais do que busca otimizar o posicionamento de uma empresa num nicho de mercado.

A gestão estratégica não é mais uma ação apenas da alta gestão. A capacidade de resposta em tempos de rápidas mudanças requer hierarquias achatadas, comunicação horizontal e maior autonomia na tomada de decisão dos colaboradores que atuam na operação da empresa. Não pode haver uma grande demora entre a elaboração de uma estratégia e a sua execução.

A aprendizagem organizacional, neste cenário de mudanças rápidas, passa a ser importante para capacitar as pessoas que executam a estratégia. Para tanto é importante o diálogo, a reflexão e a ação em conjunto.

A seguir são apresentados os elementos de um processo de estratégia associado à aprendizagem:

- **O processo de geração e desenvolvimento da estratégia** inclui todas as atividades que ajudam as empresas a desenvolver alternativas estratégicas baseadas em um grande conhecimento das oportunidades que surgem na correlação da dinâmica do mercado com os pontos fortes e fracos da empresa. As etapas de preparação e decisão da estratégia obrigam as empresas a fazer escolhas estratégicas que favoreçam uma ou várias alternativas, que determinam a alocação de recursos e os relacionamentos externos.
- **O processo de execução e implementação da estratégia** faz com que estas decisões sejam implementadas, com impacto na estruturação interna da empresa e nas suas redes externas de relacionamento.

No dia a dia das organizações, a geração de estratégias, a tomada de decisões, e a execução das decisões formam um processo circular e mesclado, não sequencial e não totalmente lógico e controlado.

O processo de geração de estratégia diz respeito a ouvir, perguntar, refletir e inventar e deve combinar habilidades analíticas, intuição, pensamento lateral e criatividade. A organização precisa conhecer o contexto no qual atua, deve saber o que é e o que pode se tornar, conhecer seus pontos fortes e fracos, suas competências essenciais e seu potencial.

O ponto forte de uma organização que a levou a um período de sucesso no mercado também é o maior inibidor da inovação radical, já que dificulta a visão de uma realidade diferente. Assim, a geração da estratégia diz respeito à capacidade de aprender o que acontece no mundo externo, aprender as competências atuais e o potencial da organização, bem como aprender coisas novas e diferentes perspectivas.

A aprendizagem ajuda a ver novas perspectivas através da criação de espaços projetados de incômodo, que lhe permitam registrar sinais de fraqueza, ouvir verdades difíceis, fazer perguntas não convencionais e perturbadoras, questionar as premissas conhecidas e reavaliar e transformar seus mapas cognitivos. Estes espaços de incômodo e de contestação do *status quo* podem significar: programas de visitas a clientes, realizadas por equipes multifuncionais; expedições voltadas para a aprendizagem, maneiras inovadoras de analisar o potencial de inovação do *corporate venturing; benchmarking* fora das práticas essenciais da empresa.

O processo de formulação de uma estratégia fora do convencional diz respeito a escolhas, refere-se a mexer com o poder político dentro das empresas, demanda coragem e ousadia e o enfrentamento dos conflitos oriundos desta ação.

É impossível controlar totalmente as atividades organizacionais que contribuem para o desenvolvimento de uma empresa. Assim, sempre haverá um elemento irracional e instintivo na decisão que é uma consequência do processo de geração de uma estratégia.

O processo todo tem grandes implicações políticas, pois cada escolha estratégica é acompanhada de boas ou más consequências, com resultados positivos ou negativos para alguns dos *stakeholders*.

As escolhas estratégicas dizem respeito a focar determinadas oportunidades, fazendo alocação de recursos.

A principal contribuição da aprendizagem, voltada para o desenvolvimento de habilidades sociais e políticas, na realização da estratégia, é o *design* e a facilitação de espaços para o diálogo construtivo, que contemplem a diversidade de perspectiva dos *stakeholders*. Em consequência os diferentes mapas cognitivos dos principais *players* são explicitados, as premissas ocultas são reveladas e o conflito resultante de opiniões divergentes possa resultar numa direção comum, aceita por todos os participantes.

A etapa da execução da estratégia diz respeito a garantir que a mudança ocorra. É saber para onde ir e indicar o caminho para as pessoas. A mudança estratégica significa aprender e desaprender, o que mexe com a zona de conforto das pessoas.

Na execução da estratégia podem contribuir várias ações e metodologias ligadas à Gestão de Pessoas: programas de liderança, *coaching*, mudança do rol de competências da empresa, as quais afetam clientes e fornecedores.

A lógica da escolha estratégica deve ser divulgada por toda a organização e além dela.

A execução da estratégia cria novas realidades, o que altera o contexto em que foi utilizado como base para a geração da estratégia.

Enquanto implantamos a mudança estratégica podemos aprender mais sobre o mercado e mais sobre nós mesmos. Os *insights* resultantes do processo de execução geram novas alternativas estratégicas, podem levar a novas escolhas estratégicas, criando novas arquiteturas inteligentes de aprendizagem.

Os três elementos do processo de estratégia seguem lógicas próprias que parecem ser mais ou menos incompatíveis. A capacidade de ouvir, questionar e sonhar (geração) é muito diferente da capacidade de decisão (formulação) e essa é muito diferente da capacidade de implantar (execução).

Cada um dos três domínios requer diferentes elementos de capacitação organizacional. O desafio de um excelente *design* de aprendizagem organizacional consiste em criar uma arquitetura que combine e equilibre com eficácia os três elementos do processo da aprendizagem.

Focar demais o ato de escutar, prejudicando a tomada de decisões e a execução não leva a nada. Uma execução rígida, sem prestar atenção aos efeitos da estratégia, pode levar ao desastre.

Temas para Reflexão:

1 – Quais as origens históricas da Ética Empresarial?
2 – A Ética Empresarial guarda relação com a Governança Corporativa?
3 – A empresa deve assumir uma postura de Responsabilidade Social?
4 – Quais são os três possíveis exemplos de uma Responsabilidade Social de uma organização?
5 – A falta de cuidado com o meio ambiente pode afetar a produtividade, a qualidade e o lucro das empresas?
6 – Quais os argumentos favoráveis a uma associação entre bons procedimentos de Governança Corporativa e os bons procedimentos de Sustentabilidade econômica, social e ambiental?
7 – Existe uma relação positiva possível entre o desempenho financeiro e o desempenho social de uma empresa?
8 – Existem fundos de ação que levam em consideração os investimentos socialmente responsáveis?
9 – O consumidor prioriza a compra de produtos das empresas que cuidam do meio ambiente e de projetos de responsabilidade social?
10 – A ameaça de um comportamento não ético de uma organização leva à busca de associar-se a viabilidade de um negócio com ações de Sustentabilidade e de Responsabilidade Social?
11 – O que a empresa consegue quando inclui uma atitude socialmente responsável na sua gestão?
12 – Os investidores avaliam a Governança Corporativa de duas empresas nos processos de fusão e aquisição?
13 – Que vantagens à prática da Responsabilidade Social oferece para as organizações?
14 – A Bolsa de Valores de São Paulo trabalha com conceitos de investidor social e lucro social?
15 – No mercado brasileiro já se avaliam ações de empresas associando-se as demonstrações financeiras com o balanço social da organização?
16 – Existem fundos de ações socialmente responsáveis nos Estados Unidos, na Europa e no Japão?
17 – Existem fundos de ações semelhantes no Brasil?
18 – O que é o Índice de Governança Corporativa criado pela Bovespa em 2001?

19 – A Gestão de Pessoas é associada às ações de comportamento ético e de Responsabilidade Social de uma empresa?

20 – O exercício do poder é algo comum a todas as organizações?

21 – Qual a forma mais simples de se definir o que é o poder?

22 – O poder somente é exercido por um indivíduo, na sua relação com outros indivíduos, ou também pode ser exercido por grupos para o controle de outros grupos?

23 – O que significa o poder coercitivo segundo French e Raven?

24 – E o poder de recompensa, segundo os mesmos autores?

25 – O que é o poder do talento, segundo os mesmos autores?

26 – O que é o poder de referência, segundo eles?

27 – Qual a relação existente entre o exercício do poder, a dependência e a escassez de conhecimento ou de valores?

28 – O organograma de uma empresa sempre mostra claramente onde se localiza o poder?

29 – Quais são as ações específicas praticados pelos funcionários, que podem ser rotuladas como táticas do poder?

30 – O exercício do poder é influenciado pela cultura organizacional?

31 – Porque as pessoas formam coalizões dentro das empresas?

32 – Qual o significado de assédio sexual e de assédio moral?

33 – Que tipo de atitude as pessoas assumem quando realizam ações visando mais poder dentro das organizações?

34 – Que exemplos podem ser dados de comportamento político negativo nas empresas?

35 – Qual a razão básica dos conflitos organizacionais?

36 – Evidências indicam que certas culturas organizacionais são mais favoráveis a ações políticas?

37 – Em que tipos de cultura ocorrem ações políticas com mais frequência?

38 – Como os executivos podem executar ações política positivas?

39 – Quais são os comportamentos políticos praticados como ações negativas, por funcionários?

40 – Quais são os três critérios éticos a serem utilizados em uma tomada de decisão?

41 – Como a prática da aprendizagem ajuda na implementação de uma estratégia?

42 – Ambientes instáveis e descontínuos permitem planejamento a longo prazo?

43 – Qual o objetivo da nova gestão estratégica?

44 – A gestão estratégica é uma atividade apenas da alta gestão de uma empresa?

45 – Quais são os principais elementos de um processo de estratégia associado à aprendizagem organizacional?

46 – Que habilidades devem estar presentes na geração de uma estratégia?

47 – Qual o maior inibidor da inovação radical?

48 – Quais são as novas perspectivas que a aprendizagem nos ajuda a ver?

49 – A escolha de uma estratégia envolve mexer com o poder político de uma organização?

50 – O que é principalmente enfocado no processo de escolha de uma estratégia?

51 – O que visa à etapa da execução da estratégia?

52 – Que ações e metodologias, associadas à Gestão de Pessoas, podem ocorrer na execução da estratégia?

53 – Como se podem explicar os três elementos do processo de preparo e execução de uma estratégia?

7

Aprendizagem e *Balanced Scorecard*; Mudança Organizacional; *Coaching*; Gestão de Talentos; Desenvolvimento de Lideranças; Práticas de RH

7.1 O VALOR DA APRENDIZAGEM SEGUNDO O *BALANCED SCORECARD*

O empregado tem valor para uma empresa como indivíduo, como membro de uma equipe de trabalho ou em função da sua adequação à cultura organizacional.

Vamos focar a aprendizagem contínua e o desenvolvimento do colaborador e da empresa, e principalmente o trabalho realizado pelo *key people*. Nesta perspectiva devemos avaliar se o trabalho produzido possibilita uma sólida aprendizagem e a criação de novos conhecimentos. Estas duas realidades, transformadas em competências essenciais, deverão contribuir para a criação de valor para os *stakeholders*.

A aprendizagem e o desenvolvimento de novos conhecimentos somados, tornam possível a integração dos ativos intangíveis da organização com os ativos financeiros, o que produz a geração de valor na empresa.

O *Balanced Scorecard*, bem como outras metodologias e autores enfatizam que o valor de mercado de uma empresa é igual ao capital financeiro, mais o capital intelectual; esse, por sua vez, pode ser desdobrado em capital estrutural e capital humano.

O BSC busca integrar sua metodologia com a gestão do conhecimento e considera o maior desafio das organizações transformarem o capital humano em capital estrutural e, ideias e ações em produtos e serviços que agreguem valor e se constituam em diferencial competitivo.

Quando o capital humano gera capital estrutural, este último dá origem ao capital financeiro. A soma dos três capitais aumenta o valor do mercado da empresa e a geração de valor para os acionistas e demais *stakeholders*. Esta soma tem como consequência: criar e manter um relacionamento de longo prazo com seus clientes obtendo ainda inovação, produtividade, a renovação da empresa e a atração de novos clientes.

O BSC também reconhece que o bom desempenho das equipes de trabalho é o fator mais importante para a sobrevivência e a renovação das empresas em todos os seus níveis de atividade. Em consequência, o valor do empregado tem relação com o comportamento empreendedor, a motivação e a capacidade de inovar e contribuir para o crescimento e a renovação da empresa.

A seguir, vamos enfatizar principalmente o comportamento empreendedor, citando Pinchot III e Peter Drucker. Estes autores denominam de *intrapreneur* "aqueles que assumem a responsabilidade pela criação de inovações e de valor de qualquer espécie dentro de uma organização transferindo recursos de baixa produtividade para áreas de maior produtividade e geração de valor mais elevado".

As empresas mais inovadoras redefiniram os papéis que os Diretores, Gerentes e colaboradores desempenham no processo de criação de valor, explicando a missão destes três grupos:

- **colaboradores da linha de frente:** devem alinhar melhor seu trabalho com a estratégia da empresa. Devem detectar novas oportunidades de mercado e dar início à ação empreendedora da empresa;
- **gerentes de nível médio:** devem tornar-se responsáveis pelo desenvolvimento das pessoas, apoiadores e estimuladores de suas iniciativas, além de promoverem uma integração entre conhecimentos, competências e melhores práticas existentes na organização;
- **alta administração:** deve ser o principal estimulador e defensor do comportamento empreendedor, desenvolvendo objetivos estratégicos específicos no *scorecard* dos diferentes cargos da organização, além de alinhar as pessoas em torno de valores como a cooperação, a confiança e o compartilhamento de ideias e conhecimentos.

Em resumo, também para o *Balanced Scorecard* existe uma relação entre aprendizagem, conhecimento, capital intelectual, capital humano, capital estrutural, capital financeiro, agregação de valor e empreendedorismo.

7.2 A MUDANÇA ESTRATÉGICA E ORGANIZACIONAL: O *CHANGE MANAGEMENT*

Poderosas forças macroeconômicas e a competição existente na Economia Global já obrigaram as empresas a praticarem *reengineering, restrateging, mergers & acquisitions, quality efforts* e *cultural renewal*.

Essas forças, na opinião de John P. Kotter (*Leading Change* – Harvard Business School Press – 1996) não deixarão de atuar nos próximos anos, o que irá obrigar as organizações a reduzirem custos, aumentarem a qualidade de produtos e serviços, a inovarem, buscando oportunidades de crescimento e aumento da produtividade.

Com base na minha vivência profissional, concordo com este autor e acrescento que a Economia Global tem gerado maior interdependência e também conflito entre empresas e países, em função do aumento da competição, das fusões e aquisições e das alianças estratégicas, tudo isso somado, ocorrendo num ritmo alucinante.

De maneira geral, as empresas mais bem administradas têm conseguido uma adaptação às mudanças, aumentando a competitividade, trabalhando melhor a visão do futuro. No entanto, em várias histórias conhecidas de vida empresarial, as supostas melhorias e progressos implementados tem sido desapontadores, criando desperdício de recursos e frustração dos empregados, ameaçando até a sustentabilidade e perenização da empresa.

Sempre que seres humanos são obrigados a se adaptarem a mudanças, vai ocorrer desconforto e sofrimento. No entanto, muito desperdício, angústia ou ansiedade são evitáveis, desde que não se cometam erros que estão sendo continuadamente praticados nas transformações organizacionais.

Podemos resumir o que Kotter pensa sobre os erros a serem evitados nas mudanças realizadas nas empresas:

- **Complacência e acomodação:** causado por sucesso no passado, dificuldade de diagnosticar situações de crise; falta de reconhecimento dos padrões de baixa *performance*; ausência de um sistema que aproveite os *feedbacks*, que são gerados no mundo externo, principalmente os de clientes e fornecedores. Se não é criado um sendo de urgência com relação às mudanças, as pessoas não irão realizar sacrifícios e os esforços necessários.

- **Aliança das lideranças e dos agentes de mudanças:** em toda a mudança deve-se ter algo em termos de 5 a 15 *key people*, alinhados e aliados, formando um bom conjunto de cargos e de pessoas com *status* e também com capacidade de influenciar pessoas na organização que está implementando uma mudança.

- **Subestimar o poder da visão:** uma visão tem um papel fundamental em ajudar a direcionar, alinhar e inspirar ações por parte de um número grande de pessoas. Sem ela, um esforço de transformação organizacional pode desaparecer numa lista de projetos confusos, sem adequação aos problemas enfrentados, sem correlação e sinergia entre si, sendo consumidores de tempo e energia, conduzindo todo mundo na direção errada. Ou seja, pode-se implementar uma mudança que não conduza a nada e não tenha sucesso.

- **Inadequada comunicação da visão**: a grande mudança não se concretiza, a não ser que a maioria das pessoas queira ajudar e participar da mesma, até o ponto de realizarem sacrifícios a curto prazo, para que ela seja implementada. No entanto as pessoas não irão fazer sacrifícios, a menos que acreditem nos benefícios potenciais da mudança, e a menos que também acreditem que a transformação é possível. Sem uma comunicação geradora de forte credibilidade, e sem uma perfeita comunicação de objetivos, etapas e benefícios da mudança, os corações e mentes dos envolvidos no processo nunca serão conquistados.

- **Permitir a continuidade de obstáculos bloqueadores da nova visão**: a grande mudança, que exige aliar ao processo grande número de pessoas, pode falhar se não forem removidos sérios obstáculos no caminho de quem se dispõe a colaborar. Às vezes o obstáculo é a estrutura organizacional, na qual existam missões de cargos muito reduzidas e especializadas. Essas podem prejudicar o esforço de aumento de produtividade ou de melhoria de serviço prestado ao cliente. A remuneração e a avaliação de *performance* não adequadas podem forçar as pessoas a escolher entre a nova visão e seus próprios interesses.

Outra séria questão é a de chefias que se recusam a colaborar com os novos rumos, e que fazem exigências aos colaboradores, não consistentes com o esforço e a direção da transformação.

- **Falha na criação de vitórias em curto prazo:** como uma transformação profunda ocorre a médio e longo prazos, viabilizando mudanças estratégicas e reestruturação do negócio, devem ser criados objetivos e metas de curto prazo, os quais, quando atingidos, devem ser comemorados. Muitas pessoas não persistirão como aliados, no médio e longo prazos, se não perceberem dentro de 6 a 18 meses, depois do início do processo, que o trabalho está tendo êxito, produzindo bons resultados.

    Naturalmente, vitórias em curto prazo devem gerar não só comemorações, mas também ações mais concretas, como promoções ou premiações em dinheiro.

- **Celebrar a vitória muito cedo**: depois de mais ou menos dois anos de trabalho sério e difícil, os esforços resultam na obtenção de melhoria de *performance* da empresa; neste momento, as pessoas são tentadas a cantar vitória e a diminuir o ritmo e o esforço da mudança, a qual para atingir resultados mais profundos, dependendo da organização, e dos seus problemas e desafios, pode levar de três a dez anos.

- **Correlação inadequada da mudança com a cultura corporativa**: até que os novos comportamentos e processos estejam bem relacionados com as normas sociais e os valores compartilhados, dentro da organização, eles sempre serão passíveis de deterioração e regressão, logo que as pressões associadas a um esforço de mudança deixem de existir.

A seguir passo a comentar os 8 Estágios do Processo Gerador de uma Grande Mudança, segundo John P. Kotter:

- **Estabelecimento de um senso de urgência**: examinar o mercado e a realidade da competição enfrentada; identificar e discutir crises atuais ou potenciais ou grandes oportunidades.
- **Criar uma aliança dirigente do processo de mudança**: reunir um grupo com suficiente poder para liderar a mudança; colocar este grupo para trabalhar junto como um time.
- **Desenvolvimento de visão e estratégia:** criar uma visão do futuro do negócio para direcionar o esforço de mudança; desenvolver estratégias para adquirir esta visão.
- **Comunicar a visão da mudança**: usar todo o veículo possível para comunicar constantemente a nova visão e as estratégias; fazer com que a aliança dirigente assuma o papel de um modelo de comportamento a ser seguido pelos colaboradores.
- **Conferir poder (*empowering*) às pessoas de vários níveis, encarregadas da ação**: "tirar as barreiras do caminho"; mudar sistemas ou estruturas que prejudiquem a visão e a ação de mudança; motivar as pessoas a correrem riscos e a desenvolverem ideias, atividades não rotineiras, não ligadas à tradição e ao passado.
- **Desenvolver casos de sucesso no curto prazo:** planejar melhorias ou metas visíveis de *performance*; materializar estes sucessos; reconhecer e premiar em forma clara pessoas que viabilizarem estes casos de sucesso.
- **Consolidação dos ganhos e sucessos, gerando maiores mudanças:** usar o aumento da credibilidade para mudar todos os sistemas, estruturas e políticas que não se coadunam, nem se ajustam à visão e à ação da transformação; recrutar, promover e desenvolver pessoas que possam implementar a visão da mudança, o que exige moderno sistema de avaliação de potencial e *performance*; revitalizar o processo com novos projetos, temas e agentes de mudanças.
- **Relacionar as novas práticas de estratégia e gestão com a cultura da organização**: criação de melhor *performance* voltada ao cliente e ao aumento da produtividade; maior e melhor liderança e gestão mais eficaz; articular relações entre novos modelos de comportamento e de busca de

sucesso empresarial; desenvolver meios para assegurar treinamento e desenvolvimento e planos de carreira e sucessão, para os líderes.

Nesse caminho de mudança de uma organização, os primeiro quatro passos (urgência; aliança; visão e estratégia; comunicação), servem para descongelar a organização e fazê-la sair da inércia e as outras etapas da quinta à sétima (*empowering*; sucessos no curto prazo; consolidação de ganho e mais mudanças), introduzem novas práticas na administração da organização.

Embora todas essas etapas acusem algumas mudanças na cultura da empresa, uma relação maior entre a estratégia e a gestão e a cultura da organização somente deverá ser trabalhada em forma mais clara e assumida, no final do processo. Isso porque seria perigoso e prematuro no processo de mudança, começar pela cultura, a qual encerra credos e valores que frequentemente são tabus difíceis de serem ultrapassados e podem geram uma forte resistência, ativa ou passiva, ao processo de mudança e reorganização da empresa.

Cabe aqui mencionar a diferença de papéis entre a gerência e a liderança, no processo de mudança.

A diferença explica-se pelas características do estilo de ação de cada uma:

- A gerência planeja e orça, estabelecendo etapas detalhadas e cronogramas para se atingir os resultados esperados, alocando os recursos necessários para fazer as coisas acontecerem; a liderança estabelece uma direção a ser seguida; desenvolve uma visão do futuro e as estratégias que vão produzir mudanças necessárias para atingir essa visão.

- A gerência organiza e forma a equipe, estabelecendo uma estrutura para atingir requisitos básicos do que foi planejado, formando times, delegando autoridade e responsabilidade, criando políticas e procedimentos para orientar as pessoas, criando métodos ou sistemas para monitorar a implementação do que foi previsto; a liderança alinha as pessoas, comunicando a direção em palavras e obras para todos os que devem cooperar, para influenciar a criação de times e alianças que entendam a visão e a estratégia, e que aceitem a validade das mesmas.

- A gerência envolve-se com a solução de problemas e o controle, monitorando resultados, identificando desvios ao que foi planejado, melhorando o planejamento e a organização, para buscar a solução destes problemas; a liderança mostra e inspira, energizando as pessoas para que elas superem barreiras à mudança, sejam elas políticas, burocráticas e de recursos, viabilizando a satisfação de necessidades humanas ainda não realizadas.

- A gerência produz a entrega de produtos e serviços, no prazo contratado, e garante aos acionistas o atingimento das metas e a realização do orçamento; a liderança gera novos produtos e serviços que o cliente necessita, ou uma nova motivação e desenvolvimento dos recursos humanos da organização, que tornam a empresa mais competitiva.

O grande desafio para as empresas é não deixar apenas a competência gerencial predominar na cultura corporativa, desmotivando os colaboradores a aprenderem a liderar, deixando que o sucesso passado justifique esta atitude errada e conservadora.

O sucesso passado produz uma geração de gerentes arrogantes que ouvem pouco e aprendem lentamente coisas novas, sem visão, ousadia e criatividade. A organização então caminha para uma burocratização e tende a não reconhecer o valor dos acionistas e clientes.

De tudo o que examinamos, segundo o modelo das oito etapas da mudança sugerida por Kotter, concluímos: muito mais ainda é possível aprender sobre competências adequadas ou não ao processo de transformação organizacional; quais são as etapas naturais da mudança; onde e quando as pessoas, mesmo as mais competentes, têm dificuldades para cooperar em tal processo.

Acima de tudo, o mais importante fator presente no processo de mudança é a existência de lideranças no topo da empresa, com poder organizacional, as quais permitam fazer surgir outras lideranças ou colideranças e agentes de mudanças, na busca da organização de maior produtividade, para a obtenção de melhores resultados.

Algumas observações adicionais sobre fatores que garantem o sucesso de uma mudança organizacional:

- As mudanças que estão baseadas em maiores e mais complexos fatores, são implementadas mais rapidamente num ambiente onde não existem certezas absolutas e quando demandam mais esforço das pessoas que implementam as decisões.

Pela complexidade das organizações modernas, nenhum indivíduo tem todas as informações necessárias, ou o tempo e a suficiente credibilidade para convencer várias outras pessoas a materializarem estas decisões. Assim sendo, deve-se trabalhar sempre em equipe para que se consiga tomar as decisões certas, nos prazos adequados.

A consequência derivada do que expusemos é que problemas com pessoas, não competentes e despreparadas, que podiam ser ignorados ou minimizados, no passado, podem causar, atualmente, um grande problema num cenário de difícil previsibilidade e rápida globalização da economia. Ou seja, o trabalho coletivo, típico da *learning organization*, é essencial.

As mudanças devem estar baseadas numa visão eficaz do futuro:

- **Podem ser imaginadas com clareza:** para tanto se realiza um desenho de como parece que o futuro vai ser.
- **Devem ser desejadas:** devem envolver empregados, clientes, acionistas e outros elementos e pessoas que estão direta ou indiretamente envolvidos com a empresa.
- **Devem ser factíveis:** abrangendo metas possíveis e realistas.
- **Devem ser focadas:** sendo claro o suficiente para prover orientação na tomada de decisão.
- **Também devem ser flexíveis:** bastante genéricas, para permitir iniciativas individuais e respostas alternativas às situações diversas presentes nas mudanças.

O que se conclui destas características a respeito do que deve ser uma visão bem pensada, também tem relação com os pontos abaixo assinalados sobre mudanças:

- São suficientemente ambiciosas para motivar as pessoas a abandonarem o conforto de suas rotinas, fazendo que busquem serem melhores em metas específicas.
- Intentam fornecer cada vez melhores produtos ou serviços, por um custo menor, o que é um atrativo para clientes e acionistas.
- Tiram proveito de tendências importantes, como nova tecnologia e globalização.
- Colocam na gestão da empresa preocupações éticas e morais.

Sem dúvida uma mudança bem conduzida, em resumo, abrange tudo o que foi exposto e depende muito de uma visão clara, boa liderança e rápidas e corretas tomadas de decisão.

Nas grandes mudanças todos devem estar alinhados. O *Chairman* do Conselho de Administração, o CEO da empresa e os Diretores, bem como todo o corpo gerencial e todos os colaboradores.

Nesse processo de transformação, o Diretor de Gestão de Pessoas também tem um papel relevante. Seu trabalho, anterior, durante e posterior à mudança, é o de preparar, desenvolver, motivar e reter *key people* e bons colaboradores da organização.

7.3 A RELAÇÃO ENTRE O *COACHING*, A GESTÃO DE TALENTOS, O DESENVOLVIMENTO DE LIDERANÇAS E AS PRÁTICAS DE RECURSOS HUMANOS

Depois de vários anos de trabalho como executivo e consultor de empresa fiquei convencido da importância do *Coaching* para a gestão das empresas e para a realização de mudanças organizacionais.

Sem se cuidar da Gestão de Talentos e do Desenvolvimento de Lideranças, não se consegue facilmente administrar uma empresa e fazer mudanças em uma organização, quando necessário, sem evitar que aconteçam crises e erros gerenciais, por vezes graves.

O *Coaching* que eu advogo é o *Coaching* externo, principalmente dirigido aos Conselheiros, ao Presidente do Conselho, ao CEO e aos Diretores.

Para a Gerência Sênior e a Gerência Média, pode-se fazer um programa que prepare *Coaches* internos para ajudarem as pessoas que estão nesse nível a participarem das mudanças organizacionais necessárias, porém sempre com a assessoria de uma consultoria externa.

Em nível mais elevado anteriormente citado, recomendo o *Coaching* feito exclusivamente por consultor externo, o qual terá a necessária neutralidade para apoiar e também para exercer um olhar crítico sobre as lideranças da empresa, sem estar comprometido com os eventuais pontos negativos da sua cultura e da sua gestão.

Além disso, o *Coaching* Externo deixa mais à vontade os membros do Conselho e da Diretoria Executiva para comentarem vários assuntos relacionados com estratégia, gestão, cultura organizacional e Gestão de Pessoas.

É dentro deste contexto que o leitor irá ler e se situar, nas ações e práticas recomendadas neste capítulo.

As organizações devem procurar relacionar o *Coaching* com a gestão de talentos e com o desenvolvimento de lideranças. A estratégia do desenvolvimento de lideranças mostra como desenvolver líderes e a gestão de talentos define quem deve ser assessorado e o momento certo para que isso ocorra.

O *Coaching* deve apoiar o quem e o como da conexão entre o desenvolvimento de lideranças e as estratégias e metas da organização. Sem que isso ocorra, o *Coaching* pode se tornar uma intervenção de tentativas e erros, sem que consiga atingir os objetivos almejados, que são viabilizados por esta metodologia.

Quando falo em gestão de talentos e desenvolvimento de lideranças falo também da relação entre *Assessment* e *Coaching*, que já expliquei no livro anterior publicado (*Gestão de Pessoas: práticas atuais sobre o RH estratégico*).

Antes de tudo, temos que ter o perfil do potencial e do desempenho dos líderes, para que possamos desenvolver um programa de *Coaching*.

O *Coaching* de um executivo deve realizar um desenvolvimento do mesmo customizado à sua posição, perfil comportamental, momento de carreira e desafios que está enfrentando na empresa onde atua.

Deve enfocar questões importantes: sucessão ao próximo nível organizacional, quando o executivo está sendo considerado como *backup*; transições importantes que está fazendo na empresa, uma das quais pode ser uma *job rotation* para ocupar posição diferente da atual; desenvolvimento acelerado e contínuo, para enfrentar as mudanças em curso na sua organização.

O *Coaching* acelera o desenvolvimento dos líderes, permitindo que se tenham os talentos bem posicionados e preparados para que os objetivos estratégicos e operacionais do negócio sejam atingidos.

Em geral as organizações têm feito uma relação melhor entre o *Coaching* e o desenvolvimento de líderes e pior entre a metodologia em questão e a gestão de talentos.

Uma etapa que se segue às iniciativas preliminares para instalar o *Coaching* na organização é o estabelecimento de uma conexão clara entre o *pool* de talentos e o planejamento da sucessão. Programas mais sofisticados de *Coaching* devem manter algum *software* ou um Sistema de Informações de Recursos Humanos, que contenha um perfil dos líderes, para que se faça o planejamento da sucessão.

Quando uma empresa realiza bem o programa de desenvolvimento de lideranças, relacionando-o à sua estratégia, encontram-se respostas para questões como: qual a estratégia do nosso negócio? Como desenvolver líderes capazes de executar nossa estratégia?

Por vezes uma empresa solicita um *Coaching* de um Diretor e não a ação de desenvolvimento de várias lideranças. Por melhor que este processo individual seja realizado, nunca poderá ser tão eficaz quanto o trabalho focado em vários líderes.

A empresa moderna não pode caminhar apenas com o trabalho de um líder, ou de poucas pessoas. Ela deve preparar vários líderes para trabalharem sempre em equipe, sabendo fazer uma integração de todas as áreas da organização e desta com os clientes e fornecedores.

O *Center for Creative Leadership*, que visitei quando estava na Coopers & Lybrand (depois absorvida no Brasil pela Arthur Andersen), acredita que 70% da aprendizagem de um líder têm origem na experiência que ele adquire trabalhando, 20% são aprendizagem no campo, na operação, e 10% vêm

da educação formal e do treinamento. *Coaching* e *Mentoring* estão incluídos nos 20% da aprendizagem no campo e no trabalho.

Uma conclusão importante é que as empresas não podem utilizar o *Coaching* isoladamente, ou outra metodologia qualquer, tendo que usar vários métodos que devem se integrar num esforço mais amplo de desenvolvimento dos líderes.

Grande número de organizações identifica competências de liderança dos seus gestores, que são importantes para o seu futuro; fazendo com que as mesmas sejam avaliadas através da metodologia 360°. Posteriormente, solicitam aos *Coaches* que as assessoram que desenvolvam os seus gestores nas competências essenciais.

Como explico no meu livro anterior, estas competências essenciais não são apenas desenvolvidas em sessões de *Coaching*. Pode-se, por exemplo, também recomendar aos gestores, no *feedback* do processo de *Assessment*, leitura de livros, realização de cursos, desenvolvimento de *network*, interação com clientes e fornecedores.

Ponto importante do assunto que estamos expondo é a conexão do desenvolvimento de lideres com a descoberta e desenvolvimento de talentos. Na prática, um Gerente Sênior ou Diretor, com vivência profissional de alguns anos, já mostrou realizações e evidenciou um perfil de competências que pode ser aproveitado pelo projeto de *Coaching*. Ou seja, neste nível as pessoas já transformaram seu talento ou talentos em realizações concretas.

No caso da Gerência Média, e nos sucessores deste nível, sem grande vivência profissional e realizações, o trabalho principal do *Assessment* e do *Coaching* visa determinar o potencial de realizações futuras do executivo mais jovem, em desenvolvimento.

Quando essa relação entre desenvolvimento de lideranças e de talentos é associada, e quando ambas estão ligadas à estratégia da empresa, o sucesso de um projeto de *Coaching* é muito maior. Metas de *Coaching* serão mais facilmente alcançadas quando conectadas a sistemas de gestão de talentos e associadas a avaliações do progresso das pessoas envolvidas no programa.

Uma providência que pode ser útil é formar um Comitê de Gestão de Talentos, com a missão de apoiar a seleção e o desenvolvimento de líderes de alto potencial, que poderão passar por um rodízio em várias áreas da empresa.

Os membros do Conselho devem analisar as recomendações para os cargos nas várias áreas e nas várias unidades de negócio da empresa, a partir da Gerência Sênior e acima da mesma. Outra função do Conselho pode ser sugerir um programa de treinamento e de educação continuada para os líderes em desenvolvimento.

Uma das chaves para o sucesso de um programa deste tipo é posicionar a gestão de talentos e o desenvolvimento de lideranças como um processo de negócios e não apenas de Recursos Humanos.

O *Coach* deve receber os resultados de teste atitudinal, avaliação 360°, pesquisas sobre clima e cultura organizacionais, revisões de desempenho, currículos dos executivos e autoavaliações dos avaliados.

O *Coach* deve evitar que o chefe de uma pessoa candidata ao processo de *Coaching* defina que ela não está obtendo bom desempenho. Deve evitar que o chefe lhe solicite uma única sessão de *feedback* com a pessoa, mostrando que não quer o processo de *Coaching* como um desenvolvimento do colaborador, mas sim como uma rotulação de um comportamento que vê como inadequado. Provavelmente o chefe está querendo que o *Coach* dê à pessoa em questão um *feedback* que ele mesmo não está conseguindo dar, pessoalmente.

A maior utilidade dos projetos de *Coaching* está relacionada com o desenvolvimento de lideranças e a gestão de talentos.

Para se ter um projeto de *Coaching* bem definido e objetivo é importante prestar atenção às seguintes recomendações:

- O desenvolvimento de lideranças foca como desenvolver líderes e a gestão de talentos nos diz quem deve ser desenvolvido e quando.
- Deve-se identificar a estratégia de negócios da empresa e como será possível realizar o desenvolvimento de líderes para realizarem a referida estratégia.
- Assegurar que o *Coaching* esteja bem conduzido, avaliando seu impacto na empresa e fazendo o controle dos resultados do mesmo.

Temas para Reflexão:

1 – Qual o valor de um empregado para uma empresa?
2 – O trabalho, principalmente produzido pelo *key people*, pode gerar aprendizagem e novos conhecimentos?
3 – O que torna possível a integração dos ativos intangíveis da organização com os ativos financeiros, gerando valor para a empresa?
4 – O que o *Balanced Scorecard* (BSC) diz ser o valor de mercado de uma empresa?
5 – Capital estrutural e capital humano fazem parte de que tipo de capital?
6 – Do ponto de vista do BSC, qual é o maior desafio enfrentado pelas organizações?
7 – Quais são os três capitais, os quais quando somados, aumentam o valor de mercado da empresa e a sua geração de valor para os acionistas e demais *stakeholders*?
8 – Para o BSC, o que significa o bom desempenho das equipes?
9 – O que é um empreendedor, para Peter Drucker e para Pinchot III?
10 – Como as empresas mais inovadoras redefiniram os papéis que os Diretores, Gerentes e colaboradores desempenham do processo de criação de valor?

11 – Qual a metodologia de avaliação de desempenho das pessoas e de resultado das empresas, para a qual existe uma relação entre aprendizagem, conhecimento, capital intelectual, capital humano, capital estrutural, capital financeiro, agregação de valor e empreendedorismo?

12 – Que metodologias de gestão as empresas inseridas na Economia Global têm praticado até hoje?

13 – Que atividades as empresas devem ser forçadas a praticar para enfrentarem a competição dentro da Economia Global?

14 – Em função de quais acontecimentos a Economia Global tem gerado maior interdependência e conflitos entre empresas e países?

15 – É possível realizar-se mudanças organizacionais sem desconforto e sofrimento para os empregados?

16 – Quais os erros que John P. Kotter acha que podem ser evitados na gestão de mudanças organizacionais, que demandam uma Gestão das Mudanças (*Change Management*)?

17 – Quais os oito estágios de um processo gerador de uma grande mudança, segundo Kotter?

18 – Para que servem os primeiros quatro passos de uma mudança, segundo Kotter?

19 – De acordo com Kotter, para que servem as etapas – da quinta à sétima – para a realização de uma mudança planejada?

20 – Quando deve ser trabalhada a relação entre a estratégia, a gestão e a cultura de uma organização, numa mudança planejada?

21 – Quais as diferenças de papéis existentes entre a gerência e a liderança, na realização de uma mudança?

22 – Quais outros fatores adicionais podem ser citados como garantia de sucesso de uma mudança organizacional?

23 – As mudanças devem ser baseadas em uma visão eficaz de futuro?

24 – Em uma mudança organizacional planejada é muito ou pouco importante o alinhamento do Conselho de Administração da empresa com o CEO, os Diretores, Gestores e a Gestão de Pessoas?

25 – O *Coaching* é necessário para a gestão das empresas e para a realização de mudanças organizacionais?

26 – Qual o *Coaching* mais importante, em ordem de prioridade, segundo o autor do presente livro?

27 – Para que níveis organizacionais é mais aplicável o *Coaching* Interno?

28 – Qual a principal vantagem da realização do *Coaching* Externo?

29 – Com que elementos a organização deve, principalmente, relacionar a atividade de *Coaching*?

30 – É importante que o *Coaching* estabeleça conexão entre o desenvolvimento das lideranças e as estratégias e metas de uma organização?

31 – O *Assessment*, além do *Coaching*, é importante para a gestão de talentos e o desenvolvimento de lideranças?

32 – A que realidades organizacionais o *Coaching* deve ser customizado?

33 – O *Coaching* acelera o desenvolvimento dos líderes?

34 – O *Coaching* praticado pelas Organizações tem conseguido resultados iguais na gestão de talentos e no desenvolvimento de líderes?

35 – Uma conexão clara, entre o *pool* de talentos e o planejamento da sucessão, deve ser obtida na realização de um projeto de *Coaching*?

36 – A que questões a empresa responde, quando relaciona bem sua estratégia com o desenvolvimento de lideranças?

37 – O *Coaching* isolado de um Diretor ou Gerente é tão útil para a empresa quanto o *Coaching* realizado para vários Diretores e Gerentes?

38 – Segundo o *Center for Creative Leadership*, quais são as porcentagens de aprendizagem obtidas por um líder, na experiência já adquirida, no campo do seu trabalho atual e no treinamento formal?

39 – O *Coaching* é suficiente, realizado isoladamente, sem a integração com outras metodologias e práticas de desenvolvimento de líderes?

40 – O sistema 360° identifica as competências de liderança dos executivos?

41 – Além do *Coaching*, que outras atividades desenvolvem as competências essenciais dos funcionários?

42 – O que o *Assessment* e o *Coaching* devem avaliar mais profundamente, no exame de um Gerente de nível médio: seu potencial ou sua experiência anterior de trabalho?

43 – Como as metas de *Coaching* são mais facilmente alcançadas?

44 – Que resultados de avaliações dos colaboradores devem ser passados para um *Coach*?

45 – Qual o maior risco a ser evitado pelo *Coaching*, como resultado diametralmente oposto ao objetivo que ele visa, de desenvolvimento de um colaborador?

46 – Quais são as recomendações que devem ser seguidas, para que um projeto de Coaching seja avaliado como bem definido e objetivo?

8

Recrutamento de Talentos; Desenvolvimento de Carreiras; Treinamento e Mudança Organizacional; Direito Trabalhista

8.1 RECRUTAMENTO DE TALENTOS E DESENVOLVIMENTO DE CARREIRAS

A 2ª parte do livro gira sobre Mudança Organizacional e a sua relação com Gestão de Pessoas. Por tal razão, o leitor poderá indagar porque o tema deste capítulo, sobre recrutamento de talentos e desenvolvimento de carreiras, está inserido nesta parte do livro. Isto me leva a lançar mão de uma expressão conhecida do comércio varejista: "se a empresa compra bem, ela também venderá bem". Ou seja, se compramos artigos solicitados pelo consumidor e pelo mercado, com preço e qualidade adequados ao cliente que temos em mira, as vendas serão um sucesso. Transferindo esta ideia para o campo de Gestão de Pessoas, podemos afirmar que, se recrutarmos bons talentos, iremos desenvolvê-los em várias carreiras internas e teremos sucesso na contribuição deles para o bom desempenho da empresa, pois eles vão realizar ações e mudanças necessárias ao sucesso da organização.

Além disso, depois de contratarmos pessoas, temos que ajudá-las a planejar suas carreiras e a se desenvolverem nas organizações, contribuindo para que tenham uma visão sobre seu progresso futuro.

Em primeiro lugar, vamos falar sobre a importância do recrutamento e da seleção.

Cada vez mais as organizações concorrem e buscam ser competitivas com base no talento e nas competências e habilidades de seus colaboradores. Esta realidade tem priorizado o recrutamento e a seleção na agenda dos gestores.

Uma empresa pode ser local e de âmbito nacional e pode atuar no país e ser parte de uma organização multinacional. Ambas devem ter processos que lhes permitam admitir e desenvolver funcionários talentosos, que possam atuar no presente e construir o futuro da empresa.

As organizações cada vez mais competem por talentos e as novas gerações de executivos e funcionários atuam em novos paradigmas de carreira, não tendo a visão de estabilidade em uma empresa, típica das gerações mais antigas. Se a empresa não oferecer oportunidade de aprendizagem, boa liderança, incentivos e possibilidade de desenvolvimento, os mais jovens irão buscar em outras empresas estes requisitos de progresso na carreira.

Vamos iniciar pela atividade de Recrutamento, recordando que é uma pesquisa que permite localizar pessoas com potencial para se adaptarem ao segmento de negócio, ao sistema de gestão e à cultura de uma determinada empresa. Durante o processo de recrutamento todas estas informações devem ser passadas aos candidatos, bem como devem-se mostrar as oportunidades de carreira oferecidas pela organização.

Sem dúvida poderá ocorrer um recrutamento interno, buscando-se pessoas nos quadros de pessoal da empresa, ou externo, pesquisando-se pessoas que venham do mercado de trabalho.

A empresa que necessita recrutar pessoas vindas do mercado, deve usar diversas fontes de recrutamento: empresas de consultoria; entidades educacionais; anúncios na mídia; sugestões de profissionais feitas por seus próprios funcionários.

Algumas sugestões sobre o recrutamento e a seleção:

- **Em vários níveis que não sejam os de Gerência e Diretoria**, devemos prestar um pouco mais de atenção à identificação do candidato com o negócio, o sistema de gestão e a cultura. Em níveis de Gerência e Diretoria, este princípio também é válido, embora seja necessário, em grau mais elevado, prestar-se atenção à competência técnica e à experiência anterior.

- **A motivação e a retenção do funcionário, no seu futuro na empresa**, devem fazer parte do processo de recrutamento e seleção. O pagamento inclui salário, mais incentivos e benefícios, os quais contribuem para a retenção das pessoas na organização. Porém não é o fator mais importante. A organização deve criar políticas e práticas saudáveis relativas a equilíbrio entre o ritmo de trabalho e a qualidade de vida, a qualidade da liderança, a oportunidade de progredir, o treinamento e a aprendizagem contínua.

- **Um ambiente de trabalho confortável, tranquilo** inclui desde uma preocupação com a arquitetura e a estética, até a celebração de datas, aniversários, bom desempenho e valorização e premiação por sugestões que resultem em inovações.

- **As promoções internas,** com funcionários que já atuam na empresa, são uma ferramenta importante para a motivação e a retenção das pessoas.
- **Deve-se criar uma associação entre a marca da empresa e a possibilidade de os candidatos a emprego visualizarem que a mesma está associada a uma possibilidade de progresso,** a uma aquisição de experiência e à busca de felicidade no ambiente de trabalho.

Em resumo, se recrutarmos e selecionarmos adequadamente as pessoas certas para o negócio de uma empresa, os admitidos cuidarão dos clientes com dedicação e profissionalismo.

Algumas formas possíveis de recrutamento:

- **Anúncios e mensagens colocados em diversos canais:** *websites*, jornais e revistas, comunicações internas, rádio, televisão, quadros de aviso, pôsteres e mensagens por *e-mail*. Naturalmente, em todos os tipos de comunicação deve-se relatar com precisão os requisitos do cargo e do candidato, informando todos os detalhes relativos à experiência necessária para a pessoa ser admitida na função. Isto pode incluir, dependendo do nível da posição: conhecimento de uma área de especialização, vivência anterior em negócio semelhante, educação universitária, conhecimento de idiomas, habilidade de liderança e outras competências.
- **Existem *sites* de empresas que permitem o cadastramento de um candidato,** o qual envia seu currículo, se deseja ficar registrado no banco de dados da organização.
- **Recrutamento pela Internet,** com a utilização por parte dos candidatos a emprego de vários *websites* que existem para que a pessoa se candidate a uma posição.
- **Indicações de funcionários,** as quais têm se mostrado uma forma positiva de recrutamento porque quem já está na empresa quer indicar alguém que seja competente e tenha sucesso na posição. Muitas empresas premiam as indicações bem-sucedidas, de várias formas.
- **As organizações de *Executive Search*, ou os *headhunters*,** que através de consultores e *researchers* fazem pesquisas diretas ou através do banco de dados e de *networking*.
- **As universidades e entidades educacionais,** que através de seus professores recomendam alunos ou ex-alunos para diversas posições.
- **As Associações Profissionais e Câmaras de Comércio,** que também servem de fonte de recrutamento. Algumas até oferecem serviços de colocação a seus membros.

Pode ser útil mencionar alguns requisitos para se selecionar uma empresa de recrutamento de pessoal:

- **Analise sua empresa, seu negócio, e veja qual a consultoria tem maior vivência em recrutar pessoas para o mesmo,** considerando, por exemplo, que sua organização pode ser uma indústria, um comércio ou uma empresa de serviços financeiros.
- **Contate os consultores e as pessoas que atuam na empresa de consultoria** e analise se os mesmos têm a necessária experiência de recrutamento para as posições que sua organização visa contratar.
- **Solicite referências profissionais de clientes que já foram atendidos pela consultoria.**
- **Analise o contrato proposto pela consultoria**, e se o mesmo contém a descrição de todas as etapas de recrutamento e seleção, as garantias éticas e contratuais necessárias e a descrição precisa dos honorários a serem cobrados, bem como a garantia de reposição do candidato admitido, se o mesmo vier a sair da empresa, por qualquer motivo.

A maior parte das empresas busca recrutar internamente, para cargos que não são de início na carreira, utilizando este sistema principalmente para promoções e transferências. Em alguns casos, pela não existência do talento humano interno, a organização deve recorrer ao recrutamento externo.

As promoções recompensam os funcionários pelo seu desempenho e os incentivam a continuar a melhorar sua *performance*. Também dão aos outros funcionários uma motivação para assegurar que o bom desempenho leva a uma promoção.

Apesar de uma transferência não ser tão motivadora quanto uma promoção ela pode evitar uma demissão ou permitir que o funcionário adquira uma nova experiência em outra área da empresa. A transferência também evita custos de recrutamento, introdução à empresa e de treinamento, já que a pessoa transferida já conhece o negócio da empresa.

Sistemas de avaliação de desempenho, mencionados no presente livro, são úteis para a identificação de talentos e para a tomada de decisões sobre carreira futura desenvolvimento a ser feito pelo funcionário, com ajuda da empresa.

Identificação de Talentos, Planejamento de Carreira e Desenvolvimento dos indivíduos:

Um ponto importante é o Inventário de Talentos para a Carreira Gerencial e para o planejamento da sucessão.

Fornecem uma indicação das competências e habilidades dos funcionários, bem como seus interesses e experiência anterior. Possibilitam que os gestores foquem as necessidades de desenvolvimento dos colaboradores, tanto com relação aos cargos atuais quanto visando o preenchimento de cargos gerenciais, em momento futuro.

Algumas empresas advogam comparar os possíveis candidatos a uma promoção interna com candidatos fornecidos pelo mercado.

Existe um problema sério em uma empresa quando ela não tem suficiente estoque de talentos prontos para serem promovidos, em caso de necessidade, o que a obriga a ir ao mercado com mais frequência do que uma organização que planeja bem o recrutamento e o desenvolvimento de talentos.

Existem também os *Assessment Centers* ou centros de avaliação do potencial das pessoas, assunto já explicado no primeiro livro e também abordado na presente obra.

Podemos ainda adicionar comentários sobre algumas técnicas ou processos utilizados nos *Assessment Centers*:

- **Jogos e Simulações**: os participantes recebem vários documentos descrevendo problemas ou situações que exigem respostas imediatas. São forçados a tomarem decisões sob pressão, com tempo determinado, priorizando a importância de cada problema descrito nos vários documentos.

- **Discussões de Grupo**, sem coordenador: os participante devem discutir um assunto específico, com ou sem a designação de papéis para cada um dos treinandos. Não recebem muitas informações sobre o tema ou sobre as conclusões possíveis a serem atingidas. São avaliados no tocante a iniciativa, habilidades de liderança e capacidade de trabalhar em equipe.

- *Role Playing* (dramatização de papéis): pode-se dar um tema a ser vivenciado, como por exemplo, uma reunião com clientes, ou uma reunião de líderes de equipe, onde se distribuem papéis entre os participantes, relatando-se uma situação específica a ser dramatizada. Um avaliador irá registrar a capacidade de interiorização dos papéis, por parte dos participantes, sendo analisados itens semelhantes aos da Discussões em Grupo (iniciativa, liderança, trabalho em equipe).

- **Entrevistas Comportamentais**: um entrevistador faz várias perguntas aos participantes, tentando averiguar quais seriam suas reações em determinadas situações de trabalho. Muitas destas situações de trabalho podem ser mostradas num vídeo, para que depois os participantes deem suas respostas e soluções às mesmas.

A atividade de recrutamento e seleção tem que se ligar à atividade de desenvolvimento na carreira e retenção de talentos.

Para que esta relação ocorra, deve existir um programa com quatro objetivos principais:

- Relacionar necessidades individuais de desenvolvimento do funcionário com necessidades e metas da empresa.
- O funcionário deve assumir, em parte, responsabilidade pelo gerenciamento da própria carreira.
- A empresa deve dar suporte ao seu esforço pessoal, através de avaliação de potencial e desempenho, aconselhamento de carreira, *feedbacks*, treinamento e educação continuada.
- Definir objetivos comuns de desenvolvimento individual e de desempenho da organização, alinhados com a estratégia, metas e objetivos da empresa.

Vale enfatizar uma afirmação que sintetiza o moderno conceito de carreira: os indivíduos são responsáveis por participar do planejamento e do gerenciamento de sua carreira. Não podem ficar passivamente esperando que a empresa faça tudo por eles. Este conceito é chamado de autogestão da própria carreira.

Os Gerentes devem motivar os funcionários a desenvolverem esta atitude proativa. Devem dar *feedback* contínuo sobre o desempenho, fornecendo informações sobre a empresa, sobre o cargo e as oportunidades de carreira que possam ser úteis aos membros da equipe.

A empresa deve viabilizar informações sobre suas políticas e planos, dando suporte para a avaliação e o treinamento dos funcionários. Estes vão evoluir na carreira quando seu esforço individual estiver alinhado com as oportunidades fornecidas pela empresa.

Os Gerentes se beneficiam com o desenvolvimento dos funcionários na carreira que estão percorrendo, já que suas ações provocam retenção e lhes dão uma imagem de chefes desenvolvedores de liderados.

Deve ser realizado um levantamento das necessidades de desenvolvimento dos colaboradores na carreira, o que envolve reuniões, pesquisas e entrevistas com várias pessoas e equipes de trabalho.

É importante que se identifiquem as oportunidades e os requisitos de carreira:

- Fazer mapeamento das competências futuras necessárias ao funcionário, dentro da evolução da empresa.
- Definir trajetórias de carreira e linhas de acesso aos próximos cargos.
- Equilibrar a quantidade e a qualidade das promoções, transferências e saídas da empresa.

Uma vez que tenham sido identificadas as habilidades exigidas para um cargo, de acordo com seu valor na estrutura organizacional, é viável planejar a evolução na carreira. Um funcionário com pouco tempo de empresa pode ser testado num cargo inicial, sendo promovido posteriormente a outro de nível mais elevado, se demonstrar bom desempenho, e assim por diante.

As empresas costumam focar a progressão na carreira para os níveis gerenciais, profissionais e técnicos; porém a evolução na carreira pode abranger cargos de várias categorias. É importante que a empresa busque desenvolver planos de carreira para vários níveis e colaboradores diversos.

Naturalmente, o que se advoga não são planos de carreira engessados, predeterminando passo a passo a evolução do funcionário dentro da empresa, como se fazia antigamente, garantindo que em certo número de anos o profissional deve chegar a um cargo predeterminado.

Deve-se encarar, porém, a realidade de que muitas carreiras de sucesso não são muito metódicas ou graduais.

No mundo de constante mutação da empresa moderna, a evolução na carreira ocorre pela geração e pelo aproveitamento de oportunidades que surgem inesperadamente e também pelo planejamento racional.

A carreira de uma pessoa pode incluir transferências, promoções e até saídas e retornos à mesma empresa.

A promoção para um nível mais alto em uma empresa considera o mérito, o potencial e o tempo de serviço na organização.

A transferência é o posicionamento de um indivíduo em outro cargo, no qual deveres, responsabilidades, *status* e remuneração são mais ou menos iguais ao cargo anterior.

Cabe destacar também a prática da Carreira em Y que evita que um técnico de alguma área assuma uma Gerência que pressupõe habilidades de liderança e coordenação de equipe, entre outras competências.

Geralmente, a pessoa com competência eminentemente técnica se perde no exercício da gerência. Assim, profissionais de áreas como tecnologia da informação, finanças, marketing e engenharia, podem receber remuneração semelhante à atribuída aos gerentes, sem precisarem realizar a coordenação de equipes. Ou seja, a carreira em Y enfatiza a importância da valorização dos grandes técnicos para o sucesso da organização.

Existem estágios no desenvolvimento de uma carreira que em geral podem ser esquematizados da seguinte maneira:

- Preparação para iniciar o trabalho em uma organização, ou o período de estudo e estágio realizado pelo profissional em início de carreira.
- Admissão na empresa.
- Início da carreira.

- Meio da carreira.
- Final de carreira e aposentadoria.

No mundo atual de negócios, devido ao seu dinamismo, fusões e aquisições constantes, e devido aos novos paradigmas modernos de carreira, anteriormente comentados, é pouco provável que um indivíduo passe por todas estas etapas de carreira em uma mesma empresa.

Medir continuadamente o potencial e o desempenho do funcionário; medir competências, habilidades e resultados; realizar inventários de talentos; estabelecer planos de sucessão; usar *Assessment Centers* **ajuda o funcionário no seu progresso na carreira. São iniciativas de desenvolvimento de carreira.**

Algumas práticas bem-sucedidas de gestão de carreiras são as abaixo assinaladas:

- Deixar claro para os funcionários o que eles devem produzir para progredirem nas suas carreiras.
- Abrir a possibilidade de transferência para outras unidades da empresa, em outros estados de um mesmo país ou até em outros países.
- Criar um plano de sucessão bem claro, de fácil entendimento.
- Fornecer compensações, incentivos e reconhecimento ao bom desempenho.
- Dar apoio e recursos para eles poderem ter objetivos de carreira, de curto, médio e longo prazo.
- Motivar os colaboradores para serem avaliados e aconselhados nas suas habilidades, gerando-se neles iniciativas de planejamento da própria carreira.

Em forma resumida, citamos todas as atividades, políticas e práticas que favorecem o planejamento e o desenvolvimento dos funcionários na carreira:

- **Manuais de planejamento de carreira.**
- ***Workshops* de planejamento de carreira.**
- **Aconselhamento de carreira.**
- **Levantamento das necessidades individuais de desenvolvimento.**
- **Treinamento para a autogestão da carreira.**
- **Mentoria, ou o papel exercido por executivos e gerentes, ao treinarem, aconselharem e incentivarem colaboradores que ocupam posições menores na empresa.**

8.2 O TREINAMENTO VOLTADO PARA A MUDANÇA ORGANIZACIONAL

As empresas buscam desenvolver competências do negócio, ou seja, conhecimentos e experiências que lhes dão uma vantagem competitiva sobre os concorrentes. Por isso o treinamento deve estar focado no desenvolvimento das competências do negócio, desdobrados em competências gerenciais e pessoais.

Os funcionários devem aperfeiçoar, continuadamente, seus conhecimentos, habilidades e aptidões para lidar com novos processos e sistemas de trabalho.

O aperfeiçoamento deve acompanhar as mudanças do mercado de trabalho, o qual, cada vez mais, exige habilidades técnicas, interpessoais e de solução de problemas, *empowerment*, gestão da qualidade, trabalho de equipe e vivência em relações internacionais.

O treinamento e o desenvolvimento possibilitam que os funcionários adquiram novas habilidades e competências e venham a ser promovidos, aceitando novos desafios, sendo mais bem remunerados e ganhando motivação que redundará em retenção do capital humano e intelectual da empresa.

Por isso considero que o Treinamento e o Desenvolvimento são partes essenciais de uma mudança que se queira implementar na estratégia, na gestão e na cultura de uma empresa.

Pesquisas mostram que os investimentos feitos em treinamento têm uma correlação positiva com o lucro e a rentabilidade de uma organização.

Existem vários tipos de treinamento possíveis de serem ministrados aos funcionários: treinamento de habilidades; instruções sobre o trabalho; atendimento aos clientes; habilidades de comunicação e de relacionamento interpessoal; desenvolvimento da capacidade de gestão e liderança.

Essa atividade de treinar funcionários demanda uma expressiva ligação entre os objetivos estratégicos da empresa e os programas de treinamento.

Para avaliar a objetividade e o retorno esperado de um treinamento deve-se levar em consideração:

- **Levantamento de necessidades:** a área de RH e as lideranças da empresa devem diagnosticar que tipo de treinamento é necessário, e em que área ele deve ocorrer e que pessoas devem participar do mesmo.

Se algumas pessoas não atingem a produtividade esperada, isto é um sinal de necessidade de treinamento. Da mesma forma, a ocorrência de muitas queixas por parte dos clientes vai demandar treinamento para corrigir erros e falhas dos funcionários.

O levantamento de necessidades deve focar:

- **Análise da empresa, seu negócio e objetivos estratégicos.** Ou análise do ambiente onde ela atua e também a avaliação dos recursos (tecnológicos, financeiros e humanos) disponíveis para implementar a estratégia.
- **Análise de tarefas a serem executadas,** que inclui uma lista de todos os deveres e tarefas do cargo; também inclui uma lista das etapas percorridas pelo funcionário para executar determinada tarefa. A avaliação do desempenho também ajuda a verificar se as pessoas executam bem suas tarefas e deve ser correlacionada com a análise de tarefas.
- **Análise do perfil profissional das pessoas,** em termos de experiência de trabalho, educação e desempenho. A análise do perfil das pessoas evidencia quem precisa de treinamento e qual o aproveitamento que devem ter no trabalho, após o treinamento ser ministrado.
- **Projeto do programa de treinamento:** o qual deve focar objetivos instrucionais ou o que e o como deve ser formatado um determinado curso.

Também se deve atentar para a motivação e disposição dos treinandos com relação ao treinamento e para os princípios de aprendizagem e retenção do treinamento recebido. Outro ponto de atenção é verificar se o perfil dos instrutores é adequado para um determinado tipo de treinamento e de público-alvo.

Os objetivos instrucionais definem as habilidades e conhecimentos a serem adquiridos ou as atitudes a serem mudadas. A motivação mostra o interesse dos funcionários para evoluírem e crescerem dentro da empresa.

Os princípios de aprendizagem ajudam os funcionários a entender a si mesmos e à empresa. Devem ainda facilitar a aquisição de novos conhecimentos, metodologias e sistemas de trabalho, e a entender como podem aplicá-los nas suas vidas, transferindo esses conhecimentos para a execução das tarefas do cargo que ocupam.

As diferenças individuais devem ser levadas em conta. Algumas pessoas aprendem melhor ouvindo, outras aprendem melhor vendo ou lendo.

Os treinandos devem receber um treinamento que imite situações reais que vão encontrar no seu trabalho. Cargos e tarefas podem ser divididos em partes e analisados etapa por etapa durante o treinamento, para que o conteúdo programático foque a melhoria de *performance* relacionada com a realidade do trabalho realizado pelo funcionário.

O horário do treinamento e os intervalos para descanso devem ser observados num treinamento intenso, de imersão, ou num treinamento mais leve, com menor carga horária.

O *feedback* do aproveitamento do treinamento por parte do treinando também o ajuda a conhecer o que está fazendo certo e o que está fazendo errado e faz com que o funcionário tome conhecimento dos resultados que atingiu e também serve para motivá-lo para continuar aprendendo e evoluindo no trabalho. Em decorrência, podem ser dados incentivos verbais e recompensas e reconhecimento à *performance* do treinando, reforçando o comportamento ideal desejado no cargo e na empresa.

- **Implementação do treinamento:** as decisões sobre os métodos de treinamento são o aspecto mais fundamental na implementação de um programa de treinamento. Deve-se determinar quais os métodos de treinamento são os mais adequados para aperfeiçoar determinadas habilidades, conhecimentos e competências.

Existem vários tipos de treinamento possíveis:

- **Treinamento para não Gerentes,** como por exemplo, o treinamento no local de trabalho, muito utilizado em associação com os métodos modernos de gestão da qualidade.
- **Treinamento Profissionalizante:** um funcionário designado para tarefas técnicas recebe informações e instruções detalhadas sobre seu trabalho.
- **Treinamento Focado no Trabalho:** o qual combina experiência prática no trabalho com aulas de educação formal.
- **Programas de Estágio:** que oferecem aos estudantes a oportunidade de experiência em uma empresa real, possibilitando-lhes aplicar sua educação na solução de problemas concretos.
- **Instrução na Sala de Aula:** as informações são passadas em palestras, demonstrações, filmes, DVD e videoteipes, ou por meio de instrução por computador. Permite que um número grande de treinandos seja atendido por um grupo pequeno de instrutores.
- **Instrução Programada:** é uma aprendizagem autodirigida, feita por meio de livros, manuais, ou computadores, permitindo dividir o conteúdo do tema em diversas partes, em forma lógica e organizada, exigindo sempre respostas em forma contínua por parte do aluno. Este tipo de instrução levanta questões sobre os assuntos expostos, dando no final da unidade de ensino, respostas que podem ser checadas pelos alunos, que se autoavaliam e corrigem seu conhecimento sobre as questões estudadas.

Se a resposta do aluno é correta ele passa para o próximo assunto ou unidade de ensino. Se a resposta é dada em forma errada, informações adicionais e textos são apresentados e o aluno deve estudar melhor o assunto, para sofrer nova avaliação sobre o mesmo.

Neste método o treinamento é individualizado, os treinados são bastante participantes no processo de aprendizagem e o *feedback* e os reforços são imediatos.

- **Métodos Audiovisuais:** podem-se ensinar habilidades e processos de trabalho para pessoal de produção, utilizando-se recursos audiovisuais. Videoteipes podem mostrar as etapas de montagem de um equipamento eletrônico. Através de câmaras os treinadores e treinandos podem assistir uma gravação feita no local de trabalho, recebendo um *feedback* imediato sobre a sua aprendizagem. Os estudantes também podem ter uma instrução individualizada através de CD, videodiscos e DVDs.

- *E-Learning*: é um aprendizado eletrônico, abrangendo uma variedade de aplicações como Treinamento por Computador e na *web*, e também em salas de aulas virtuais, além de fornecer o conteúdo de Internet, Intranet e Extranet, TV, DVD e CD-ROM, fitas de áudio, fitas de vídeo, satélites e transmissões interativas.

O *E-Learning* possibilita fornecer exercícios e prática do assunto estudado, resolução de problemas, simulações, formas de instrução sobre jogos e instrução tutorial individualizada para os alunos. O treinamento vai até o aluno ao invés do aluno ir até um local de treinamento. Os alunos viajam num mar virtual de informações, personalizando seu aprendizado, de acordo com o tempo disponível, sem se afastarem do seu espaço pessoal.

- **Método de Simulação:** este método pode simular uma situação real, visualizando-se a ação de pilotar aviões ou de manejar foguetes, por exemplo. Na prática tais equipamentos são caros e são perigosas as falhas no seu manejo, na vida real, em uma operação concreta, utilizando-se aviões, por exemplo.

- **Métodos de Treinamento Gerencial:** muito utilizados em atividades como o desenvolvimento de líderes, supervisores e gerentes, com potencial para aprenderem muitas técnicas e metodologias, preparando-os para promoção em um nível superior na carreira. Principalmente, desenvolvem as habilidades pessoais e de liderança que os gerentes precisam para ter sucesso.

Podemos citar vários tipos de desenvolvimento gerencial:

Coaching: já abordado neste livro e no meu livro anterior.

Substituições programadas: nas quais se prepara um funcionário para assumir a posição de um gerente, durante algum tempo.

Rotação de cargo: faz-se passar o funcionário por diversas áreas, assumindo novas responsabilidades, para que tenha uma visão mais ampla do gerenciamento e da empresa.

Transferência lateral: movimentação horizontal por diversos departamentos, permitindo uma progressão ascendente na organização.

Projetos especiais: permitindo a aquisição de novos conhecimentos voltados para necessidades internas ou externas da empresa.

Reuniões de *staff*: permitem conhecer assuntos diferentes, interagindo com vários gerentes.

Seminários e conferências: que mostram novos aspectos de questões antigas, novas metodologias e tendências na gestão de empresas.

Estudos de caso: que propiciam habilidades analíticas de solução de problemas e de pensamento crítico, desenvolvendo habilidades de interação interpessoal e questionamento de questões complexas.

Jogos gerenciais: os participantes têm que tomar uma série de decisões que impactam em uma empresa hipotética. Os efeitos de cada decisão podem ser simulados em um computador programado para o jogo, o que requer um elevado grau de participação e de raciocínio dos treinandos.

***Role playing* ou desempenho de papéis previamente definidos:** permite colocar-se na situação e no papel de outras pessoas, como por exemplo, de um supervisor e de um subordinado, que estejam envolvidos num problema específico que deve ser resolvido.

Os participantes desenvolvem sua habilidade de aprender, aconselhar e lidar com os outros.

Modelagem comportamental: no início da instrução, as metas e os objetivos de um programa são descritos. As etapas da aprendizagem definem a sequência de comportamentos que devem ser ensinados. Por exemplo, descrever os passos recomendados para dar *feedback* aos funcionários.

Os participantes podem assistir filmes, DVDs ou videoteipes, nos quais um gerente é mostrado, por exemplo, interagindo com um funcionário, para melhorar seu comportamento e desempenho. O objetivo sempre é mostrar como lidar com uma situação específica e o participante, à medida que se aperfeiçoa, recebe *feedbacks*, comentários e elogios.

Avaliação do Treinamento: o treinamento deve ser avaliado para se ter uma comprovação de sua eficácia.

Podemos citar quatro critérios de avaliação de treinamento:

- **Reações dos participantes:** os mesmos podem dizer se gostaram ou não do treinamento e podem produzir *insights* sobre o conteúdo e as técnicas que julgaram mais eficazes.

- **Aprendizagem:** verificação do que os treinandos aprenderam, aplicando-se testes de conhecimentos e habilidades, antes e depois de se efetuar o treinamento. A mesma aplicação de testes é feita num grupo de controle, o qual não deve receber o treinamento. A evolução comparativa da aprendizagem dos dois grupos mostrará se o grupo treinado aprendeu e mudou com base no treinamento recebido.

O grupo de controle deve ter pessoas com o mesmo nível de *performance* e formação do grupo que recebe o treinamento.

- **Transferência de Aprendizagem:** visa observar se houve transferência do que foi aprendido na sala de aula para o ambiente real do trabalho.
- **Retorno do Investimento**: comparam-se os benefícios gerados pelo treinamento com o custo do mesmo. Deve-se avaliar se houve aumento da produtividade, melhoria da qualidade, redução de custos, clientes mais satisfeitos, maior satisfação com o trabalho e menor rotatividade de pessoal.

Os gestores de RH devem utilizar diversos dados para se certificarem do Retorno do Investimento do treinamento, analisando informações sobre vendas, dados financeiros e pesquisas com os funcionários.

Não pode ser esquecido o custo indireto com o treinamento, ou seja, o salário e tempo dos participantes e a diminuição da produtividade dos participantes, por estarem ocupados com o treinamento.

O *benchmark* é utilizado no processo de avaliação do retorno sobre o investimento feito no treinamento. Ele compara os próprios serviços e práticas de desenvolvimento de pessoas, em relação às práticas de empresas que são reconhecidas como boas treinadoras do seu pessoal. O *benchmark* deve levar em consideração: o tipo de treinamento oferecido; os resultados do treinamento, se o mesmo atingiu seus objetivos; a eficácia do treinamento, na qual se avalia se com recursos não excessivos se atingiram grandes resultados.

Existem ainda tipos de treinamento diferenciados, que podem ser citados:

- **Treinamento de integração:** o qual consiste em oferecer curso aos novos funcionários para explicar a empresa, seus produtos, negócios, áreas e unidades, seu sistema de gestão e sua cultura organizacional. Sem este tipo de treinamento os funcionários se sentem perdidos na nova empresa e sua produtividade é baixa.
- **Treinamento de habilidades básicas:** são qualificações essenciais para os diversos cargos de uma estrutura organizacional. Elas impactam na qualidade dos produtos, no atendimento aos clientes, na eficiência interna e na segurança ambiental e na higiene e segurança do trabalho.

Alguns exemplos de habilidades básicas: leitura; escrita; computação; habilidade de se comunicar e de ouvir; solução de problemas; gestão do tempo; métodos de aprendizagem; liderança e trabalho em equipe.

Profissionais que atuam em loja de moda feminina devem ter habilidades como: comunicação e negociação; visualização de forma e cor; habilidades manuais para sugerirem ajustes na roupa vendida aos clientes.

- **Treinamento para lidar com a diversidade cultural**: necessário nas empresas multinacionais e nacionais, que empregam pessoas de diferentes culturas e países, com características raciais distintas e que empregam grande número de homens e mulheres.

Um programa voltado para a diversidade pode orientar, por exemplo, os gerentes a manejarem avaliações de desempenho, envolvendo pessoas de diferentes culturas ou orientar supervisores para saber como se relacionar com a psicologia feminina, se a mão de obra deste sexo predominar na empresa.

8.3 DIREITO TRABALHISTA E SINDICAL

A justificativa da inclusão deste tema na 2ª Parte do presente livro (MUDANÇA) se prende a dois argumentos:

- A evolução do Direito do Trabalho no Brasil e no mundo, acompanhou a evolução social e econômica da humanidade. A Revolução Industrial trouxe o predomínio do capital sobre o trabalho e nesta época histórica anterior o segundo ficou a mercê do primeiro e até a fisiologia do trabalhador teve que se adaptar ao ritmo da máquina.

Neste contexto surgem as raízes que iriam germinar, posteriormente no Direito do Trabalho e no Direito Sindical. Ou seja, esta ordenação jurídica das relações entre empregado e empregador é uma grande mudança que ocorreu historicamente no mundo e no Brasil.

Se uma empresa quer mudar para uma gestão eficaz e produtiva, onde a Gestão de Pessoas tenha uma contribuição relevante, ela deve seguir a legislação trabalhista e sindical vigente no país.

Muitos conflitos ocorrem nas empresas que não são proativas na administração dos Recursos Humanos, sob o ponto de vista do contexto trabalhista e sindical no qual vivemos no Brasil. Aliás, esta realidade também é válida para outros países.

Como base para este texto, vamos adotar alguns dos conceitos expostos no livro *Direito do Trabalho*, de Pedro Paulo Teixeira Manus, 3ª edição, Editora

Atlas, 2011, o qual servirá como roteiro base desta parte do livro, acrescido de meus comentários e da minha vivência profissional.

As unidades produtivas conhecidas até o advento da Revolução Industrial, no século 18, eram as pequenas corporações, onde poucas pessoas faziam, artesanalmente, pequena quantidade de produtos.

Quando surgiu a máquina a vapor, e outras máquinas, como as locomotivas, as pessoas passaram a trabalhar no ritmo destes equipamentos.

Nessa época houve o triunfo do liberalismo econômico da burguesia, a qual tinha liberdade para contratar os empregados sem uma contrapartida de obrigações legais.

Não mais importavam para os indivíduos as suas habilidades pessoais, que eram relevantes para o artesão. Ocorreu nessa época uma exploração do trabalho por parte do capital, tornando desumana a vida dos empregados. As jornadas de trabalho eram duras, o salário era baixo e ocorria a exploração do trabalho de mulheres e menores.

No período de 1789 até 1890, ocorrem fatos como a publicação do Manifesto Comunista de Marx e Engels, a Revolução Francesa. Mais adiante, em 1918, acontece o fim da Primeira Guerra Mundial. Posteriormente, é realizada a assinatura do Tratado de Versalhes, que estabelece as bases para a criação da Organização Internacional do Trabalho. Na mesma sequência, da busca de solução dos conflitos sociais, é publicada a Encíclica *Rerum Novarum* do Papa Leão XIII.

Somente após a Primeira Guerra Mundial, com o surgimento em 1948 da Declaração Universal dos Direitos do Homem, e com a atuação da Organização Internacional do Trabalho, são reconhecidas as entidades sindicais.

No Brasil, tanto a Constituição do Império (1824) quanto a Constituição Republicana (1891) tinham base no liberalismo europeu, que não protegia o trabalhador. A partir de 1930 ocorrem os primeiros movimentos operários de protesto, principalmente originados pela industrialização nascente que ocorria em São Paulo.

No ano de 1943 é criada a Consolidação das Leis do Trabalho (CLT) e cria-se a CGT, uma entidade de representação sindical, a qual é desativada pelo regime militar de 1964.

Com o advento da Constituição Federal de 1988 houve progresso legislativo sobre a vida sindical, fixando o legislador um meio termo entre a efetiva liberdade e a autonomia sindicais, tornando ainda obrigatória a contribuição sindical. É mantida a ideia de unicidade sindical, criando-se uma única confederação de trabalhadores para cada setor. No entanto, antes da promulgação da nova carta o governo já vinha reconhecendo como porta voz dos trabalhadores as entidades que ainda estavam à margem do texto constitucional (CGT, CUT e USI). Estas entidades, que reúnem vários sindicatos, têm estabelecido negociações com o governo e com empresários, ao lado das Federações e Confederações, reconhecidas pela lei.

Para aprofundar mais o tema podemos citar as fontes que impactam no Direito do Trabalho, no Brasil:

- **Fontes de origem estatal:**
  - **Constituição Federal**: que estabelece os direitos básicos dos trabalhadores e das entidades que os representam.
  - **Leis complementares:** existem dispositivos constitucionais que não são automaticamente aplicáveis, pois dependem de outra norma que lhes dê uma aplicação prática, que são as leis complementares à Constituição.
  - **Leis delegadas:** leis elaboradas pelo Presidente da República, por delegação do Congresso Nacional.
  - **Medidas provisórias**: instrumentos de iniciativa do Presidente da República, nos casos relevantes e urgentes, com força de lei, nos termos do artigo 62 da Constituição Federal.
- **Leis ordinárias:** leis cujo processo de elaboração, tramitação e aprovação é ordinário, nos termos do artigo 61 da Constituição Federal. É da competência privativa da União legislar sobre o Direito do Trabalho.
  - **Decretos:** instrumentos legais aptos a regulamentar as leis, os quais dão explicações e detalhes sobre as mesmas.
  - **Sentenças normativas**: são decisões judiciais, dos Tribunais Regionais do Trabalho ou do Tribunal Superior do Trabalho. São fruto de tentativas de negociação coletiva entre entidades sindicais e patronais, que não resultaram em um acordo, devendo ser submetidas à decisão judicial.
  - **Jurisprudência**: conjunto das decisões dos tribunais sobre determinado tema.
- **Fontes de origem internacional:**

  São as convenções e recomendações da Organização Internacional do Trabalho, entidade internacional, que edita convenções e recomendações com certa frequência.

  A OIT é formada por vários países, inclusive o Brasil. Todos os países se obrigam a submeter as suas resoluções ao órgão interno que cuida do Direito Trabalhista e Sindical competente, para que as aprecie, ratificando-as ou não.

- **Fontes de origem contratual:**
  - **Convenção coletiva do trabalho:** são as tentativas de negociação entre entidades sindicais de empregados e empregadores, que chegam a bom

termo e estabelecem regras salariais e de comportamento aos que a ela estão submetidos, em função dos sindicatos que celebram a convenção.

- **Acordo coletivo de trabalho:** formas de negociação coletiva de trabalho, mais restritas que as convenções, envolvendo parte de uma categoria apenas, ou mesmo uma ou algumas empresas.
- **Regulamento de empresa**: normas internas de uma empresa, que determinam a conduta do empregador e dos empregados, na estruturação interna da empresa, no tocante a procedimentos, vantagens e obrigações de ambas as partes.
- **Contrato individual de trabalho**: instrumento que celebra a negociação individual entre empregado e empregador, fixando direitos e obrigações de ambas as partes.
- **Usos e costumes**: procedimentos normais em determinada comunidade, que se tornam a norma jurídica que este grupo acredita existir, embora não faça parte do ordenamento jurídico formal.

Delio Maranhão afirma ser o Direito do Trabalho um direito provado. Apesar de existirem várias normas de Direito Público no Direito do Trabalho, prevalecem as de Direito Privado. Além disso, a própria Constituição dá-lhe o caráter privado. O fato da relação entre empregado e empregador ser de natureza contratual, de origem civilista, reforça a tese da natureza jurídica de direito privado.

Direito Sindical

Quando se aborda qualquer tema em matéria de Direito Coletivo do Trabalho, entramos no âmbito do Direito Sindical.

A noção de coletivo diz respeito ao grupo representado, porém podemos não estar falando de toda uma categoria profissional, mas sim de um setor da mesma. Exemplificando, a categoria profissional dos metalúrgicos abrange os trabalhadores nas indústrias metalúrgicas, mecânicas e de material elétrico. Podemos então falar de toda esta categoria, como também de parte dela, quando mencionamos os empregados que trabalham nas indústrias mecânicas. Podemos ainda estar abordando apenas uma empresa da categoria dos trabalhadores nas indústrias metalúrgicas.

A noção de coletivo não tem relação com o número de pessoas, mas sim com um grupo individualizado, enquanto tal, independentemente das pessoas de seus componentes. O grupo que se expressa por meio do sindicato é a categoria, que congrega os trabalhadores, os empregadores, ou ainda os profissionais liberais, segundo os critérios que a lei determina. Assim, o Direito Coletivo do trabalho cuida das questões jurídicas dos vários grupos, das relações destes grupos entre si e com o Estado. Em contrapartida, o Direito Individual do Trabalho ocupa-se das questões jurídicas sob a ótica dos empregados e empregadores, individualmente considerados.

Com base no acima exposto, qualquer pessoa ou empresa que venha a integrar um grupo relacionado com uma determinada atividade econômica, submete-se ao que foi decidido pelo sindicato, que representa uma determinada categoria profissional e uma específica atividade econômica.

Estrutura sindical

A nossa estrutura sindical está fundamentada nos princípios estabelecidos na Constituição Federal de 1988 e no texto da Consolidação das Leis do Trabalho, naquilo que não foi revogado pelo texto constitucional.

O artigo 511 da Consolidação das Leis do Trabalho faz uma afirmação categórica sobre o assunto: "É lícita a associação para fins de estudo, defesa e coordenação dos seus interesses econômicos ou profissionais de todos os que, como empregadores, empregados, agentes ou trabalhadores autônomos, ou profissionais liberais, exerçam, respectivamente, a mesma atividade ou profissão, ou atividade ou profissões similares."

Os artigos 516 e 517 da CLT determinam a obediência ao princípio da unicidade sindical, de modo que só pode haver um sindicato da mesma categoria na mesma localidade, chamado de base territorial e fixado esse como o distrito ou município, no mínimo, até o sindicato nacional, em casos especiais.

A estrutura sindical compõe-se do órgão de base ou municipal, que é o sindicato, a entidade estadual, que é a federação, e a entidade nacional, que é a confederação.

A federação tem que ter um mínimo de cinco sindicatos, respeitados os requisitos de identidade, similaridade ou conexidade de profissões ou atividade. E a confederação será constituída pelo menos por três federações conforme estabelece a lei.

Temos na base da estrutura, o sindicato, e todos os integrantes da categoria. Na federação temos apenas os delegados dos sindicatos que a compõe, o que resulta num pequeno número de integrantes. Também na confederação, temos somente os delegados das federações, o que afasta as entidades da base que devem representar.

A lei concede ao sindicato a representação de toda a categoria quando o correto seria a representação apenas dos seus sócios.

As centrais sindicais

A Lei 11.648, de 31 de março de 2008, dispõe sobre o relacionamento das centrais sindicais, alterando a CLT no Título V, que se ocupa da Organização Sindical. Estabelece os critérios para a existência e reconhecimento da Central Sindical, em obediência aos parâmetros traçados pelo artigo 8º da Constituição Federal, bem como fixa o percentual a ser retirado da contribuição sindical dos trabalhadores para a manutenção das Centrais Sindicais, na porcentagem de 10% do total arrecadado, a ser recolhido para a central a que o sindicato é filiado.

Atualmente, as entidades mais representativas, dentre outras, são a Central Única dos Trabalhadores, a Força Sindical e a CGT, que se enquadram na estrutura sindical.

Há algum tempo os empregadores e o Estado não negociam com os trabalhadores sem a participação e o aval das centrais sindicais, pois são elas que têm a força política para realizarem as negociações, não obstante seja formalmente necessária a participação das entidades legais, para legalizar os atos praticados.

O sistema S

Estas entidades foram criadas pelos empresários nacionais e podem ser citadas da seguinte forma:

- SESI (Serviço Social da Indústria).
- SENAI (Serviço Nacional de Aprendizagem Industrial).
- SESC (Serviço Social do Comércio).
- SENAC (Serviço Nacional de Aprendizagem Comercial).

A manutenção deste sistema dá-se pela contribuição compulsória arrecadada dos empregadores, sendo a arrecadação feita pelo INSS, que pelos seus serviços recebe um percentual dos valores destinados a estas entidades. O valor arrecadado mantém os serviços prestados e a estrutura necessária para tanto.

Ao longo dos anos outras entidades foram somando-se ao SESI, SENAI, SESC e SENAC, as quais são mencionadas a seguir:

- SENAR (Serviço Nacional de Aprendizagem Rural).
- SEBRAE (Serviço Brasileiro de Apoio às Micro e Pequenas Empresas).
- SENAT (Serviço Nacional de Aprendizagem do Transporte).
- SEST (Serviço Social do Transporte).
- SESCOOP (Serviço Nacional de Cooperativismo).

Temas para Reflexão:

1 – Como o recrutamento e a seleção ajudam na mudança organizacional?
2 – As organizações competem por talentos profissionais?
3 – O que as novas gerações buscam nas suas carreiras, dentro das empresas?
4 – Quantos tipos de recrutamento existem?
5 – Devemos procurar talentos adequados à estratégia, à gestão, à cultura e ao segmento de negócio da empresa?
6 – Quais as fontes de recrutamento utilizadas pela empresa?
7 – O processo de recrutamento e seleção leva em conta a motivação e a retenção futura de candidatos?
8 – O que é um ambiente confortável de trabalho?
9 – Quais são algumas das formas possíveis de recrutamento?
10 – Quais são alguns dos requisitos para se selecionar uma empresa de recrutamento de pessoal?
11 – Qual o efeito de uma promoção vertical, na carreira de um funcionário?
12 – Qual a utilidade do sistema de avaliação de desempenho?
13 – Por que o inventário de talentos da empresa é importante?
14 – Quais são as técnicas ou processos que podem ser utilizados num *Assessment*?
15 – Quais os objetivos a serem buscados se queremos conectar recrutamento e seleção com desenvolvimento na carreira e retenção de talentos?
16 – Qual a frase que sintetiza o moderno conceito de carreira?
17 – Como os Gerentes devem motivar os funcionários?
18 – Quem se beneficia com o progresso e o desenvolvimento do funcionário?
19 – Como pode ser feito um levantamento das necessidades de desenvolvimento dos colaboradores?
20 – O planejamento e a evolução na carreira leva em consideração a análise das habilidades e competências?
21 – A progressão na carreira foca somente os níveis gerenciais?
22 – Todas as carreiras de sucessos são fruto de uma programação metódica e gradual?
23 – O que é levado em consideração na promoção para um cargo mais alto?
24 – O que é uma transferência de função?
25 – O que é uma carreira em Y?
26 – Quais são os estágios possíveis do desenvolvimento de uma carreira?
27 – Quais são algumas das práticas bem sucedidas da gestão de carreiras?

28 – Quais são as atividades de política organizacional e quais são algumas das práticas que favorecem o planejamento e o desenvolvimento dos funcionários na carreira?
29 – Por que as empresas buscam desenvolver as competências do seu negócio?
30 – Por que os funcionários devem aperfeiçoar seus conhecimentos, habilidades e aptidões?
31 – O que as mudanças do mercado de trabalho exigem?
32 – O que o treinamento e o desenvolvimento de pessoas possibilitam?
33 – O que o treinamento e o desenvolvimento têm a ver com mudança organizacional?
34 – Existe uma relação entre treinamento, lucro e rentabilidade?
35 – Quando podemos dizer que um treinamento é objetivo e dá o retorno que se espera dele?
36 – O que deve focar o levantamento de necessidades do treinamento?
37 – O que são objetivos instrucionais de um programa de treinamento?
38 – Como se pode estruturar um treinamento que imita situações reais que podem ser encontradas no trabalho?
39 – Deve ser dado *feedback* ao treinando sobre seu aproveitamento no treinamento?
40 – O que é fundamental na implementação de um programa de treinamento?
41 – Quais são os vários tipos possíveis de treinamento?
42 – Quais são os tipos de treinamento gerencial que podem ser realizados?
43 – O que o treinamento foca no trabalho?
44 – O que é instrução programada?
45 – O que é *E-Learning*?
46 – O que é Método da Simulação?
47 – Quais os quatro critérios de avaliação do treinamento?
48 – Quais os tipos de treinamento diferenciados mais citados?
49 – A evolução do Direito do Trabalho no Brasil acompanhou a evolução econômica e social mundial?
50 – Na época da Revolução Industrial havia o predomínio do trabalho sobre o capital?
51 – Seguir a legislação sindical-trabalhista contribui para uma gestão eficaz da empresa?
52 – Qual era o nome das unidades produtivas conhecidas antes do advento da Revolução Industrial?
53 – O liberalismo e a burguesia eram realidades que estavam associadas, no tempo da Revolução Industrial?
54 – Quais os acontecimentos históricos que estabeleceram as condições para estruturação da Organização Internacional do Trabalho (OIT)?
55 – Na época da Revolução Industrial a vida dos trabalhadores era muito ou pouco confortável?

56 – Em que data e em que estado do Brasil ocorreram os primeiros protestos dos trabalhadores?

57 – Qual o ano da criação da CLT e da CGT no Brasil?

58 – Qual a Constituição Brasileira que tornou obrigatório o imposto sindical?

59 – Que entidades sindicais têm estabelecido negociações com o governo e com empresários, ao lado das Federações e confederações, estabelecidas por lei?

60 – Quais as fontes de origem estatal que impactam no Direito do Trabalho, no Brasil?

61 – Quais as fontes de origem internacional que também afetam o Direito do Trabalho no Brasil?

62 – Quais as fontes de origem contratual que têm efeito sobre o Direito do Trabalho, no Brasil?

63 – Qual o nome genérico que abrange temas relacionados com o Direito Coletivo do Trabalho?

64 – O grupo de trabalhadores representado por um sindicado somente diz respeito a toda uma categoria profissional, ou também diz respeito a um setor da mesma?

65 – Trabalhadores de quais indústrias estão representados na categoria profissional dos metalúrgicos?

66 – Qual o grupo que se expressa por meio do sindicato?

67 – Do que cuida o Direito Coletivo do Trabalho?

68 – Do que cuida o Direito Individual do Trabalho?

69 – Uma pessoa ou empresa, que integra um grupo relacionado com uma determinada atividade econômica tem que se submeter ao que foi decidido e acordado pelo sindicato?

70 – O que diz o artigo 511 da CLT?

71 – O que dizem os artigos 516 e 517 da CLT?

72 – Como se denomina, dentro da estrutura sindical, a entidade municipal, a estadual e a nacional?

73 – Qual o número mínimo de sindicatos que a confederação deve possuir?

74 – Qual o número mínimo de federações que uma confederação deve possuir?

75 – Uma federação é composta pelos delegados de quais entidades?

76 – Uma confederação é composta pelos delegados de quais entidades?

77 – O que a lei dispõe sobre o relacionamento das centrais sindicais?

78 – Quais as três centrais sindicais mais representativas e de maior impacto na vida sindical?

79 – Quais as quatro entidades criadas pelos empresários nacionais, para os empregados da indústria e do comércio?

3ª PARTE

Busca de Qualidade, Criatividade e da Inovação

9

A Criatividade; Fases do Processo Criativo; o Universo da Qualidade

9.1 CRIATIVIDADE ORGANIZACIONAL

O tema criatividade é muito amplo e somente é possível abordá-lo mostrando alguns aspectos do mesmo; pode-se correlacionar o assunto a tudo o que se refere ao exercício de se criar uma visão compartilhada numa empresa, olhando-se para o futuro e tentando imaginar como esta instituição poderá ser e atuar, anos à frente.

Citando Peter Senge:

> "o modelo autoritário dominou o 'management' ocidental por dezenas de anos. Muitos livros sobre visão são baseados no modelo autoritário. O foco nas decisões sempre partiu de um ou dois 'top leaders', que formulavam uma visão corporativa e que a anunciavam à corporação".

Sem dúvida isto não ocorre com as experiências de Marjorie Parker, relatadas no seu livro *Creating shared vision*, do qual tomei conhecimento após minha visita ao "Center for Creative Leadership", em Greensboro, Carolina do Norte, nos Estados Unidos da América do Norte.

Peter Senge prefacia este livro da Marjorie Parker e afirma no texto "que uma Learning Organization" é uma organização que está continuamente expandindo sua capacidade de criar o futuro. A mudança de paradigma, de uma organização autoritária, para uma "Learning Organization", deve ser iniciada com a aprendizagem de como criar uma visão compartilhada.

Como diria a própria Marjorie Parker no livro citado: "minhas experiências com a visão compartilhada me convenceram que existem melhores caminhos. Para nós progredirmos como indivíduos, famílias, empresas, países e como uma comunidade mundial".

Ela acrescenta, em outro trecho de sua obra:

> **"eu acredito que as pessoas vivenciam a visão em forma diferente. Algumas pessoas a transformam em sons, outros em imagens mentais, outros a percebem intuitivamente. No meu trabalho eu tenho observado que o mais comum é que as visões sejam vivenciadas como imagens mentais, visões são poderosas imagens do que queremos criar no futuro".**

As visões são um produto da mente e do coração, trabalhando juntos. Como tal, uma visão é muito mais do que uma imagem mental e a visualização é mais do que um processo mental.

Visões estão enraizadas na realidade presente, mas focam o futuro. Elas nos permitem explorar possibilidades. Elas são realidades desejadas. Embora a visão nos dirija na direção do futuro, ela é experimentada no presente.

O magnetismo de uma visão é gerado pela integração de um indivíduo, com o propósito, os valores e a realidade única de uma organização. Assim, ocorre a interação do indivíduo com a organização e os seus cenários físico, social, político e de negócios que envolvem a empresa.

Uma visão compartilhada une as pessoas, criando uma conexão entre diversas pessoas e atividades.

Visões compartilhadas são expressões do que as pessoas têm em comum e pressupõem ações com as quais elas estão comprometidas. Pessoas que compartilham visões estão mais dispostas a assumir responsabilidades; elas estão mais abertas a desafiar o que é convencional.

Qualquer grupo de pessoas pode criar uma visão compartilhada. Ela sempre pode ser usada quando existe uma necessidade de mudança. Sem essa visão compartilhada, novas maneiras de pensar ou agir são inibidas pelas forças do *status quo*.

Após as citações de Parker, um breve comentário do autor do livro:

> sabemos pela leitura da História da Terra que muitos erros e até guerras poderiam ter sido evitadas; isso se a humanidade tivesse se entregue ao exercício da visão compartilhada, se tivesse desenvolvido sua visão e imaginação, construindo um futuro positivo que incluísse todas as partes interessadas nos grandes temas políticos, sociais, econômicos, culturais e religiosos. Infelizmente dentro das empresas e na relação entre

as nações por vezes predomina o medo e a competição destrutiva e não uma visão compartilhada e uma cooperação positiva.

Para exemplificar o que seja uma parte do tema criatividade organizacional, vamos descrever a assessoria prestada por Marjorie Parker à KF, a maior fábrica do maior grupo industrial norueguês, o Norsk Hydro, que tem investimentos em alumínio, agricultura, petróleo, petroquímica, gás, biomedicina, agricultura e metais leves.

A KF passou a ser a maior fábrica do Hydro Aluminum, como resultado da fusão do Norsk Hydro com outra empresa, a Ardal-Sumidal Verk. O grupo na época empregava 12.000 pessoas, com 50 fábricas em 10 países, enquanto que a KF tinha 1.700 pessoas.

Em 1980, a KF estava no meio de uma crise. A fábrica não era rentável, consumia muita energia e poluía muito o ambiente. A relação com o sindicato de empregados era conflitiva e tinham importado tecnologia japonesa moderna, mas faltavam habilidades e competências para torná-la viável e efetiva.

Em 1981, a KF iniciou um projeto chamado "queremos ser melhores". Competências técnicas foram desenvolvidas através de treinamento de habilidades. A qualidade e o serviço tornaram-se objeto de estudo.

Ao redor de 1985, a fábrica tornou-se rentável e conhecida como comprometida com o progresso dos empregados e com o meio ambiente não poluído.

Em 1986, Parker entrou em contato com o novo Diretor-geral e o Gerente de Treinamento, para prestar assessoria em pensamento criativo direcionado para desenvolvimento de estratégias organizacionais.

Tudo o que segue abaixo visa mostrar a utilidade de um trabalho para o desenvolvimento da criatividade:

Durante os primeiros encontros, o Diretor-geral colocou algumas premissas para a renovação da organização:

- os empregados da KF são seres humanos responsáveis. Eles desejam executar suas tarefas e contribuir para o progresso da KF. Eles querem assumir mais responsabilidades, o que implica em ampliar a autoestima, uma atitude proativa, delegação, *empowerment*, e novas habilidades;
- os empregados não são apenas um meio para atingir os fins da empresa, eles são um fim em si mesmos. Eles têm desejo de crescer e de usar o seu potencial criativo inato. Em consequência, a empresa tem a obrigação de crias às condições que vão lhes permitir maximizar os seus potenciais;
- uma orientação da gestão, com visão de curto prazo, não conduz a vantagens competitivas e a autorrenovação, as quais aparecem numa perspectiva de longo prazo.

As conversas entre Parker e o Diretor-geral continuaram; ambos procuraram uma imagem para expressar o conjunto de processos, pessoas e negócios, que constituem a realidade de uma empresa, até que lhes ocorreu a ideia de um jardim. Esta imagem, no sentido figurado, para eles abrangia toda a realidade humana e organizacional da empresa, e segue transcrita:

- Ser parte de algo (de um jardim, por exemplo), e ao mesmo tempo, ser um algo ou ente isolado (uma flor, uma árvore, uma pessoa, uma área).
- Ser responsável por si mesma e pelo conjunto de pessoas e coisas da empresa.
- Conscientizar que o conjunto é maior do que a soma das suas partes, consideradas isoladamente.

Parker convidou o Diretor-geral a visualizar a empresa cinco anos à frente, e ele começou a indagar sobre o futuro, colocando questões como as relatadas a seguir:

- O que tem significado no trabalho que estamos desenvolvendo?
- Qual o significado da nossa contribuição para a organização?
- Que contribuições a KF está realizando na sociedade onde atua?
- Que diferença o esforço feito pela KF, nas suas atividades, traz para os seus negócios?
- Em que áreas a KF é competente?
- O que existe de diferente, que distingue a KF de outras empresas?
- Que valor agregado, aos produtos e serviços, os clientes da KF recebem?
- O que torna a KF diferente de outras empresas, no mesmo segmento de negócio?
- Como a KF está ajudando outras fábricas da Hydro Aluminum a se tornarem mais bem sucedidas?

Posteriormente, Parker deu uma palestra para 130 gerentes e líderes sindicais, introduzindo seus conceitos sobre visão:

- Formas proativas ou reativas de se ver o futuro.
- O que é visão e qual a razão para se criar uma visão específica para a empresa?
- Como a visualização do futuro difere de outras ações reativas?
- Que tipos de habilidades de raciocínio são criados quando se gera uma visão?

– Qual o poder das imagens mentais e como surge a frustração quando criamos a imagem de algo que queremos, mas desconhecemos, e quais são os passos para torná-la real?

As pessoas presentes compartilharam suas imagens da empresa cinco anos a frente, em 1992, no futuro, tendo surgido a preocupação de todos com seus colegas de trabalho, clientes e instalações físicas. Todos concluíram que somos impulsionados à ação pelas imagens mentais de como manifestamos nossos valores.

O Diretor-geral enfatizou que "se continuarmos a fazer o que sempre fizemos, vamos continuar a obter tudo aquilo que sempre conseguimos, sem inovar".

Nas sessões de trabalho, para a geração de uma visão, Parker incluiu na sua apresentação assuntos como: ver as possibilidades de novas ideias, a importância de ouvir e adiar o julgamento, o pensamento divergente e como produzi-lo; orientações sobre o que seja a visualização.

Todos os participantes da reunião foram divididos em subgrupos e receberam orientações de como iriam trabalhar na observação de uma visão compartilhada, que transcrevemos a seguir:

– Foco no que realmente tinha importância para eles.
– Foco no que gostariam de criar e como gostariam de fazer tudo acontecer.
– Foco em imaginar o que estaria acontecendo no desenvolvimento do próprio processo de visão.
– Evitar concentrar-se nos problemas diários e em problemas do dia a dia.

Através de técnicas de manejo de grupos, Parker conseguiu que eles falassem de uma realidade, cinco anos à frente da data do evento (1992), como se estivessem falando do ano em curso (1987); todos usaram expressões como "fantástico", "poderoso" e "energização", e a atmosfera, nos grupos, era de pura eletricidade.

Os participantes do exercício expressaram suas visões futuras da KF, em forma descritiva, através de canções, poemas, dramatizações, desenhos e colagens.

As primeiras conclusões sobre a visão incluíram conceitos inovadores de como a empresa iria desenvolver excelência empresarial, fluxo de informações, e como ela iria interagir com o cenário externo, físico, social e de negócios.

Uma das conclusões que se tira em trabalhos como da KF, na opinião de Parker, é que "quando visões e os valores são convergentes, elas despertam em nós um intenso desejo de fazer e de agir".

A mesma autora comenta que, "quando convidamos os empregados a participarem de um exercício de visão, estamos demonstrando carinho e respeito, e crença no desejo das pessoas assumirem responsabilidades. O respeito à igualdade no relacionamento, e o carinho, inspiram as pessoas a confiarem na empresa. Tudo isso gera criatividade e desenvolvimento do potencial humano".

Na sequência do trabalho com os grupos, muitas ideias surgiram em poucas horas, por parte de pessoas sem treinamento em habilidades voltadas para a geração de pensamento criativo, por parte de uma população heterogênea: doutores, *staff* da manutenção, engenheiros, operários da linha de produção e gerentes.

Trabalhou-se com o pensamento divergente, conceituado em criatividade como uma abertura mental dirigida à obtenção de novas e não rotineiras possibilidades. Envolve a descoberta de novas relações existentes entre elementos que não estavam previamente associados.

Ao mesmo tempo foi desenvolvido o pensamento convergente, categorizado como a análise das possibilidades, através do desenvolvimento de critérios de seleção de ideias e sugestões.

Ele busca melhorar e refinar alternativas promissoras e, finalmente, pressupõe tomar decisões eficazes e bem ponderadas.

Sem dúvida o trabalho de visão depende do pensamento convergente e divergente, para que seja bem sucedido.

Finalmente, no trabalho realizado na KF, o Diretor-geral pediu para se desenvolver uma finalização do trabalho, com os líderes dos grupos, para se tentar chegar a um consenso, de como se poderia planejar a execução de muitas ideias e realizações, que surgiram no trabalho de assessoria.

O novo encontro teve as seguintes finalidades:

- Um melhor entendimento final do potencial da visão como um caminho para a revitalização da empresa.
- Um desenvolvimento da habilidade de compartilhar esta compreensão dentro e fora da organização, com acionista, colaboradores, clientes e fornecedores.
- Clareza a respeito do papel a ser assumido por várias pessoas, na próxima fase do projeto, e no comprometimento delas com o mesmo.
- Uma conscientização das forças influenciadoras do esforço de revitalização e renovação da empresa, e a importância de se estabelecer um monitoramento desta ação.
- Uma compreensão de como se pode criar um ambiente que dê suporte à revitalização e à renovação da empresa.

Parker gastou algum tempo do seu trabalho de consultora, instruindo os participantes do trabalho a lidarem com o *stress* que sempre acompanha as mudanças.

Durante esta nova etapa da assessoria, ela introduziu técnicas que ajudaram as pessoas a utilizarem o pensamento convergente e o divergente.

Durante esta nova etapa da assessoria, ela introduziu técnicas que ajudaram as pessoas a utilizarem pensamento convergente e divergente. Ajudou os membros dos grupos a identificarem fatores nas situações, que poderiam ajudar ou bloquear a próxima fase do projeto, voltada para a concretização de ideias e ações. Em resumo, fez com que todos analisassem suas crenças, atitudes, comportamentos, relacionados com processo e sistemas de trabalho.

O pensamento convergente e divergente também foi usado no desenvolvimento e na decisão sobre critérios de aceitação, envolvimento e organização dos empregados, com relação aos planos e ações propostas.

Naturalmente, um prazo considerável de tempo transcorreu entre o início dos trabalhos e os passos formais e concretos para a materialização das etapas programadas.

Como avaliação final a KF concluiu que o trabalho de visão de futuro, de fato, transformou-a numa nova empresa, não só atingindo melhores resultados nos negócios, mas também deixando os colaboradores mais felizes e comprometidos.

Se pensarmos em muitas empresas no Brasil e no mundo, na década de 1970 ou de 1980 (ou infelizmente até hoje), a técnica de visualização do futuro não poderia (ou não pode) ser bem aceita. A razão da dificuldade é a que Peter Senge aponta no seu pensamento sobre uma direção autoritária e centralizadora, e também pelos excessivos níveis hierárquicos das empresas no passado; nas mesmas havia dificuldade de livre fluxo de informação e comunicação, e de uma atuação participativa, multifuncional, dentro das premissas de uma *Learning Organization*.

9.2 A BUSCA DA CRIATIVIDADE E AS FASES DO PROCESSO CRIATIVO

No meu livro anterior (*Gestão de pessoas: práticas atuais sobre o RH estratégico*) abordei este tema sob um ponto de vista mais genérico. No livro atual vou continuar analisando o assunto, aprofundando mais as raízes e os mecanismos do processo criativo.

Como o leitor irá perceber pela leitura deste assunto a criatividade tem muito a ver com a Gestão de Pessoas e com o treinamento gerencial e o *Coaching* e com comportamento humano e organizacional.

Para recordar o que já havia sido exposto, mais resumidamente, no livro anterior, podemos dizer que existem as seguintes fases no processo criativo:

- **A preparação:** envolve a análise da tarefa, a coleta de dados, a busca por padrões, produzindo ideias e questionando os pressupostos em que as mesmas estão baseadas.
- **A frustração:** ocorre quando não conseguimos resolver a questão proposta, criando aborrecimento, irritação e dúvida sobre nossa própria capacidade de resolver o problema.
- **Incubação:** quando desistimos temporariamente de tentar resolver o problema, colocando a questão temporariamente de lado, produzindo uma elaboração mental inconsciente sobre o problema.
- *Insight*: é a inspiração súbita ou o momento que nós habitualmente associamos com a criatividade.
- **Produção ou materialização:** quando testamos nossos *insights* e damos forma concreta aos mesmos.

Vamos a seguir explicar e exemplificar melhor essas fases:

- **Fase da Preparação:** alguns pintores são conhecidos pelos inúmeros desenhos e esboços preliminares que fazem antes de iniciar um quadro; alguns cientistas podem gastar anos desenhando e construindo uma experimentação muito importante.

Nós sabemos que para produzirmos uma obra ou uma experiência, a qualidade da nossa ação teve origem no tempo e na energia que colocamos na tarefa. A qualidade não surgiu, milagrosamente, de um *insight*.

O primeiro estágio da preparação é reunir toda a informação que necessitamos, lançando mão de relatórios, artigos, livros ou pessoas que tenham experiência no assunto. Não devemos ter receio de pedir conselho e ajuda.

À medida que obtemos mais informações relacionadas com o problema, nosso entendimento da questão central se aprofunda e começamos a descobrir o núcleo da mesma, vendo-a sob uma nova ótica. Isto pode nos levar a redefinir um problema, concluindo que a questão real é bem diferente daquela que estávamos tentando resolver.

Podemos também realizar tentativas de solucionar a questão, com base em experiências passadas ou realizando novas experimentações. Estas tentativas constituem uma parte importante do aumento do nosso conhecimento sobre o problema.

Outra análise fundamental é analisar e rever os pressupostos do problema. Temos a tendência de perseverar sempre na linha de raciocínio inicial, sem tentar rever a questão desde o início, e os seus fundamentos, para repensarmos toda a hipótese inicial que gerou uma experiência qualquer.

De certa maneira, estamos sempre nos preparando para solucionar novos problemas. Estamos continuamente pesquisando novas ideias, fatos e experiências, cada uma das quais podem constituir-se em dados para um futuro problema. Por isso as pessoas mais criativas estão sempre obtendo novas informações.

- **A Fase de Cogitação: ocorre quando decidimos resolver um problema; é o tempo de trabalho árduo realizado pela mente consciente, que não tem receio de uma rigorosa análise crítica. Muitas das dificuldades da fase de preparação ocorrem devido à nossa impaciência.**

Queremos acelerar esta fase inicial de solução do problema e não nos concedemos o tempo necessário para examinarmos a fundo a questão que está sendo analisada. Por um lado custamos a aceitar que por mais longa que seja a fase de preparação nunca conseguiremos reunir toda a informação necessária. Por outro lado, queremos tirar o problema do nosso caminho, buscando queimar etapas, sem aprofundar nossa análise do mesmo.

Existe uma tendência generalizada para se buscar a fazer do *insight* e da produção a materialização das ideias. Um mentor de uma experimentação deve motivar o experimentador a gastar bastante tempo na fase inicial de preparação da mesma. O Gerente criativo adia a busca de soluções o maior tempo possível, mesmo que este adiamento seja frustrante.

Todas estas ações nos conduzem a uma etapa de frustração com a tentativa ainda não bem sucedida de resolver um determinado problema.

A solução de um problema pode ocorrer na fase de preparação de uma atividade. Em outras situações, contudo, após termos reunido muitos dados, pensado e analisado diversas soluções, o problema persiste sem solução. Nesta etapa surge a fase da frustração que ocorre durante o processo criativo.

- **Fase da frustração:** as descrições dos métodos de criatividade tendem a omitir a fase da frustração. A mesma tende a se manifestar como uma sensação de falha pessoal e de impotência diante do problema a ser solucionado. Pode nos levar a pensar que não somos suficientemente criativos e que a frustração é uma barreira que impede nosso sucesso.

Imaginamos que um bloqueio temporário significa falta de criatividade. Como experimentamos a frustração como algo negativo, julgamos que ela não faz parte do processo criativo.

Se estudarmos a vida de gênios como Michelangelo ou Beethoven, ou ainda Wittgenstein ou Russell, percebemos que eles também tiveram momentos de grande frustração, antes de atingirem o fim de uma de suas obras.

No entanto, a frustração é apenas o sinal de que ainda falta alguma coisa na solução de um problema. Sinaliza um tempo de parada e de "adormecer"

sobre a questão que estamos tendo que resolver. Associadas a este processo percebemos que ocorrem emoções primárias e secundárias.

A **emoção primária** é descrita como sendo a realidade existencial de uma pessoa. Provoca uma percepção de que talvez seja verdadeiro o fato de que não estamos conseguindo resolver o problema. Talvez porque não tenhamos as necessárias habilidades ou o treinamento certo, talvez porque nos falte uma importante parte da informação relativa ao problema, ou ainda porque necessitamos de ajuda de outras pessoas. Esta autoavaliação significa maturidade e o reconhecimento das nossas limitações.

A **emoção secundária** é algo que podemos classificar como falta de maturidade, uma vivência neurótica que associa lembranças dos nossos fracassos do passado e reflete uma ansiedade sobre a nossa capacidade de realização, uma tendência a não acreditar nas nossas habilidades. Estas percepções seguramente não contribuem para o processo criativo.

Diferenciar estas duas emoções é muito importante para podermos avaliar o que a frustração está sinalizando para nós mesmos, no processo de solução de um problema.

O gerenciamento da frustração é a mais difícil etapa do processo criativo, mesmo para as pessoas que estão conscientes para o papel da mesma na geração de qualquer nova ideia.

A frustração não é superável racionalmente ou pela utilização de uma técnica qualquer. Com base no nosso desejo de ultrapassar essa fase, deixamos de perceber a frustração como um sinal interior para deixarmos de avançar, para começar a parar o processo e buscar informações e ajuda de outras pessoas.

– **Fase da Incubação:** as ideias precisam passar por um período de gestação antes de serem materializadas, e esse processo ocorre em nível inconsciente. A incubação é um período de descanso, que nos permite um afastamento do pensamento consciente, um tempo para deixar o problema sozinho, um período para algo acontecer em forma totalmente diferente do pensamento racional.

Podemos entrar nesta fase conscientemente ou podemos ser conduzidos a ela, sem percebermos ter entrado nesta etapa da solução de um problema.

Por vezes, somos pressionados pela urgência de outras tarefas, que nos afastam do problema e então pensamos em voltar mais tarde ao mesmo. A incubação pode ocorrer devido a uma pausa para um lanche e descanso ou pode ocorrer após um período de férias, quando ficamos ocupados com outras atividades.

A incubação é uma fase do processo criativo e frequentemente não lhe damos o valor apropriado. Não nos é ensinada na escola ou durante um treinamento gerencial.

No processo criativo temos que aprender a ouvir o nosso inconsciente, pois os *insights* que se originam nele nem sempre podem ser verbalizados.

Frequentemente aparecem como sensações ou emoções que nos mostram que não estamos percorrendo o caminho certo para a solução de alguma questão.

O sono e os sonhos são uma maneira de passarmos um problema por um processo de incubação. Especialmente com relação aos sonhos, somos os autores dos mesmos eles estão associados a fatos e a realidades que vivemos e somos e por isso nós temos a chave para interpretar seus simbolismos. Na realidade, a incubação é uma fase de preparação interior e subjetiva, pois grande parte do mistério da criação reside na mente inconsciente.

O *insight* é o resultado do processo criativo e a essência da criatividade é o nascimento de novas ideias que anteriormente não estavam relacionadas, mas que de repente aparecem associadas. Dessa nova associação de elementos que antes estavam dispersos surge uma nova ideia, uma luz na escuridão que é o *insight*. Passamos a descortinar novos caminhos e novas possibilidades se abrem para a nossa pesquisa.

A pessoa criativa reconhece que o *insight* não se origina de nada, porém tem relação com tudo que lhe antecedeu: a análise de dados, a sensação de frustração e os sinais ou percepções para explorarmos sentimentos ou sensações diferentes e mais profundas.

Ideias desconexas agem como sementes inspiradoras, combinando-se com novos aspectos de uma mesma questão e geram uma nova síntese, e esta gera um novo *insight*.

Como o *insight* é a fase do processo criativo que mais se procura atingir, criaram-se várias técnicas para realizá-la, como por exemplo, o *brainstorm* ou ainda o pensamento divergente.

Na primeira técnica, um grupo de pessoas fala todo e qualquer tipo de ideia que julga associado à solução de um problema, sem se preocupar se a mesma ideia é certa ou errada. Numa segunda fase da técnica o grupo avalia racionalmente cada ideia e sua adequação ao problema que está sendo examinado.

Na segunda técnica insiste-se para que as pessoas busquem pensamentos divergentes, tendo-se já esgotado todos os raciocínios convergentes, mais próximos ao problema e mais bem conhecidos pelas pessoas participantes da reunião.

Embora estas técnicas possam estimular a produção de novas ideias elas não podem ser vistas como uma solução para o problema da criatividade. A sua eficácia depende da quantidade e profundidade do trabalho preparatório anteriormente realizado. No entanto, elas podem ser utilizadas para a estimulação de novas ideias, mas não podem significar sempre uma solução para o problema de desenvolvimento da criatividade.

O *insight* é o lado mágico da criatividade. Não podemos caminhar na sua direção, pois é ele que nos encontra. Nossa tarefa não é criar um *insight*, mas é estar aberto para ele e percebê-lo quando ele chega até nós.

A autoconfiança faz parte do processo de *insight* e significa confiar tanto no nosso pensamento consciente quanto no nosso pensamento inconsciente.

A materialização do *insight*, dar forma ao mesmo, torná-lo uma realidade concreta é bem diferente de ter um *insight*. Esta fase é uma importante fase do processo criativo. É o diferencial dos gerentes criativos que têm uma grande energia para explorar e concretizar as suas melhores e mais brilhantes ideias.

Antes que uma ideia adquira uma forma, nossa criatividade permanece não manifestada e desconhecida. Os gerentes criativos devem ser capazes de comunicar seus *insights* e de inspirar outras pessoas a ajudá-los a aplicar e concretizar estas novas ideias, transformando-as em produtos, serviços ou novos processos e sistemas de trabalho.

Existem alguns estágios na materialização do *insight*:

– **Em primeiro lugar nós testamos nosso *insight*.** Tendo testado o mesmo, suficientemente, temos que indagar se ele funciona, se satisfaz os requisitos do problema e se realmente é uma solução para a questão que estamos examinando. Se o que parecia uma ideia brilhante não passa no teste destas perguntas nós teremos que retornar à fase de incubação ou retornar à etapa da frustração.

Tudo isto nos mostra que o processo criativo não é uma sequência linear, mas sim um processo dinâmico, no qual cada fase do mesmo pode originar outra, e que constantemente retornamos às ideias anteriores, até que o problema tenha uma solução final.

– **A fase da materialização ou implementação do *insight*** pode ser muito rápida ou consumir muito tempo. Se, por exemplo, estamos implantando um novo projeto de Marketing, o estágio de implementação pode se estender por muitos meses ou muitos anos, até que nossas ideias obtenham resultados práticos na empresa e no mercado.

Nossas habilidades, nosso treinamento, experiência, aptidões, ferramentas e recursos são de primária importância na implementação de um projeto. Um compositor criativo tem que ter bom ouvido musical, um conhecimento de teoria musical, a habilidade de saber escrever uma música e ter experiência com instrumentos musicais, para que consiga materializar uma inspiração musical. Do mesmo jeito um gerente tem que ter conhecimentos e experiências, e uma boa educação e treinamento para que consiga materializar inovações na sua empresa.

O processo de materialização da ideia é um processo de criatividade em miniatura. Testando o *insight* na realidade prática obtemos mais informação sobre o problema.

Se nossa ideia não é aprovada da primeira vez que é apresentada, esta tentativa nos possibilita mais informação para sermos mais bem-sucedidos em fase posterior da solução de um problema. Durante a fase de preparação nós focamos o problema e durante a implementação nós focamos no *insight* para solucionar o problema.

O processo criativo é uma alternância entre pensamento consciente e inconsciente. Utilizando apenas o raciocínio consciente e racional ele não nos permite gerar novas ideias.

Para solucionarmos um problema ele deve ser examinado pela nossa mente consciente e deixar que ele passe para o nível inconsciente de elaboração mental. O problema é solucionado por um *insight* criativo que se origina no nosso mundo interior.

Nós pertencemos a um mundo de grande desenvolvimento material e tecnológico e com grande desenvolvimento cultural e científico. Somos competentes em pensamento racional, análise e planejamento e atuamos muito bem no lado consciente de nossa mente. Porém, esquecemos que igualmente importante é nosso mundo interior e inconsciente.

Vamos examinar a seguir o papel dos hemisférios cerebrais direito e esquerdo no processo da criatividade.

A alternância entre dentro e fora, entre consciente e inconsciente está refletida na alternância da utilização dos dois hemisférios cerebrais.

Nos últimos anos muitas pesquisas foram realizadas sobre o papel dos hemisférios direito e esquerdo em diferentes tipos de operações mentais.

O **hemisfério cerebral esquerdo** parece estar mais relacionado com o pensamento racional, com o trabalho com números, com o processo verbal, controle da fala e da escrita e com a análise do que escutamos e lemos e o pensamento associado com palavras.

O **hemisfério cerebral direito** parece mais relacionado com nossa capacidade de realizar sínteses e em tarefas que demandem capacidade de visualizar figuras no espaço, permitindo-nos avaliar formas, perceber padrões e desenhar e pintar.

Mais recentemente, pesquisas demonstraram que essa divisão de tarefas dos dois hemisférios cerebrais nem sempre é constante. Por exemplo, constatou-se que alguns tipos de processamento verbal de ideias poderiam ser conduzidos pelo hemisfério direito.

O hemisfério direito pode ter o papel mais importante no desenvolvimento de um processo criativo. Apesar disso, acreditar que a criatividade está apenas relacionada com o hemisfério direito é cometer o erro de ver a criatividade apenas como um *insight*, ao invés de um processo no qual o *insight* é apenas uma das fases, embora seja uma etapa importante e fundamental. E se olhamos a criatividade como um processo, percebemos que ambos os hemisférios têm um papel importante no mesmo.

A fase de preparação tem foco na análise, na coleta de dados, no pensamento lógico e na compreensão e utiliza as funções cerebrais associadas com o hemisfério esquerdo do cérebro.

Durante a fase de incubação, quando não existe um processamento consciente dos elementos pesquisados, é difícil dizer qual dos dois hemisférios predomina, já que provavelmente os dois hemisférios participam da mesma. O *insight* está mais relacionado com as funções exercidas pelo hemisfério direito e a fase de materialização da ideia nos remete de volta às funções lógicas, analíticas, às estruturas verbais de pensamento, associadas com o hemisfério cerebral esquerdo.

Pelo acima mencionado, podemos ver o processo criativo como uma alternância entre a atividade direita e esquerda do cérebro. Isto reflete as alternâncias entre a ação externa da mente consciente e a ação interna da mente inconsciente, retornando depois novamente à ação da mente consciente.

Na nossa sociedade, gastamos mais tempo focando as habilidades conectadas com o hemisfério esquerdo do que com o direito. Por isso damos baixa prioridade à arte, à música, à poesia e à dança, que estão mais associadas ao hemisfério direito. Em consequência, os gerentes, formados pela educação vigente na nossa civilização, estão sempre utilizando mais o hemisfério esquerdo do que o hemisfério direito. Para que eles sejam mais criativos devem obter um equilíbrio no desenvolvimento e utilização dos dois hemisférios.

Temos que aprender a trabalhar com o processo criativo, não tanto aprendendo novas técnicas de desenvolvimento de criatividade, mas aprendendo a acreditar na criatividade que já existe dentro de nós.

Isso significa que devemos ver a nós mesmos como nosso principal recurso. É importante que percebamos como atuamos dentro do processo criativo, reconhecendo que outras pessoas podem agir em forma diferente da nossa. Quando um gerente coordena uma equipe, deve ficar atento para as diferenças individuais e como, por caminhos diferentes, pessoas diversas chegam também a ser criativas.

Assim, precisamos avaliar nossos pontos fortes e fracos relacionados com o processo criativo e como agimos quando estamos envolvidos na solução de um problema:

- Gastamos bastante tempo definindo e redefinindo o problema?
- Tentamos chegar rapidamente a uma solução?
- Questionamos e investigamos nossas premissas?

- Continuamos trabalhando quando precisamos fazer uma pausa, a qual permite uma elaboração inconsciente?

Quando encontramos dificuldade na solução de um problema, e nos sentimos frustrados, quais das seguintes ações escolhemos seguir:

- Damos um passo atrás e aceitamos a frustração e o desconforto?
- Prestamos atenção a alguma pista, consciente ou inconsciente, que começa a surgir?
- Falamos com alguém sobre nossas percepções e sentimentos?
- Continuamos a agir, esperando chegar a uma conclusão?
- Confiamos na ação de outras pessoas?
- Acreditamos que não somos competentes para a tarefa?
- Desistimos de ir em frente?
- Conseguimos nos desligar temporariamente do problema e pensar em algum outro assunto?
- Criamos tempo para a fase da incubação das ideias?
- Em que tipo de situações costumamos vivenciar um *insight*?
- Valorizamos nossos *insights* ou não damos importância aos mesmos?
- Somos geradores de muitas ideias, porém não as concretizamos?

Como agimos na fase da materialização das ideias?:

- Testamos nossos *insights* antes de levá-los à fase de implantação da ideia?
- Planejamos e organizamos todos os detalhes da concretização da ideia?
- Monitoramos a fase da materialização da ideia e buscamos *feedbacks*?

Finalmente, devemos nos perguntar com que facilidade nos aprofundamos de novo no processo criativo, justamente quando pensávamos já ter solucionado um determinado problema.

Devemos também nos questionar se estamos conscientes do mistério existente por detrás do processo criativo, ou se preferimos lançar mão dos conhecimentos passados ou de técnicas que ajudam, porém que quando utilizadas isoladamente não geram criatividade.

Quanto mais entendemos a nós mesmos e nossa relação com o processo criativo, mais percebemos que estamos sempre nos desenvolvendo e aprendendo mais sobre a criatividade, ao longo das nossas vidas. Quanto mais aprendemos sobre este processo, mais a criatividade irá fluir nas nossas ações e no nosso trabalho.

9.3 O UNIVERSO DA QUALIDADE

Sobre o assunto qualidade vamos resumir os princípios do gerenciamento da qualidade, que tem revolucionado o sistema de gestão das empresas há algumas décadas, o que na verdade muito contribuiu para a criação de uma mentalidade de inovação.

Existem nomes diferentes ou até formas diversas de se aplicar o gerenciamento da qualidade à administração de uma empresa, mas em essência, os princípios em que os sistemas se baseiam, sempre são semelhantes.

Quando se pensa em qualidade temos que pensar o negócio como um todo, ou seja, não se trata, somente de melhorar a produtividade da linha de produção, mas sim de toda a empresa, atendendo melhor à qualidade desejada pelo cliente.

Em consequência, gerenciamento da qualidade é um processo de aperfeiçoamento do negócio, que permite às organizações incrementar seus lucros, através da otimização das operações, melhoria da qualidade e eliminação de defeitos, falhas e erros.

Aproveito também a poesia e a filosofia do conceito da metodologia Kaisen, para recordar que no conceito da mesma a qualidade é infinita.

Existe, em todos os processos de trabalho, a possibilidade de um aprimoramento contínuo, no qual um patamar de excelência é superado pelo próximo, sem fim a vista.

Dois pressupostos são considerados axiomas nos projetos de qualidade: ela parte da estratégia do negócio e oferece a qualidade dimensionada à necessidade do cliente, não podendo ser maior ou menor do que a mesma.

A qualidade sempre vai envolver:

- gestão do lucro (lucro e preço);
- gestão do inventário (quantidade produzida, vendida e no estoque);
- gestão do prazo de entrega.

Tentando explicitar o parágrafo acima podemos dizer que, se a gestão do custo for eficiente, pode-se delinear o lucro a ser obtido. Por outro lado, não há custo normatizado e gestão do custo se não há determinação do rendimento do processo e dos índices operacionais dos equipamentos e se existe indeterminação das etapas de operação.

Acrescentamos ainda que, se os índices de defeito têm variações acentuadas, ou se surgem lotes não aprovados, é impossível a gestão efetiva da produção ou do prazo de entrega.

Se tomarmos conceitos da metodologia do Six Sigma, recordamos que as empresas que possuem um nível de qualidade 6, as de "classe mundial", ainda detectam 3 a 4 defeitos em cada milhão de unidades produzidas, tendo um custo de qualidade correspondente a menos do que 1% do valor das vendas.

Diferente é a realidade das empresas que se situam nos níveis 3, 4 e 5 Sigma:

- Nível 3: 66.807 defeitos por milhão e custo de 25 a 40% das vendas.
- Nível 4: 6.210 defeitos por milhão e custo de 15 a 25% das vendas.
- Nível 5: 230 defeitos por milhão e custo de 5 a 15% das vendas.

A maioria das empresas brasileiras atua num nível de qualidade próximo a 3 Sigma, com um custo de 25 a 40% do seu faturamento bruto!

Quando a General Electric decidiu implementar o programa Six Sigma, reduziu seu custo de 20% para menos de 10%, aumentado o seu nível total de qualidade de Quatro para Cinco Sigma, fazendo crescer sua receita líquida em 1 bilhão de dólares, num prazo de 24 meses.

A meta do Six Sigma é chegar muito próximo do zero defeito, erro ou falha. Quanto maior o nível sigma, menor será a possibilidade de defeitos em um processo, produto ou serviço.

Os aviões têm um nível de qualidade superior a Seis Sigma, com menos de 1,5 falhas por milhão de operações. Em contrapartida as operações de serviço estão entre 3,5 a 4 sigma ou entre 6.000 e 23.000 erros por milhão; este é o padrão que vamos encontrar em operações com as bagagens de passageiros das empresas de aviação, ou nas transações bancárias, para só citar dois exemplos.

Dentro do Sistema Six Sigma, deve-se ressaltar a metodologia DMAIC (*Define – Measure – Analyse – Improve – Control*).

Na etapa *"Define"* são identificados os projetos Six Sigma que serão desenvolvidos na empresa, com o objetivo primeiro de satisfazer as expectativas dos clientes em termos de qualidade, preço e prazo de entrega.

A etapa *"Measures"* inclui ações relacionadas à mensuração do desempenho de processos e a quantificação da variabilidade dos mesmos.

Na etapa *"Analyse"* são analisados os dados relativos aos processos estudados, com o objetivo principal de se conhecer as relações causais e as fontes de variabilidade e de desempenho insatisfatório de tais processos, visando à melhoria dos mesmos.

A etapa *"Improve"* consiste no desenvolvimento de projetos experimentais, com o objetivo de se conhecer melhor cada processo, mudando-se a forma de operação de diversos fatores, para se chegar às variáveis que permitem otimizar os referidos processos.

Na fase "*Control*" são implementados mecanismos para monitorar o desempenho de cada processo: Cartas de Controle, Planos de Controle, Testes de Confiabilidade e Processos à Prova de Erros.

Neste ponto recordo a importância fundamental de se alinhar a Gestão de Pessoas à estratégia e à gestão de uma empresa, para se obter a excelência na qualidade, em toda a organização.

Ao se implantar um projeto deste tipo deve-se ter em mente que estamos falando em mudança comportamental, organizacional e cultural, bem como em inovação.

Deve-se levar em conta: etapas programadas de implantação; escolha dos *key people* e aliados do processo de mudança; alteração de valores e maneiras de reagir; avaliação de *performance* e de resultados, mais coletiva do que individualista, entre outros fatores.

Para se obter a mudança mencionada, as empresas devem basear seu gerenciamento da qualidade em teorias e práticas de comportamento organizacional que resultam em busca de trabalho em equipe. As organizações devem atuar no estilo das *learning organizations*, buscando *empowerment*, motivação, criatividade e satisfação do desejo de conhecimento e aperfeiçoamento contínuos, os quais são fatores relacionados às aspirações do ser humano.

Um exemplo típico é o conceito conhecido de Maslow, de satisfação das necessidades básicas do ser humano, o qual deve estar presente e bem implantado numa organização se quisermos instalar na mesma uma gestão centrada na qualidade. Vale dizer, se um ser humano convive com um grupo de pessoas que tem suas necessidades atendidas, de vários níveis, ele desfrutará, mais frequentemente, do estado de satisfação e bem estar e ele e a sua equipe de trabalho estarão num patamar elevado de moral e saúde mental.

Sublinhamos que a implantação do gerenciamento da qualidade exige realidades como: a participação de todos na organização, do Presidente ao chão de fábrica, ou de escritório; a polivalência nas células de trabalho, onde cada colaborador aprende todas as operações da mesma e uma liderança democrática e participativa, que libere o questionamento, a criatividade e sugestões de melhoria.

O sucesso da gestão da qualidade, em síntese, passa por uma correlação perfeita entre estratégia do negócio, métodos estatísticos, liberação da criatividade, trabalho em equipe e bom gerenciamento do capital humano. Por isso, a gestão da qualidade fomenta a inovação nas empresas.

Temas para reflexão:

1 – Segundo Peter Senge, qual tem sido o modelo do *management ocidental*, por dezenas de anos?

2 – O que este autor diz sobre uma *learning organization*?

3 – O que Marjorie Parker diz sobre a visão de futuro?

4 – A visão tem raízes mais fortes no passado, no presente e no futuro, ou somente no presente e futuro?

5 – Como se conceitua o magnetismo de uma visão?

6 – O que significa e o que propicia uma visão compartilhada?

7 – Uma mudança numa empresa exige uma visão compartilhada?

8 – Qual era a situação da fábrica KF do Grupo Norsk Hydro, em 1980?

9 – Que nome a KF deu ao seu projeto de mudanças e quais foram os pontos principais abordados no referido projeto?

10 – Que tipo de assessoria Marjorie Parker deu à fabrica KF?

11 – Que premissas o Diretor-geral da KF colocou para a renovação da organização?

12 – Qual foi a imagem que surgiu, para expressar o conjunto de processos, pessoas e negócios, das conversas do Diretor-geral da KF e Marjorie Parker?

13 – Qual o significado desta imagem?

14 – Quais foram algumas das questões que Parker e o Diretor-geral colocaram, sobre a visualização da KF, cinco anos à frente?

15 – Qual a conclusão a que chegou o Diretor-geral sobre a possibilidade de "continuar a fazer o que sempre fizemos"?

16 – Ao serem divididos em subgrupos quais as questões que os participantes da mudança da KF foram convidados a fazer?

17 – Qual a conclusão de Parker sobre o trabalho na KF?

18 – Qual a conclusão de Parker sobre o trabalho na KF, "quando visões e valores são convergentes"?

19 – Qual a conceituação de pensamento divergente, no processo de desenvolvimento de maior criatividade?

20 – O que é pensamento convergente?

21 – Quais os pontos principais abordados na finalização do trabalho realizado por Parker, com os líderes dos grupos do projeto da KF?

22 – Como Parker preparou os participantes do trabalho voltado para a mudança organizacional?

23 – Qual a avaliação final da KF sobre o trabalho de visualização de futuro feito por Parker?

24 – Criatividade tem a ver com Gestão de Pessoas, com treinamento gerencial, *Coaching* e com comportamento humano e organizacional?

25 – Quais são as fases do processo criativo?

26 – O que caracteriza a fase de caracterização do processo criativo?

27 – O que caracteriza a fase de cogitação do mesmo processo?

28 – O que significa a fase de frustração do processo criativo?

29 – O que é emoção primária e emoção secundária, no processo criativo?

30 – O que é a fase de incubação no processo criativo?

31 – O que significa "ouvir o nosso inconsciente?"

32 – O sono e os sonhos ajudam nossa criatividade?

33 – O que é um *insight*?

34 – O *brainstorm* e o pensamento divergente estão muito ou pouco relacionados com o *insight*?

35 – Como podem ser explicados o *brainstorm* e o pensamento divergente?

36 – Existe uma grande diferença entre ter um *insight* e materializá-lo numa realização concreta?

37 – Quais são os estágios da materialização do *insight*?

38 – A materialização do *insight* pode consumir muito tempo?

39 – Na materialização do *insight* obtemos mais informações sobre o problema?

40 – O pensamento consciente e o pensamento inconsciente fazem parte do processo criativo?

41 – Qual o papel do hemisfério cerebral direto e esquerdo no processo criativo?

42 – Que hemisfério é mais utilizado na fase de preparação do processo criativo?

43 – Existe predominância de um hemisfério cerebral na fase de incubação do processo criativo?

44 – Que hemisfério é mais utilizado nas atividades de gestão de uma empresa?

45 – Qual o significado da expressão "aprender a trabalhar com o processo criativo"?

46 – Como avaliar novos pontos fortes e fracos, relacionados com o processo criativo?

47 – Quais são as alternativas de ação quando encontramos dificuldades na solução de um problema?

48 – Como agimos na fase da materialização das ideias?

49 – Os métodos de gestão da qualidade têm contribuído com a criação de uma mentalidade de inovação?

50 – A gestão da qualidade é mais voltada à melhoria na área da produção, ou atinge toda a empresa?

51 – Qual a definição de gestão da qualidade?

52 – O que significa Kaisen?

53 – Como a gestão da qualidade trata as necessidades do cliente?

54 – Quais os três itens principais visados pela gestão da qualidade?

55 – Na metodologia do Six Sigma, o que significa um nível de qualidade?

56 – Dentro do conceito do Six Sigma qual o nível da qualidade atingida pelas empresas brasileiras?

57 – Qual a meta do Six Sigma?

58 – O que é a metodologia DMAIC dentro do Six Sigma?

59 – Como podem ser explicadas as etapas *"Define"* e *"Control"* do Six Sigma?

60 – Existe relação entre um projeto de gestão da qualidade e a mudança organizacional?

61 – Qual a relação entre o conceito de satisfação das necessidades básicas e a gestão da qualidade?

62 – O que significa polivalência nas células de trabalho?

10

Toyota, uma *Learning Organization*; Desenvolvimento de uma Cultura Criativa; Fatores que Dificultam a Cultura da Inovação

10.1 TOYOTA: UMA *LEARNING ORGANIZATION* VOLTADA PARA A QUALIDADE

É um axioma aceito que no século 21 vivemos numa Economia Global e numa Sociedade do Conhecimento, o que exige das empresas muita aprendizagem, criatividade e inovação contínua. A dificuldade é como obter este perfil, através de metodologias, processos de trabalho e gestão adequada. Para exemplificar, vamos narrar como a Toyota tem sido caracterizada como uma *learning organization*, voltada para a obtenção de maior produtividade e qualidade e também para a inovação.

Citamos uma frase de um documento da Toyota:

> "Vemos nossos erros como oportunidades de aprender. Em vez de culpar indivíduos, a organização toma medidas corretivas e distribui amplamente o conhecimento sobre cada experiência. A aprendizagem é um processo contínuo em toda a empresa."

Peter Senge definiu uma *learning organization* como um lugar

> "onde as pessoas continuamente expandem sua capacidade de criar os resultados que realmente desejam, onde novos e extensos padrões de pensamento são alimentados, onde a aspiração coletiva é liberada e onde as pessoas constantemente estão aprendendo a aprender juntas".

A Toyota vê a inovação e a padronização como os dois lados de uma mesma moeda. A criatividade individual deve se transformar na aprendizagem de toda a organização. Para tanto a inovação deve ser padronizada, amplamente praticada, até que uma inovação melhor seja descoberta.

A inovação na referida empresa é uma resultante da repetição ao infinito da busca da melhoria contínua, o que possibilita a aprendizagem de milhares de pequenas lições, a partir da análise dos erros cometidos; busca-se a raiz dos problemas, a melhor capacitação das pessoas e um processo para transferência de novos conhecimentos.

Sistemas não são apenas sistemas de informação, mas processos de trabalho e procedimentos adequados para realizar uma tarefa com o mínimo de tempo e de esforço. O processo correto produzirá os resultados corretos e a melhoria contínua (*kaizen*) só poderá ocorrer depois que o processo estiver estabilizado e padronizado. Aprender significa ter a capacidade de construir sobre o passado e prosseguir melhorando, em vez de recomeçar e reinventar a roda, com novo pessoal, em cada novo projeto.

No sistema Toyota não se busca erros e culpados pelos mesmos. O maior sinal de coragem é quando um colaborador consegue abordar abertamente coisas que não deram certo, assumindo a responsabilidade, propondo soluções para que os mesmos não tornem a ocorrer.

Considera-se que a maioria dos problemas não requer a aplicação de estatísticas sofisticadas, mas sim uma solução detalhada, utilizando-se a técnica dos cinco porquês. Chega-se à raiz de um problema perguntando-se cinco vezes a respeito de cada causa do erro encontrado, que leva a uma nova causa, e assim por diante.

Um conceito fundamental neste sistema Toyota é o *hansei*: é algo mais profundo do que uma reflexão. Significa ser realmente muito honesto em relação às próprias fraquezas e erros.

Nele não se falam apenas dos pontos fortes dos indivíduos, já que ao falar das próprias fraquezas revela-se um alto nível de caráter. O *hansei* é a mola propulsora de toda mudança, de todo o processo analisado O objetivo não é criticar e magoar o indivíduo, mas ajudá-lo a melhorar.

Na Toyota, voltar-se para os processos não exige mensurações sofisticadas, porém supõe três tipos de medidas:

– Medidas de desempenho global: como a empresa está indo? Estas são medidas financeiras, de qualidade e de segurança.

– Medidas de desempenho operacional: como a planta ou o departamento está indo?

As mensurações tendem a ser específicas de um processo e acompanham o objetivo de um projeto contra os resultados obtidos.

- Medidas de extensão de melhoria: como a unidade ou grupo de trabalho está indo? A empresa estabelece metas mais complexas para a corporação, que são traduzidas em metas para toda unidade empresarial e basicamente para cada grupo de trabalho.

A Toyota considera que uma empresa bem sucedida tem uma orientação mais forte para processos, enquanto companhias mal sucedidas têm administradores voltados mais intensamente para resultados.

Podemos resumir e finalizar mostrando alguns postulados do sistema Toyota:

- A chave para a aprendizagem organizacional é o alinhamento de objetivos de todos os funcionários em direção a metas em comum.
- A empresa busca tornar-se uma organização de aprendizagem através da reflexão incansável (*hansei*) e da melhoria contínua (*kaisen*).
- O sistema incorpora o ciclo de aprendizagem: planejamento-execução--verificação-ação (PDCA).

A Toyota levou mais de um século para chegar onde está e ao redor de dez anos para desenvolver esta cultura nos seus empreendimentos nos Estados Unidos da América do Norte. Vale a pena refletir quanto tempo outras empresas, aplicando o mesmo sistema, poderão obter um bom desempenho gerencial e de qualidade.

10.2 O DESENVOLVIMENTO DE UMA CULTURA CRIATIVA

Além dos meus comentários pessoais, este capítulo está baseado no livro *A Bíblia da Inovação* de Fernando Trias de Bes e Philip Kotler, da Texto Editores (2011).

Na empresa que gera ideias continuadamente, a criatividade não é concreta ou tangível, embora possa ser detectada. Uma empresa que tem cultura criativa não precisa de comentários sobre a referida cultura. Fica patente o interesse e a proatividade em inovação, presente até em pessoas que não estão envolvidas com novos produtos. Os colaboradores sempre apresentam suas ideias, e a criatividade é estimulada pela alta administração ou também ocorre, no sentido inverso, de baixo para cima.

Neste tipo de empresa todos conhecem as mudanças implementadas e os resultados obtidos e a inovação não se restringe a alguns departamentos.

Quanto maior a organização, mais desafiador é se implantar a inovação continuada.

A essência de uma empresa inovadora demanda a existência de uma cultura criativa, de planejamento, de processos adequados e de recompensas bem estruturadas.

O CEO é o principal responsável pela geração de uma cultura criativa. Esta cultura provoca a colaboração entre pessoas e áreas de trabalho e o estímulo para que as ideias sejam manifestadas com total liberdade.

Verifica-se que a alta administração tem papel destacado de viabilização da inovação nas empresas de alto desempenho, em forma muito maior do que nas empresas de médio ou baixo desempenho. Isso exige que Diretores e Gerentes tenham que contribuir com ideias, sendo também criativos, não esperando que apenas os subordinados tenham tal comportamento.

Quando o CEO não tem tempo para se envolver diretamente com a inovação, pode ser necessário criar a posição de Diretor de Inovação. Não existindo pessoas criativas ocupando cargos chave, a cultura da criatividade dificilmente irá se formar.

O gerenciamento do portfólio de um projeto de inovação, bem como a coordenação dos processos de inovação em andamento, requerem uma pessoa com visão abrangente de tudo que está acontecendo neste campo de atividade.

Naturalmente, o trabalho dos líderes dos processos de inovação é diferente do papel do CEO, pois os primeiros têm sua ação limitada a um projeto específico, não tendo uma visão de conjunto e a capacidade de inspirar toda a empresa, como o segundo tem.

Os processos de inovação, e as suas partes mais fundamentais, precisam estar incluídos num portfólio de projetos, o qual demanda uma estratégia empresarial.

Os líderes de projetos de inovação precisam de uma figura de autoridade a quem devem reportar, tendo todo apoio da mesma.

As pessoas precisam gerar ideias, para que a inovação ocorra. Se isto não acontece, algo está bloqueando e inibindo os colaboradores. Assim, devem estar ocorrendo fatores de inibição como: estilo de gestão; relações criadas pelo poder informal existente na empresa; ou até fatos relacionados com o passado da organização, que colocam muitas pessoas numa zona de conforto, como se nada novo tivesse que ocorrer na direção da criatividade e da mudança.

Outros inibidores da criatividade têm relação com medo de cometer erros e de medidas punitivas, prazos apertados, competição interna destrutiva, crises e reorganizações frequentes e também a falta de métodos adequados para a geração de ideias.

Na inovação não se tem a certeza dos resultados que serão obtidos, o que aumenta a percepção de que o processo é arriscado. É sabido que o ser humano tem aversão ao risco. Tudo que nos é desconhecido provoca medo e paralisação da ação.

Teresa Amabile, professora e pesquisadora dos processos criativos, realizou estudo com 238 pessoas envolvidas com lançamentos de produtos, procurando analisar o estado de ânimo dos funcionários. Para cada compromisso que assumiam, também registrava seus estímulos criativos e ideias.

Este estudo comprovou que os níveis de ansiedade, medo, tristeza, alegria e amor estão diretamente relacionados com a quantidade de ideias geradas pelos funcionários. Os entrevistados propunham ideias melhores quando estavam com um estado de espírito mais elevado e se sentiam mais felizes.

Se o estado de espírito do dia anterior era bom, eles conseguiam propor melhores ideias.

Isso indica, que se as pessoas têm um bom dia de trabalho, no dia anterior, durante a noite fazem associações cognitivas, as quais se transformam em sugestões no dia seguinte. Também indica a vital necessidade de se eliminar a cultura do medo, explicando que muitas ideias serão avaliadas, eliminando-se as que não valem a pena. Ou seja, os funcionários podem dar sugestões com total liberdade, pois sabem que a empresa tem mecanismos de controle do risco presente nas sugestões dadas. Essa atitude sugere que as pessoas podem contribuir com ideias, sem medo de errar ou de serem criticadas.

Precisamos superar um estereótipo da nossa civilização, aquele que torna o erro como sinal de incompetência, o que torna perigoso para uma pessoa pensar uma ideia, aparentemente absurda, como algo factível de ser realizado.

Existem quatro maneiras de reduzir ou até de eliminar o medo de ser ridículo, ao se correr o risco de apresentar novas propostas:

- **a primeira é a reciclagem contínua das ideias,** mantendo um registro das que são descartadas, para reconsiderá-las no futuro, como fonte de inspiração. Ou seja, nenhuma ideia é totalmente descartada e por isso, nenhuma ideia é absurda;
- **a segunda é aprender com os erros,** não os repetindo no futuro;
- **a terceira é manter anônima a comunicação das ideias,** eliminando o medo do ridículo ou da crítica;
- **a quarta maneira é colocar na avaliação dos executivos a sua capacidade de inovar e correr riscos** como fator importante a ser considerado na análise dos seus desempenhos.

Deve-se considerar que o medo da crítica e da retaliação é algo concreto, pois erros custam dinheiro e o colaborador pode temer a cobrança de sua responsabilidade e o impacto da mesma na sua carreira.

Porém, para se obter boas ideias deve-se permitir que surjam várias más ideias e deve-se saber gerenciar o fracasso. Quando falamos de melhorias de processo, ou de inovação de um procedimento do Departamento de Compras, se o chefe da área não exercer uma crítica amistosa e construtiva, ninguém irá se arriscar a dar sugestões de melhorias a serem feitas.

Podemos lidar com isso de três maneiras:

- Assegurar que a geração e a avaliação de ideias sejam anônimas.
- Designar os processos de inovação a executivos específicos, que reportam a outros executivos, envolvendo mais pessoas no processo.
- Treinar os chefes de departamento para que assumam responsabilidade pelos erros de seus subordinados, o que pode ser uma missão do Diretor--geral e/ou do Diretor de Recursos Humanos.

Uma crença comum é acreditar que as pessoas são mais criativas quando trabalham sob pressão e têm prazos fatais a serem seguidos. Teresa Amabile mostrou que isso não é verdadeiro.

Ela realizou um estudo profundo que evidenciou o oposto: as pessoas eram menos criativas quando estavam trabalhando sob grande pressão, pois as pessoas não conseguem se envolver totalmente com os problemas que estão sendo considerados. O comportamento emocional atrapalha o comportamento lógico e racional.

Devemos distinguir os mecanismos que ativam a criatividade e aqueles que a impulsionam. Ativar, significa despertar, fazer surgir, e impulsionar significa melhorar os esforços criativos, tornando-os úteis e eficazes, para que produzam melhores resultados. Vale mais à pena deixar as pessoas trabalharem sem grande tensão e prazos rígidos, focadas na geração de ideias, do que fazer o contrário.

Outro ponto de atenção é não permitir que surja grande competição entre as pessoas, num grupo de trabalho, o que irá invalidar a colaboração. A inovação, por definição, é um processo grupal.

O *downsizing*, o enxugamento do quadro de pessoal bloqueia a criatividade, pois mina a comunicação aberta, a disposição para cooperar, o sentimento de liberdade para pensar e agir. Provoca nas pessoas uma atitude de evitar riscos. Depois de um *downsizing* a moral dos funcionários leva tempo para se recuperar, o que impõe que o corte de pessoal, quando necessário, seja feito de uma só vez e não em várias etapas.

Outra dificuldade é não ter um método para gerar ideias. No sistema educacional ocidental priorizam-se mais o ensino de metodologias, de lógica e de pensamento analítico. No entanto, se não ensinamos às pessoas como gerar ideias elas não saberão como proceder, quando solicitadas a serem criativas.

Os jogos criativos podem extrair a criatividade de pessoas que achavam não possuir esta competência. Deve-se ter pessoal capacitado em técnicas criativas, pois existe um longo caminho para a criatividade se transformar em uma inovação útil e rentável.

É importante que se promova a criatividade latente entre as pessoas da organização.

A mesma Teresa Amabile diz que existe uma motivação intrínseca, a qual se origina dentro das pessoas, que ficam motivadas por algo que gostam de fazer. Na motivação extrínseca é importante não só a recompensa econômica, mas também o reconhecimento do esforço feito pelo funcionário.

Acreditar que a cultura criativa é um esforço de todos, gerando novas ideias, é verdadeiro até certo ponto. Existem os mecanismos para que todos contribuam com ideias com o desenvolvimento da liderança voltada para os processos de inovação. No entanto as ideias são filtradas e avaliadas e somente algumas vão se transformar em projetos concretos. Por isso devemos ter cautela na escolha dos líderes dos projetos e processos de inovação.

Podemos utilizar as caixas de sugestão, a Internet, ou *software* de gestão de ideias para que todos os funcionários forneçam contribuições sobre vários assuntos. Esses sistemas devem ser simples, fáceis de usar, sem consumir muito tempo para os colaboradores os utilizarem.

Uma vantagem desses sistemas é que as pessoas podem contribuir mais ousadamente com suas ideias de modo anônimo, sem medo de serem criticadas ou mal vistas.

Os principais problemas com caixas de sugestão ou sistemas eletrônicos de coleta de ideias são a sobrecarga, a dispersão e a repetição.

A sobrecarga se manifesta ao surgir uma quantidade tão grande de ideias que a organização não consegue processá-las, o que demanda uma seleção prévia feita pelos funcionários.

Podemos evitar a repetição e a dispersão, quando as ideias não estão centradas nos objetivos da empresa. Fundamentalmente podem ser evitadas realizando-se uma comunicação precisa sobre quais são as prioridades estratégicas da empresa. Devem-se pontuar quais são as oportunidades ou os problemas existentes, para se dar foco à solicitação de geração de ideias.

Sem uma boa comunicação não se transforma a cultura corporativa. A empresa deve comunicar sua estratégia de inovação, fazendo questionamentos: por que estamos nos envolvendo num projeto específico. O que queremos ganhar com ele? Quais são os resultados esperados? Como outras áreas podem ajudar no processo e na implementação ou desenvolvimento do projeto? Que vantagem eles terão neste envolvimento? Qual será o tempo necessário para aprovar e implementar um projeto específico?

Outro ponto vital é reconhecer as pessoas que geraram as ideias melhores, além dos colaboradores que participaram do desenvolvimento ou execução de um produto ou inovação.

A passagem de uma cultura conservadora para uma inovadora significa que mudanças devem ser realizadas, priorizando-se as pequenas e fáceis, no início do processo; as mesmas devem ser comunicadas para a empresa, numa forma rápida e objetiva, na medida em que ocorrerem.

Empresas que somente comunicavam as mudanças associadas aos grandes negócios mudaram sua estratégia de comunicação, dando reconhecimento e prestigiando também as pequenas divisões de negócios.

Outro ponto importante é comunicar aos funcionários acerca das ideias que foram rejeitadas. Em muitas empresas as pessoas se irritam por não obter nenhum *feedback* e desistem de contribuir com ideias novas.

Uma característica da criatividade é que podem ser feitas novas combinações de ideias conhecidas. Muitas empresas tentam provocar a diversidade cultural, através de contratações de pessoas com diferentes *backgrounds*, experiências, culturas e tradições, fazendo com que trabalhem junto. Também se busca diversidade de habilidades ou *expertises* dos que trabalham associados a um projeto, o que gera vários pontos de vista sobre um determinado projeto, aumentando as probabilidades de sucesso, reduzindo os erros ou omissões.

Os grupos inovadores são aqueles que têm contato com o cliente e o fornecedor, olhando não somente para dentro, mas também para fora da empresa.

Existe o ambiente ideal para que as ideias sejam geradas em quantidade e qualidade, o qual deve conter os seguintes elementos:

- **Espaços comuns,** propiciando a colaboração entre os departamentos e o trabalho em equipe.
- **A iluminação,** principalmente a luz natural, facilita o surgimento da criatividade.
- **Deve-se criar tempo livre** para as pessoas gerarem inovações, fora do tempo dedicado às tarefas diárias.

Como lembrete final, recorda-se que a implementação de uma cultura criativa não assegura a inovação. É fundamental que a cultura criativa esteja alicerçada no planejamento da inovação, no cuidado com os processos utilizados e na utilização de um bom sistema de recompensa.

Um roteiro possível para a geração da criatividade e da inovação pode ser:

- O CEO da empresa fala aos diretores e gerentes que pretende mudar a cultura da organização, com a ajuda de todos os colaboradores, os quais também devem ser informados a respeito.
- Eliminam-se os inibidores da criatividade da inovação, buscando-se desenvolver os motivadores do referido processo.
- Gera-se um plano interno de comunicação da inovação, estabelecendo-se um sistema para gerenciar e avaliar as ideias fornecidas.
- Utiliza-se um processo de inovação estruturado que motive e organize o fornecimento de ideias.
- São comunicadas as histórias de sucesso decorrentes da mudança de cultura e da busca da inovação. Também são analisadas as causas do fracasso de sugestões ou ações criadas pela geração de novas ideias.

10.3 FATORES QUE DIFICULTAM A CULTURA DA INOVAÇÃO

Em muitas empresas a necessidade da inovação supera a capacidade de criar uma cultura que materialize novas ideias, produtos e serviços. Em geral, nestas empresas existe uma abordagem na qual os líderes não estruturam políticas, planejamento e processos favoráveis à inovação.

Todas as empresas percebem o sucesso e o crescimento das receitas. Quando o lucro declina, os executivos desistem de buscar a inovação.

Existem diversos tipos de inovação, de modelos de negócio, de processos, de mercado e de clientes. Em muitas destas realidades não se requer a criação de novas tecnologias, mas sim novas maneiras de aproveitar as tecnologias existentes.

Não é recomendável limitar a criatividade ao aspecto tecnológico, ou ao departamento de Pesquisa & Desenvolvimento, pois assim procedendo a organização perde a geração de ideias de outros departamentos. Ou seja, P&D é importante, porém existem outros departamentos e modos de gerar inovação na empresa. A inovação tecnológica deve ser associada com a criação e a captação de valor, para atender às necessidades do cliente.

Existem barreiras à inovação, abaixo listadas:

- **Não se devem priorizar somente as grandes inovações:** as inovações radicais consomem muito tempo e dinheiro e demoram a gerar lucro. A inovação gradual também é inovação. É importante desenvolver-se uma cultura de inovação na empresa, que produza um fluxo constante de inovações menores. Essa inovações menores acabam gerando uma inovação radical.

- **Atribuir ente à responsabilidade pela inovação**: muitas vezes assistimos a um conflito entre o departamento de P&D e o departamento de Marketing. O primeiro pode concluir que o Marketing não sabe agregar valor e o segundo pode afirmar que os engenheiros não são criativos. A conclusão é que a inovação acontece em vários departamentos, sem pertencer a nenhum departamento em particular.

Nas empresas bem sucedidas nessa atividade existe um executivo encarregado de coordenar os esforços de inovação, a qual não depende apenas de P&D e Marketing.

- **Não se deve confundir inovação com criatividade:** muitas vezes uma boa ideia é comentada durante anos, sem se materializar, porque ninguém assume a responsabilidade pelo seu gerenciamento. Ou seja, morre e é esquecida, sem produzir qualquer resultado concreto. Quando a criatividade não está ligada à gestão correta da inovação, pode prejudicar seriamente um negócio ou uma empresa.

- **Não existe falta de pessoas criativas,** mas sim de gerentes de inovação. As empresas gastam dinheiro com treinamento em criatividade, mas não no gerenciamento da inovação. Não pode haver improvisação, já que muita criatividade não gera necessariamente muita inovação; nada ocorre se esta última não for bem planejada e gerenciada, definindo-se objetivos claros a serem atingidos, os recursos e os riscos, bem como as responsabilidades a serem alocadas.

Qualquer empresa vive duas realidades: manter seu negócio operando bem, com bom desempenho, mas também deve inovar para o futuro, preservando a liderança no segmento de negócio onde atua.

O desafio para a empresa é realizar mudanças enquanto atua na gestão das operações quotidianas.

Para se gerar criatividade e inovação, concomitantemente, as empresas devem ter pessoas que se desliguem do dia a dia, parem para pensar e repensar a empresa e para promover mudanças inovadoras.

Por isso muitos líderes empresariais, segundo pesquisas realizadas, não sabem definir as ferramentas certas para gerar inovação. Como o interesse pelo tema vem se firmando nos últimos anos, muito ainda temos que aprender sobre as formas de viabilização da inovação.

Se a inovação não for planejada e gerenciada, a tendência é perder-se o controle sobre a mesma.

É imprescindível criar-se fluxos de informação e espaços físicos para colaboração entre as várias áreas e departamentos de uma empresa, para que se produza uma cultura da inovação.

Não devemos restringir a inovação ao trabalho da área de P&D ou da área de Marketing, já que ela somente será real e produtiva se todas as áreas se associarem às duas últimas mencionadas. Não é possível deixar de fora do processo qualquer área da empresa; todas devem contribuir e comentar as novas ideias que surgirem sobre novos produtos ou serviços.

Sempre cabe lembrar que deve ocorrer um alinhamento entre a alta administração, os gestores e todos os colaboradores. Não se pode deixar acontecer um desalinhamento entre os objetivos estratégicos da empresa e os objetivos de P&D e de Marketing. Esses últimos departamentos, por exemplo, podem produzir um produto que a empresa não queira transformar em realidade, por significar um grande risco, o retorno do investimento a ser feito.

É importante não perder o foco no cliente; uma ideia somente se torna inovação quando se comprova que oferece maior valor para o cliente, quando melhora a vida do consumidor, a partir da análise de seu comportamento e de suas demandas.

Temas para Reflexão:

1 – Como a Toyota vê os erros cometidos pelos funcionários?
2 – Como Peter Senge define uma *learning organization*?
3 – Como a Toyota percebe a criatividade individual e a inovação?
4 – O que se busca associar à inovação na Toyota?
5 – Como a Toyota vê os sistemas de trabalho?
6 – O que significa aprender para a Toyota?
7 – A Toyota busca os culpados dos erros com muita ou pouca determinação?
8 – Na mesma empresa, com relação a erros cometidos, qual é o maior sinal de coragem possível, por parte de um funcionário?
9 – O que significa *hansei* para a Toyota?
10 – O que significa focar processos para a Toyota?
11 – Qual a distinção que a Toyota faz entre processos e resultados?
12 – Que medidas a Toyota utiliza para avaliar processos?
13 – Quais os postulados do sistema Toyota?
14 – Como se chega à raiz de um problema na Toyota?
15 – O que é uma medida de extensão de melhoria na mesma empresa?
16 – Como a Toyota avalia uma empresa bem-sucedida?

17 – Como se percebe que uma empresa tem cultura criativa?

18 – O que está implícito na essência de uma empresa inovadora?

19 – Quem é o principal responsável pela cultura criativa de uma empresa?

20 – Qual a contribuição de Diretores e Gerentes para uma cultura criativa?

21 – Algumas empresas têm um Diretor de Inovação?

22 – Qual a necessidade mais básica para a geração da inovação?

23 – Que fatores podem bloquear a inovação?

24 – Que tipo de pesquisa foi feita por Teresa Amabile e qual a categoria de pessoas que ela focou?

25 – Que reações comportamentais de funcionários estão ligadas ao lançamento de produtos?

26 – Qual a atitude psicológica que não deve existir, para que ocorra a geração de ideias?

27 – Como evitar que as pessoas tenham medo de serem consideradas ridículas, na apresentação de novas ideias?

28 – Qual a relação entre a geração de ideias e o gerenciamento do fracasso de uma inovação que não dá certo?

29 – Quais as três ações possíveis para evitar que as pessoas tenham receio de dar sugestões de melhoria?

30 – É falsa ou verdadeira a afirmação de que "as pessoas são mais criativas quando trabalham sob pressão, tendo prazos fatais a serem seguidos"?

31 – O trabalho individual é mais importante que o trabalho grupal, no processo da inovação?

32 – A geração de ideias exige uma metodologia ou depende apenas da intuição?

33 – O que é motivação intrínseca e motivação extrínseca, na promoção da criatividade das pessoas?

34 – A cultura criativa depende apenas do esforço grupal ou existem mecanismos adicionais de liderança voltados para os projetos de inovação?

35 – Quais as ações possíveis que permitem a todos os funcionários de uma empresa dar a sua contribuição à melhoria de vários assuntos e problemas?

36 – Quais os principais problemas que ocorrem na utilização de caixa de sugestões e com os sistemas eletrônicos de coleta de ideias?

37 – O que é fundamental para se instalar uma cultura da inovação?

38 – Em uma empresa devem ser comunicadas apenas as mudanças associadas a grandes negócios?

39 – Vale a pena comunicar as ideias rejeitadas?

40 – A diversidade cultural ajuda a fomentar a criatividade?

41 – Os grupos inovadores devem olhar também o cliente e o fornecedor?

42 – Qual o ambiente ideal para a geração qualitativa e quantitativa de ideias?

43 – A implementação isolada de uma cultura criativa assegura a inovação?

44 – Qual o roteiro a ser seguido para a geração da criatividade e da inovação?

45 – O processo da criatividade deve ficar restrito ao Departamento de Pesquisa & Desenvolvimento ou deve envolver outros departamentos?

46 – Quais são as barreiras ao processo da inovação?

47 – Qual a diferença entre a inovação e a criatividade?

48 – O conceito de inovação está mais ligado à inovação radical ou à inovação gradual?

49 – Quais as duas realidades que devem ser gerenciadas pela empresa, nas dimensões de tempo presente e futuro?

50 – A inovação deve ser planejada e gerenciada?

51 – Quando uma ideia pode ser considerada uma inovação positiva para uma empresa?

11

O Perfil do Empreendedor; Comportamento Proativo e Pessoas Proativas; os Três Pilares da Sustentabilidade; a Governança Corporativa Segundo Ram Charan

11.1 O PERFIL DO EMPREENDEDOR

O empreendedor é a pessoa que inicia um negócio próprio, mostrando grande senso de missão, de estar fazendo algo muito importante para seus clientes. Mostra uma grande vontade de tratar seus clientes com todo o respeito, buscando sempre aperfeiçoar seus produtos e serviços. Adicionalmente, demonstra muita preocupação com a inovação, a qual vai aumentar a competitividade de sua empresa.

A empresa sempre tem um empreendedor na sua origem, o qual determina sua cultura, pois passa seus valores e princípios para a mesma.

O administrador é o executivo, especialista em alguma área, que ajuda o empreendedor a organizar a empresa. O administrador deve ter um pouco do perfil do empreendedor e o empreendedor deve ter um pouco das características do administrador. É vital que ambos colaborem, para que a empresa seja bem-sucedida.

Nessa parte do livro vou tentar aprofundar o perfil e as características de um empreendedor, mostrando também a necessidade de serem geradas mais pessoas empreendedoras, para se alavancar o desenvolvimento brasileiro, principalmente criando novas pequenas empresas.

Os conceitos que utilizo não dizem respeito apenas ao empresário, mas também aos executivos que sabem ajudar o empresário a criar e a desenvolver um negócio. Nesse sentido, os Diretores e Gerentes de uma empresa também são empreendedores; devem ter uma visão do futuro do negócio e devem saber aproveitar as oportunidades de geração de valor e de mudança e inovação contínua.

A contrapartida também é verdadeira, ou seja, os empresários também devem ter um pouco o perfil de gestores ou de executivos, sabendo administrar e liderar, não se impondo apenas pelo controle do capital da organização.

A Gestão de Pessoas deve colaborar com a definição do perfil e das competências dos empreendedores executivos e também de empreendedores empresários e eles podem ser descobertos através de avaliação de potencial e desenvolvidos através de treinamento e de educação continuada. Esta ajuda da Gestão de Pessoas é essencial quando se criam empresas nas incubadoras universitárias e quando organizações financeiras decidem investir em projetos de novos empreendedores.

Outra vantagem, de se aprofundar a questão, é que algum Gestor de Pessoas, que lê este livro, pode estar trabalhando com um empreendedor e poderá comparar suas observações com as minhas e com as observações dos autores que eu cito nesta parte do livro.

Finalmente, acredito que o empreendedorismo tem tudo a ver com criatividade e inovação. Os empreendedores investem em produtos ou serviços inovadores, transformam a realidade do mercado e impulsionam a Economia.

O empreendedor está sempre buscando criar e inovar e a ação permanente para ele é mais importante ainda do que a inovação. Muitas vezes é fazendo acontecer, tentando gerar negócios, que ele encontra um nicho de mercado e o desenvolve, criando uma nova empresa. Ele gosta muito do que faz e tem capacidade para desenvolver o negócio onde atua. É feliz no seu campo de trabalho e gosta de sucesso e de ganhar dinheiro.

O comportamento e ação do empreendedor devem ser inspiradores; as práticas gerenciais devem ser valorizadas por ele e os sistemas de incentivo e de crítica ao mau desempenho devem existir na organização que ele criou. Tudo isso, bem como outros temas abaixo narrados, nos remete às práticas e metodologias de RH, que sempre devem estar contribuindo para que a boa gestão da empresa se realize, através de pessoas bem recrutadas e selecionadas, bem pagas e incentivadas, bem treinadas e motivadas.

Assim sendo, os funcionários devem ter: um tratamento e uma política salarial que os faça sentir que são coproprietários da empresa e devem assistir cursos e palestras que os transformem em empreendedores internos da empresa; devem ainda ser criados registros ou *benchmarks* internos de ações empreendedoras e as pessoas devem ter reconhecimento e premiação por suas ações que agreguem valor aos resultados da empresa.

Existem 10 mandamentos que podem ser encontrados no livro *Intrapreneuring in Action*, de G. Pinchot e R. Pellman (Berret-Koehler Publishers, 1999):

- **Lembrar sempre que é mais fácil pedir desculpas do que obter permissão.** Significa que as pessoas devem ousar e correr riscos. Se a ação não der certa, resta a atitude de se desculpar.

- **Executar qualquer tarefa necessária para que o seu projeto funcione,** independentemente da sua descrição de função. Não se podem criar empreendedores se a pessoa ficar engessada no seu cargo e na estrutura organizacional. A empresa moderna é multifuncional e os funcionários são polivalentes. Devem ser facilitadas as interações com outras pessoas, que ultrapassam as fronteiras de um departamento.

- **Vir todo o dia para o trabalho, não descartando ou até desejando ser despedido.** Isso significa ousar, correr riscos, acreditar no seu valor e agir proativamente, mesmo que assim procedendo possa causar uma reação negativa por parte de uma chefia mais burocrática.

- **Constituir uma excelente equipe.** Sem ela e sem um time harmonioso, ninguém consegue vencer os desafios de uma empresa moderna.

- **Solicitar conselhos antes de obter recursos.** Significa refletir, planejar e saber aonde quer chegar, antes de começar a investir dinheiro num projeto.

- **Esquecer o orgulho da autoria e dividir os créditos pela realização entre todos.** Vale muito mais ser percebido como um líder que atinge resultados através de pessoas, reconhecendo o mérito das mesmas, apoiando-as e incentivando-as.

- **Quando quebrar ou flexibilizar as regras empresariais, manter sempre na mente os melhores interesses da empresa e dos seus clientes.** Ou seja, quando "não se segue o manual" e os procedimentos e processos de trabalho já acordados, deve-se ter a forte razão de estar protegendo os interesses da empresa ou do cliente, numa situação que é uma emergência ou uma exceção que escapa à rotina normal de trabalho.

- **Subestimar as promessas e superestimar os feitos.** A interpretação desta afirmação é a recomendação de ter pés no chão, valorizando as realizações, dando menor atenção às promessas de ajuda e de recursos, que ainda não se concretizaram.

- **Honrar os seus patrocinadores, mentores e colegas.** A ajuda deles cria uma obrigação de reconhecimento e uma dívida que deve ser honrada. Com isso, os patrocinadores sempre ajudarão novamente.

- **Estar amarrado às metas, mas ser realista quanto às formas de atingi-las.** Vale dizer, os objetivos permanecem, mas é importante ter ações flexíveis para atingir as metas.

As ações do empreendedorismo interno visam conseguir a participação de todos na criação de novos produtos, na abertura de novos negócios, melhorando os processos de trabalho da empresa.

Planos de negócio devem ser avaliados e aprovados, alocando-se recursos à disposição dos empreendedores internos. Tendo-se o protótipo do produto ou do serviço, a empresa estimula a materialização dos planos dos empreendedores, seguindo-se uma avaliação por parte de gestores que acompanharam o desenvolvimento do projeto.

Não é fácil criar uma cultura do empreendedorismo, a qual demanda o apoio do CEO e dos Diretores e Gerentes. As estruturas devem ser flexíveis, descentralizadas, criando-se unidades de negócio voltadas para o cliente e o produto, dando-se importância aos colaboradores que ficam na operação próxima dos clientes.

As comunicações entre os empreendedores internos devem ser rápidas, sem que os mesmos fiquem presos a decisões burocráticas e hierárquicas. O Controle orçamentário deve ser flexibilizado para permitir a geração de inovações, devidamente acompanhadas pelos gestores, que vão servir de mentores para os novos projetos.

A ação de empreendedorismo deve ser valorizada por uma concessão de incentivos e atitudes de reconhecimento e de celebração dos sucessos atingidos. O empregado deve se sentir um dono da empresa e perceber que está sendo tratado em conformidade a este estado de espírito.

As ações de comunicação, de avaliação de projetos pelos gestores e de treinamento sobre empreendedorismo criam e desenvolvem a competência dos empreendedores relativa às inovações favoráveis ao negócio.

Notícias que a mídia forneceu por volta do ano 2000 relatavam que os Estados Unidos da América do Norte davam grande importância ao empreendedorismo:

- 1.100 faculdades programavam 2.000 cursos de empreendedorismo.
- Em 30 estados daquela nação estavam sendo realizados cursos de empreendedorismo para crianças e adolescentes.
- Em oito estados existia legislação que favorecia a criação da matéria empreendedorismo no ensino primário e secundário.
- Em Harvard o curso de Administração-geral for substituído pela disciplina "O Administrador Empresarial".
- A Faculdade Babson, perto de Boston, foi considerada referência nos cursos de empreendedorismo realizados no país.

O Brasil tem controlado sua inflação e sua economia e vem se colocando numa posição privilegiada, quando comparada à economia de outros países.

O empreendedorismo no mundo e no Brasil gera progresso, renda, emprego e demanda microcrédito e instituições que assessorem as pessoas que querem iniciar um novo negócio.

As micros e pequenas empresas representam ao redor de 30% do PIB do Brasil, dos quais 23% são relativos a empresas formais e 7% por empresas informais. Elas ocupam 45% da força de trabalho formal de 13,5 milhões de empreendedores e trabalhadores do setor informal do país.

O Brasil tem um dos povos mais empreendedores do mundo, porém apenas três de cada dez novos empreendimentos chegam ao quinto ano, após terem sido criados.

As micros e as pequenas empresas ocupam diretamente 65 milhões de brasileiros e geram quase um terço da riqueza do país. Há mais ou menos 10 anos começaram a gerar cerca de 13% do total das exportações brasileiras.

Este segmento da economia colabora com o aumento da competitividade, com a geração de empregos e com a distribuição da renda e a qualidade da vida da população e o progresso do mesmo demanda uma boa administração-geral e uma boa Gestão de Pessoas.

Cabe agora aprofundar a questão de como gerar o empresário empreendedor ou o executivo empreendedor. O que é necessário para se tornar um empreendedor bem sucedido? Quais são as competências, as características e o perfil psicológico de um empreendedor?

Vamos tentar responder a questão com as seguintes perguntas sobre a pessoa que quer se tornar um empreendedor:

- Tem a dedicação necessária?
- Está preparado para trabalhar arduamente?
- Tem o pique e a concentração mental para enfrentar as exigências do seu projeto?
- Aceita novas ideias e toma decisões rapidamente, quando necessário?
- Dedica tempo à análise de um problema e à busca de sua solução?
- Está disposto a assumir compromissos de longo prazo?
- Tem uma reserva suficiente de recursos?
- Tem boa capacidade de concentração e de análise para avaliar o seu negócio?
- É otimista por natureza?

A essa lista eu ainda acrescento:

- Tem resistência à frustração, quando os acontecimentos não ocorrem conforme o planejado?
- Sabe se autocriticar, vendo o que deu errado e consegue ser flexível para mudar o rumo do seu negócio?
- Sabe persistir na adversidade, mantendo-se firme até atingir os resultados esperados?
- Tem energia suficiente para lutar pelo seu ideal?
- Num negócio que o motive, ganhar dinheiro é importante?
- Sabe que o empreendedor e o executivo são complementares e que um precisa do outro?
- Sabe ouvir e aprender com os outros, para poder inovar?
- Tem a capacidade de vencer o medo, quando algo planejado parece fracassar?

Prosseguindo no mesmo tema, vamos ver a seguir algumas exigências que a vida profissional faz para alguém que decide ser um empreendedor:

- **Aceitar o fracasso:** alguns empresários empenham bens pessoais e de família e fracassam duas ou três vezes antes de ter sucesso no seu negócio. A realidade é que devem perseverar e aprender com as situações de fracasso. Uma das razões pelas quais os empreendedores podem tolerar o fracasso é que eles o veem como uma fonte de aprendizado. Sempre indagam o que podem aprender com as experiências difíceis.
- **O dinheiro não é o único objetivo de quem inicia um negócio:** a pessoa tem que saber qual a sua motivação, o que entende por sucesso e o que está buscando. Se gostasse apenas do dinheiro, o empreendedor não gostaria de correr riscos com suas posses, por medo de perdê-las. Além disso, o negócio deve ser uma fonte de prazer e de diversão.
- **É importante ter força de vontade e ser bem determinado:** nas situações difíceis. Nas crises o empreendedor deve buscar animar seus colaboradores e buscar soluções para os problemas.
- **Capacidade de sacrificar a vida pessoal**: um depoimento colhido de um empreendedor, sobre a fase em que construiu seu negócio, diz, nas suas palavras: "parei de estudar, não praticava esporte, comia e dormia somente pensando no negócio, falava sobre ele nas reuniões sociais".
- **Acreditar muito na sua visão de futuro do negócio:** esta talvez seja a maior diferença entre um empreendedor e outro que não tenha o mesmo

perfil. O primeiro tem uma crença firme e inabalável na possibilidade de concretizar sua ideia do negócio.

Um empreendedor deve checar várias ideias antes de encontrar uma boa ideia que se transforme posteriormente num negócio lucrativo. Para tanto deve buscar as oportunidades de materialização da ideia no mercado, checando sempre as realizações dos concorrentes atuais e potenciais.

Após a fase anterior vem a etapa do aperfeiçoamento da ideia e então ele deve ter certeza de que a sua ideia atende uma necessidade do mercado e público-alvo. Para tanto, quando o negócio já está iniciado, deve saber ouvir e atender as demandas e sugestões de clientes e fornecedores. Sua ideia do negócio deve ser original e ter um diferencial competitivo, oferecendo algo diverso do que os concorrentes oferecem.

É importante que o empreendedor se concentre num mercado e num produto ou serviço. Esses devem ser associados a outros empreendimentos que a pessoa já tenha desenvolvido. Uma empresa de transporte rodoviário pode ser associada à construção de galpões que sirvam para a estocagem de produtos, por exemplo.

Diminuir os riscos financeiros de um empreendimento deve ser outra preocupação do empreendedor. Para tanto deve organizar os financiamentos de forma que quaisquer empréstimos ou passivos não dependam de outros fundos; pode ainda desenvolver o seu negócio fazendo uma *joint venture* com outro empresário; deve sempre ter uma alternativa de saída do negócio, se ele se mostrar inviável.

Para finalizar, vou descrever como o negócio pode ser gerenciado e aperfeiçoado pelo empreendedor.

A ideia que gerou o negócio, ou a tecnologia oferecida, tem de ser exclusiva. A execução ou a realização deve ser a melhor possível, buscando-se a excelência. Sempre que surgir uma oportunidade, a empresa deve sair primeiro no mercado, com algum produto ou serviço, ficando à frente da concorrência.

Outro ponto a ser considerado é não crescer rapidamente de mais, para não perder a flexibilidade de gerenciar e operacionalizar o negócio. Muitas empresas subdividem seu negócio em unidades, quando ele começa a crescer, não tendo mais do que 50 ou 150 pessoas em cada uma delas. Finalmente, recordar que servir aos outros é a melhor e mais sólida base para qualquer empreendimento. O sucesso das empresas se baseia nesse valor de terem produzido algo que mostrou ser importante para muitos clientes e consumidores.

11.2 A GESTÃO DO COMPORTAMENTO PROATIVO E DAS PESSOAS PROATIVAS

Seguindo o plano de desenvolvimento do livro, vamos tratar do assunto Gestão do Comportamento Proativo, citando-se uma obra e autores de va-

lor que trataram do mesmo. Por tal razão, este tema terá como base o livro *Empresas proativas: como antecipar mudanças no mercado*, de Leonardo Araujo e Rogério Gava (Elsevier Editora – 2011), tendo observações e complementações feitas por mim mesmo, para comentar o tema e associá-lo ao assunto Gestão de Pessoas.

A gestão moderna insiste em que se pense e planeje o futuro não como algo remoto, mas advoga que ele esteja sendo constantemente gerado no presente. Além disso, destaca-se que assim procedendo, a organização adotará um comportamento proativo, o qual irá originar a inovação. O que a proatividade busca é a inovação radical, sem desprezar a incremental. A primeira é a geração de algo totalmente novo, que o cliente e o consumidor não esperavam. A segunda é o aperfeiçoamento de um produto, por exemplo, o qual ocorre, muito frequentemente, como fruto da gestão da qualidade, dentro da filosofia Kaisen de aprimoramento contínuo. A gestão da qualidade e a filosofia Kaisen estão descritas em outra parte do presente livro, quando tratei do Sistema Six Sigma e do sistema de gestão da Toyota.

Os autores do livro citado, bem como outros, acentuam que existe uma tendência de reduzir o conceito de inovação à prática da melhoria contínua, quando são feitos aperfeiçoamentos de processos, ajustes nos produtos, pequenos ganhos de custo e de incremento de qualidade. No entanto, assim pensando perde-se a essência do processo inovador, que é a antecipação da mudança e da criação de novos mercados, em forma radical, não esperada pelo cliente ou consumidor. Outra questão reducionista, em se tratando da inovação, é a subordinação às demandas do mercado, quando a empresa espera que o concorrente inove, para depois seguir seu rumo e até copiá-lo.

A inovação radical afastará a empresa da subserviência às práticas do mercado, porém irá exigir dela estratégias e ações voltadas a inovações mais ambiciosas, o que pressupõe uma gestão altamente competente e flexível. Deve ocorrer à busca de resultados mais elevados por meio da inovação, evitando-se fazer as coisas em forma rotineira, como sempre foram feitas.

Empresas proativas focam na inovação radical sem abandonarem o progresso incremental, passo a passo. Na inovação radical o esforço principal é feito por pessoas que pertencem à alta gerência e na inovação incremental, muitos colaboradores da empresa participam e contribuem para a ocorrência da mesma.

O livro citado nesse capítulo menciona a existência de dois receios da inovação radical: o receio do canibalismo e o receito da rejeição. O primeiro significa o medo de a empresa destruir suas criações anteriores quando lança uma inovação. O segundo representa o medo da empresa de não ter suas inovações radicais aceitas pelo mercado.

Neste contexto, o papel da liderança e da Gestão de Pessoas é fundamental, fazendo ver que a criação de inovações vai alem da aplicação de metodologias e ferramentas.

A este respeito, a visão dos dois autores será comentada no próximo capítulo, somando-se a opinião dos mesmos a outras opiniões já expostas sobre o tema em outros trechos do presente livro.

Um aspecto fundamental, associado à inovação radical, é a capacidade da empresa de educar e influenciar o seu mercado, mostrando as vantagens das suas novas criações. Além disso, ela também deve acompanhar o comportamento do consumidor com relação ao novo produto ou serviço. Ou seja, alem de educar o mercado para seu produto ou serviço à empresa também deve aprender com ele.

A inovação não deve ser subordinada ao mercado, seguindo-se suas demandas mais explícitas. Isto não prescinde de se estudar constantemente o cliente, nem advoga abandonar o estudo da concorrência.

Muitas empresas aconselham "ouvir o consumidor", acreditando que os mesmos são geradores de *insights*, que permitem a criação de novos produtos e serviços. No tocante à inovação radical fica patente que os consumidores não conseguem imaginar o que pode ainda ser criado.

A percepção do consumidor, para geração de uma inovação radical, deve ser muito diferente da usual. Devem-se perceber as necessidades que os consumidores não conseguem visualizar e expressar. Em outras palavras, devem-se captar suas necessidades latentes, não manifestadas. Nas pesquisas tradicionais da opinião dos consumidores a empresa geralmente capta suas opiniões explícitas.

Segue a descrição de algumas técnicas mais modernas para que se captem as necessidades latentes, não manifestadas, que geram as inovações radicais:

- *Design* **Empático:** especialistas observam e documentam, fotografando e filmando o comportamento e as reações dos consumidores, especificamente a linguagem corporal e a expressão facial. Essas observações são feitas quando os consumidores interagem com produtos ou serviços em suas casas, no trabalho ou em outras situações.

Aqui recordo a minha tese da necessidade do estudo do comportamento humano e organizacional ser associado à Gestão de Pessoas e associado à Gestão da Inovação e à Gestão Geral de uma organização. A Psicologia tem, por exemplo, um estudo sobre o tema citado, denominado Comportamento Expressivo.

- **Abordagem do Cliente-Inovador:** na mesma os consumidores participam ativamente na criação de inovações, como por exemplo, é feito na indústria automotiva, quando os consumidores são chamados a dar sugestões sobre detalhes que podem ser acrescentados aos carros produzidos pela indústria.

- **Pesquisa Metafórica:** são obtidas imagens dos participantes da pesquisa e na descrição que fazem, por exemplo, da sensação provocada pela utilização de um medicamento. Estas imagens são combinadas e tenta-se desvendar os sentimentos conscientes e inconscientes e as necessidades latentes associadas aos mesmos. Assim, a pesquisa baseada em metáforas propõe que em vez de ouvir a voz do cliente, é melhor a empresa tentar "enxergá-la".

Como já foi dito, a inovação radical demanda uma gestão flexível, não burocrática, porém a mesma não deve abandonar o controle e a supervisão, conduzidos em forma inteligente e com maturidade emocional.

A seguir, no presente capítulo, vamos estudar o comportamento das pessoas proativas e a importância de se obter a inovação radical com a utilização correta da Gestão de Pessoas.

Empresas proativas são as que têm pessoas também proativas, não rotineiras, que não esperam que outros façam a mudança acontecer. O desafio para este tipo moderno de empresa é gerenciar o comportamento proativo das pessoas.

O primeiro aspecto importante deste gerenciamento é o preparo e o desenvolvimento de lideranças que saibam motivar, coordenar e desenvolver suas equipes de trabalho. Os gestores proativos devem ser os agentes iniciais da mudança. A propósito recordo que existe uma metodologia de implantação de mudanças numa organização, já referida em outro setor do presente livro. Mesmo a empresa tendo preparado suas lideranças, ao implantar mudanças elas precisam seguir os passos da Mudança Organizacional ou do *Change Management*. Por mais competentes que sejam os líderes, sem uma metodologia não se consegue levar a empresa a novas etapas de aperfeiçoamento da gestão e da cultura, fundamentais para a obtenção de melhores resultados empresariais.

Na definição dos autores citados no capítulo anterior, liderar proativamente visa promover e facilitar a proatividade das pessoas. Os Gerentes proativos são líderes transformadores. Este estilo de liderança não afasta as ações reativas necessárias à gestão do dia a dia.

Ela tem a ver com quatro atitudes fundamentais, relacionadas ao conceito de liderança transformadora:

- **Inspiração:** os líderes proativos acreditam na possibilidade da empresa antecipar a mudança e tratam de inspirar essa crença nas pessoas, indo além da mera resposta ao mercado.

- **Estimulação**: diz respeito ao estímulo intelectual, à criatividade, ao questionamento, a novas maneiras de enxergar velhos problemas e ao pensamento criativo e inovador.
- **Reconhecimento**: significa a valorização das pessoas e suas contribuições.
- **Carisma**: que pode ser resumido como a qualidade do líder de gerar admiração, respeito e confiança nas pessoas.

Líderes com estas qualidades sabem lidar com a ambiguidade e a incerteza; são orientados para a ação e a mudança e acreditam no valor das relações humanas no trabalho.

A liderança é uma prática social, que pode ser aprendida e aprimorada, dependendo de Inteligência Emocional e Social e da prática de técnicas de *Coaching* e de *Mentoring*, já abordadas por mim no meu livro anterior.

Pessoas voltadas para a ação têm um perfil que abrange iniciativa e capacidade de antecipação, bem como satisfação em trabalhar em equipe e ajudar colegas, clientes e fornecedores. São pessoas que percebem o que ninguém ainda percebeu, antecipando mudanças. Pessoas proativas são interessadas em novidades e buscam melhorar suas realizações. Elas estão voltadas para a busca de desafios e procuram a autonomia e a liberdade de pensamento e expressão.

Um grande desafio é identificar o potencial proativo das pessoas, buscando o seu desenvolvimento.

No meu primeiro livro trato do tema do *Assessment* realizado para identificação do potencial e aspectos do desempenho dos colaboradores, utilizando-se tais dados para processos de sucessão e desenvolvimento na carreira. Ou ainda, após identificar os dados mencionados, os mesmos devem ser aplicados à escolha das pessoas que vão ocupar as posições mais relevantes na estrutura organizacional.

O *Assessment* responde à questão de quais são as características de um profissional proativo. Este comportamento resulta não só de habilidades e competências pessoais, mas também de um sistema de gestão e cultura organizacional que sejam um campo fértil para gerar pessoas proativas.

Um *Assessment* bem conduzido tem várias etapas, entre as quais destacamos: identificação da necessidade e do negócio da empresa; apresentação do processo às pessoas que serão avaliadas; condução de testes e entrevistas; autoavaliação dos avaliados; relatório sobre pontos fortes e pontos a serem melhorados pelos avaliados, contendo recomendações para se obter o desenvolvimento das pessoas; *feedback* às chefias e à área de RH; *feedback* aos avaliados, fazendo-se um *Coaching* dos mesmos sobre o desenvolvimento de suas habilidades, no futuro.

Para quem quer aprofundar o tema das competências e das características de um líder, sugiro reler a primeira parte deste livro e o assunto contido em partes do meu livro anterior: *Gestão de pessoas: práticas atuais sobre o RH estratégico*.

11.3 OS TRÊS PILARES DA SUSTENTABILIDADE OU O *TRIPLE BOTTOM LINE*

A paternidade do termo *"Triple Bottom Line"* é atribuída ao acadêmico John Elkington, o fundador da SustainAbility, uma empresa de consultoria que trabalha em assessoria a empresas nas áreas social, ambiental e econômica, tendo originado a expressão *"People, Planet, Profit"* ou Pessoas, Planeta e Lucro.

Elkington defende a tese de que os objetivos empresariais estão intimamente ligados às comunidades e ambientes onde a empresa opera e que as atuais práticas utilizadas pelas empresas para a obtenção de ganhos econômicos de curto prazo não levam em conta os impactos sociais e ambientais que causam, sendo, portanto, insustentáveis, a médio e longo prazos.

Se alguma coisa podemos aprender com as crises financeiras que têm atingido o mundo da Economia Global é que as políticas de gestão de longo prazo são de vital importância para assegurar a prosperidade e a sustentabilidade das organizações. Assistimos por vezes à queda da reputação de poderosas marcas em face da utilização de práticas irresponsáveis e insustentáveis, como, por exemplo, a procura de maior lucro e rentabilidade, realizados até em prejuízo do próprio cliente.

Uma empresa que pretenda adotar a política do *"Triple Bottom Line"* deve perceber que o objetivo não é apenas o de minimizar os riscos ambientais ou sociais – prática ou política de gestão defensiva – muito menos deve pensar que a sustentabilidade e a responsabilidade social são mais uma simples atividade burocrática, geradora de maiores custos, que apenas serve para encantar o consumidor.

O segredo destas novas políticas e estratégias de gestão é que elas são geradoras de inovação e reduzem custos por aumentarem a eficiência operacional da empresa.

Um exemplo desta afirmação é a análise cuidadosa de toda a cadeia de valor da empresa, desde a seleção e compra da matéria-prima até a colocação do produto na prateleira à disposição do consumidor. Nesta análise descobrem-se ineficiências, desperdícios, gastos supérfluos, utilização de materiais poluentes, entre outras coisas.

Estes problemas podem ser corrigidos mediante um diálogo com os fornecedores dessa cadeia. Ou ainda pela utilização de outros métodos de fabricação, gestão da qualidade ou análise do processo e da logística da empresa.

A ideia subjacente à teoria do *"Triple Bottom Line"* é a de que a atividade econômica empresarial não é contrária ao interesse geral da sociedade e do ambiente.

A Gestão de Pessoas irá encontrar, cada vez mais, no futuro das organizações, práticas e metodologias voltadas para se obter uma maior harmonia entre os fatores econômico, social e ambiental. Assim ocorrendo, a Gestão de RH deverá utilizar suas práticas e metodologias para apoiar a gestão dos três Pilares, através da ação de pessoas preparadas para lidarem com o mesmo.

Para orientar os leitores sobre o tema, também vou expor informações do livro *Sustentabilidade: canibais com garfo e faca*, de John Elkinton da M. Books do Brasil Editora, 2012. Recomendo esta obra para quem quer se atualizar sobre o tema da sustentabilidade.

Existia uma crença no mundo científico, surgida ao redor do ano 2000, de que a Terra está estressada, além do que os biólogos chamam de nível de suporte. Mesmo que se tivesse conseguido alcançar, a partir daquela data, níveis de poluição zero, a Terra deverá continuar mostrando sinais de esgotamento da natureza e do meio ambiente.

Estas questões não se reduzem apenas a fatos econômicos e ambientais, porém têm implicações sociais, éticas e políticas. As grandes corporações são as únicas organizações com capacidade para enfrentarem esta realidade, por possuírem tecnologia, capital e recursos humanos, bem como presença mundial. Se não houver uma aliança dos governos com as grandes corporações, pode-se prever um futuro preocupante para o planeta.

Por outro lado, as empresas começam a mostrar um interesse crescente no tema, já que não poderão concretizar negócios se houver degradação do meio ambiente, falência das sociedades e de seus sistemas políticos e empobrecimento dos seus clientes.

Estamos na fronteira de novos tempos onde a inovação busca tecnologias que podem produzir calor e luz sem geração de resíduos de carbono. Busca-se a fabricação de metais a partir de sobras de construções e carros e de papéis reciclados e algumas casas e prédios são aquecidos por energia solar ou eólica.

As empresas precisam implantar uma auditoria da sustentabilidade, pois a sociedade depende da economia e esta depende do ecossistema global.

Existem três realidades, como dissemos que devem ser atendidas na gestão das empresas: a social, a econômica e a ambiental.

Vamos comentar em primeiro lugar a realidade econômica, que motiva a empresa a entender se ela é economicamente sustentável.

Para tanto ela analisa seu capital econômico, o qual é a resultante do valor de seu ativo menos as suas obrigações. Existe neste conceito um capital físico (máquinas, fábricas e escritórios) e um capital financeiro, além do capital humano e intelectual.

As empresas devem fazer as seguintes perguntas: temos custos competitivos? A demanda por produtos e serviços é sustentável? A longo prazo, nossas inovações são competitivas? Temos como manter nosso capital humano e intelectual? A margem de lucro é sustentável?

O conceito de eco eficiência já chegou ao Conselho das empresas. As auditorias externas envolvem um exame independente da situação financeira de uma organização. As auditorias internas visam a certificar se os controles gerenciais estão funcionando.

Em geral as empresas analisam seus riscos checando, por exemplo, se estão desenvolvendo níveis adequados de preços dos produtos ou serviços, a política de bônus de seguros ou a segurança dos empréstimos realizados. Por vezes não prestam a devida atenção aos riscos ambientais e sociais.

Outra realidade é a ambiental, relacionada ao conceito de eco eficiência. Esta última é definida como o fornecimento de bens e serviços a preços competitivos, que satisfaçam as necessidades humanas, gerando qualidade de vida, reduzindo os impactos ecológicos e a utilização de recursos, permitindo a conservação e a continuidade da vida na Terra.

Para uma empresa, é complexo o conceito de capital natural e riqueza natural. Quando se tenta contabilizar o capital natural contido em uma floresta, não se trata apenas de contar as árvores e tentar estabelecer um valor econômico para elas. É necessário contabilizar a riqueza natural que sustenta o ecossistema da floresta, produzindo benefícios, madeira e outros produtos comerciais. Outras funções que precisam ser incluídas neste conjunto são as contribuições da água e dos gases, como o dióxido de carbono e o metano. Além disso, existem a flora e a fauna, bem como a pesca comercial, cuja integridade está relacionada à saúde da floresta.

A realidade ecológica e a resistência dos ecossistemas variam em função ao número e da ação positiva ou negativa dos agentes econômicos que neles atuam.

O campo da contabilidade ambiental é recente e visa reorganizar o tratamento dos custos e benefícios ambientais na prática da contabilidade tradicional. Busca identificar separadamente as receitas e os custos relacionados ao meio ambiente, nos sistemas de contabilidade convencional. Visa ainda criar novas formas de avaliação que permitam melhores decisões gerenciais e aumento de investimento na proteção e aprimoramento ambientais, desenvolvendo novos indicadores de desempenho para acompanhar o progresso. Checam ainda maneiras pela qual a sustentabilidade possa ser avaliada e incorporada na contabilidade tradicional.

Existem, adicionalmente, novos padrões de medida para se medir os impactos ambientais da ação das empresas:

- Número de reclamações públicas.
- O impacto do ciclo de vida dos produtos.
- A utilização da energia.
- Tratamento dado aos materiais e à água utilizados na produção industrial.

- Emissões potencialmente poluentes.
- Riscos e ameaças ambientais.
- A geração do lixo.
- O consumo de capital natural crítico.
- A obtenção de melhor desempenho ambiental solicitado por clientes especiais.
- Atendimento às exigências feitas pelos fundos financeiros de investimento ético e verde.

A terceira realidade que se impõe para uma empresa que se diz sustentável é a social e a que diz respeito às pessoas e ao capital social deve se preocupar com o capital humano, realizando ações favoráveis à saúde, ao desenvolvimento da educação e das habilidades e competências das pessoas. Também deve visar o desenvolvimento de medidas mais amplas de saúde e bem estar da sociedade onde atua e do potencial de geração de riquezas em forma ecologicamente correta.

Francis Fukuyama (*Trust: the social virtues and the creation of prosperity*) diz que "o capital social é uma capacidade que surge da prevalência da confiança em uma sociedade ou em partes dela".

Ela é uma medida da capacidade de as pessoas trabalharem juntas, em grupos ou organizações, para um objetivo comum. Essa capacidade é crítica para a transição da sustentabilidade. Ela pode ser desenvolvida ou destruída em todos os níveis de uma sociedade, da unidade básica familiar até as principais instituições do governo internacional. Para tanto, são importantes qualidades como fidelidade, honestidade e dependência.

Ainda citando Fukuyama:

> "se as pessoas que trabalham juntas em um empreendimento confiam umas nas outras, porque elas estão operando de acordo com um conjunto comum de normas éticas, os negócios custarão menos. Tal sociedade será mais capaz de inovar organizacionalmente, já que o alto grau de confiança permitirá o surgimento de uma maior variedade de relacionamento social".

Em forma semelhante, é importante o grau de confiança entre uma empresa ou indústria e seus *stakeholders* externos, para a garantia de sua sustentabilidade a longo prazo. Todas as sociedades em que existirem altos níveis de confiança terão uma economia saudável, com menores custos e crises e conseguirão ter um elevado capital social.

Toda esta realidade tem gerado conceitos de contabilidade e auditoria social. A contabilidade social tem o objetivo de avaliar os impactos das empresas sobre as pessoas, tratando de assuntos como: relações com a comunidade, segurança do produto, iniciativas de treinamento e educação, suporte financeiro, donativos em forma de dinheiro e tempo e geração de empregos para grupos menos favorecidos.

A preocupação com pessoas tem também um apoio na legislação que protege o funcionário em muitos países. Legalmente, podem surgir queixas dos colaboradores por excesso de trabalho ou assédio moral, por exemplo.

Indicadores de desempenho estão presentes na contabilidade social e abrangem assuntos como: testes científicos em animais e cobaias, venda de armamentos, relações adequadas com a comunidade da empresa, empregos para as minorias, direitos humanos, bom tratamento dos indígenas, utilização de energia nuclear, marketing irresponsável, direitos de terra, regimes políticos ditatoriais, salários e condições de trabalho inadequadas e direito das mulheres.

A auditoria social cuida de impactos não financeiros sobre a vida das empresas. As auditorias ambientais são consideradas auditorias sociais. A auditoria social tem por finalidade fazer com que a organização avalie seu desempenho em relação às exigências e expectativas da sociedade.

Em resumo, a contabilidade e a auditoria tendem a se envolver com a sustentabilidade e com as realidades econômica, social e ambiental. A opinião pública e o governo e muitas ONGs, entidades e associações cada vez mais fazem um acompanhamento social e ético destas realidades.

A empresa Skandia reflete bem o assunto na sua crença de que o valor da empresa consiste em mais itens do que os habitualmente mostrados nas linhas de receitas e no balanço. Ativos omitidos podem ser: competência dos funcionários, sistemas de informática, processos de trabalho, marcas registradas e cadastro de clientes. Tudo isto constitui os ativos intangíveis e o capital humano e intelectual da empresa.

A realidade econômica e social trata de assunto como *downsizing*, desemprego, direitos das minorias e ética empresarial. O comportamento empresarial eticamente correto diz respeito também ao segmento econômico onde a empresa atual. Pode considerar não éticos produtos como tabaco e armamentos, especialmente as minas utilizadas nas guerras, que provocam inúmeros acidentes e mutilações também na população civil, anos após o fim de conflitos bélicos.

Surgem na modernidade os novos indicadores de qualidade de vida, bem estar social e conduta ética responsável, como Indicados de Desenvolvimento Humano (IDH) e Índice de Bem-estar Econômico Sustentável (IBES).

O último índice avalia questões como custos do desemprego, transporte, acidentes automobilísticos e todas as formas de poluição ambiental. As empresas devem se autoavaliar e serem avaliadas sobre a extensão na qual estão reduzindo ou aumentando as opções de vida saudável e segura para as futuras gerações. Não podemos esquecer que a expressão "futuras gerações diz respeito aos nossos filhos, netos e parentes e aos familiares dos nossos amigos e conhecidos. Ou seja, não um conceito impessoal e distante de nós mesmos.

Por vezes será difícil dizer se uma indústria é sustentável, mas as metodologias de avaliação, de auditoria e contabilidade, continuam a evoluir, dando-nos mais competência para checar se a empresa está indo ou não para o rumo certo da sustentabilidade.

É imprescindível que a Gestão de Pessoas participe deste esforço, recrutando pessoas que tenham afinidade com tais temas, motivando-as, treinando-as e desenvolvendo-as para ajudarem as empresas a se enquadrarem nas regras da boa sustentabilidade.

11.4 GOVERNANÇA CORPORATIVA SEGUNDO RAM CHARAN; COMO A GESTÃO DE PESSOAS ESTÁ ASSOCIADA À GOVERNANÇA CORPORATIVA

Um grande tema do capitalismo moderno é o da Governança Corporativa, ou as boas práticas que devem reger as relações da empresa com clientes, fornecedores, governo e *stakeholders*, de maneira geral. O tema da Governança envolve questões de ética e transparência nas relações da organização com o mercado, não deixando de informar ao mesmo tempo qualquer informação relevante que afete, por exemplo, os acionistas minoritários ou os investidores que compram as ações da empresa. Uma boa governança é de responsabilidade, principalmente, do Conselho de Administração e do CEO da organização, embora direta ou indiretamente, todos os diretores, gerentes e funcionários também são responsáveis pela mesma.

Nesta parte do livro, vamos relacionar o pensamento de Ram Charan sobre Governança Corporativa com a Gestão de Pessoas, recordando que a governança também está relacionada às três realidades da Sustentabilidade ou o *Triple Bottom*, assunto que está transcrito no capítulo anterior da Terceira Parte do presente livro.

Assim sendo, vamos sintetizar o que Ram Charan fala sobre a Governança Corporativa, fazendo alguns comentários.

O autor mostra que as empresas devem refletir se têm o CEO certo e se os Conselheiros podem melhorar o desempenho do CEO. Se necessário, a empresa pode acionar o processo sucessório. Devem existir planos para emergências ou para a aposentadoria do CEO. Os conselheiros devem conhecer os candidatos internos à sucessão. É importante considerar a possibilidade de recrutamento externo.

Em minha opinião, devem-se conhecer os candidatos internos à sucessão do CEO, os quais devem ser comparados a candidatos externos. O ocupante da posição tem um grande impacto nos resultados e na perenização ou sustentabilidade da empresa. Por isso vale o esforço de comparar pessoas de dentro e fora da empresa. Uma falha na escolha, obviamente tem um custo muito alto.

Uma empresa de *Executive Search* e/ou de *Management Assessment* e *Coaching* pode avaliar com neutralidade os candidatos internos e os candidatos externos. É fundamental que se definam bem quatro ou cinco competências essenciais para o cargo de CEO da empresa e que as definições destas competências sejam fruto da colaboração do Presidente do Conselho e dos Conselheiros, junto com a consultoria contratada.

É importante também que a consultoria avalie os candidatos internos e externos, após terem sido estabelecidas as competências essenciais, ligadas ao *core business* da empresa e à missão do cargo. Esta avaliação deverá abranger, por exemplo: análise da educação universitária e do conhecimento de idiomas; carreira anterior e as principais realizações obtidas na mesma; análise de competências como liderança; capacidade de comunicação e negociação; habilidade para criar, inovar e implementar mudanças.

Dependendo do negócio ou atividade da empresa, bem como do seu desempenho no mercado e na economia, pode ser mais recomendável alguém oriundo da área financeira, ou alguém da área comercial, por exemplo.

Outra preocupação levantada pelo autor é se a remuneração do CEO está vinculada ao seu desempenho efetivo e se o Conselho tem uma filosofia de gestão e conhece os indicadores de desempenho da empresa. Os critérios de avaliação do CEO devem ser precisos e transparentes. A remuneração deve estimular o seu desempenho, sendo necessária que ela esteja vinculada aos resultados da empresa, na sua parte variável.

Conheço muitas empresas que tem uma Política e uma Administração de Salários e Benefícios deficiente. Deve ter feito um trabalho prévio, por uma consultoria da área de salários, da descrição, avaliação e *ranking* dos cargos da empresa, tanto nas posições ocupadas por executivos quanto nas posições ocupadas por Conselheiros. Devem-se ter critérios salariais que utilizem os mesmos parâmetros para os Executivos e Gestores e os Conselheiros. A empresa precisa decidir a que universo salarial pretende se comparar, estabelecendo também critérios de uma política salarial.

Todo o salário variável deve ser estabelecido com fundamentos sólidos e claros onde fique claro que a *performance* do CEO, dos Gestores e dos Conselheiros não deve ter ênfase no curto prazo. Uma parte do variável deve levar em conta o desempenho a médio e longo prazos tanto dos Executivos quanto dos Conselheiros, sempre relacionando o desempenho com os resultados obtidos pela empresa.

No meu primeiro livro (*Gestão de Pessoas: práticas atuais de um RH estratégico*) explico metodologias e práticas de Política e Administração Salarial, que podem ser lidas para o leitor recordar ou entender melhor o assunto.

A seguir Charan indaga se os Conselheiros compreendem com exatidão como a estratégia escolhida vai produzir resultados e dinheiro para a empresa. Menciona ser necessária uma atenção para o *core business* da empresa, e como se deve combinar estratégia, cultura, estrutura, gestão e capital intelectual, para se ter sucesso.

Abaixo resumimos outras considerações que o autor faz sobre o tema Governança Corporativa, relacionando-o com o assunto Capital Humano:

A equipe gerencial deve observar as tendências externas, identificando as oportunidades e ameaças. Isto supõe o conhecimento dos pontos fortes e fracos da organização, a análise da concorrência e dos novos entrantes no mercado da empresa, entre vários outros fatores.

O plano de crescimento da empresa, feito pelo CEO deve ser realista. Ele deve contemplar as oportunidades e ameaças do mercado e da competição, concluindo se o perfil de ambos está mudando.

O CEO e os Conselheiros devem cuidar do Capital Humano e da formação de líderes. Os processos de seleção, formação e desenvolvimento de líderes devem ser conhecidos. Excessiva ênfase na busca de retorno do investimento no curto prazo poderá dificultar a formação de líderes.

Os Conselheiros precisam diagnosticar corretamente a saúde financeira da empresa. Devem analisar mais o fluxo de caixa do que os resultados. Neste último comentário está implícita a ideia de que o fluxo de caixa é a melhor verificação rápida do nível de desempenho dos diferentes negócios e serve para detectar as mudanças necessárias. Também significa que os Conselheiros devem ter a certeza de que a empresa pode enfrentar circunstâncias adversas. Naturalmente eles devem ainda analisar também o desempenho de longo prazo.

Os Conselheiros devem checar os indicadores que captam as causas fundamentais do desempenho da empresa. Os números contábeis – receitas, custos, estoques e outros – são um agregado histórico. Não esclarecem bem o desempenho da organização hoje. Assim, os Conselheiros devem identificar os indicadores de tendências cujo desempenho atual se manifestará nas demonstrações financeiras futuras.

As reuniões dos Conselheiros com o CEO devem ser produtivas. O Conselho de Administração pode tornar o CEO mais eficaz ou pode diminuir o seu poder de agir e de tomar decisões. O Conselho deve chegar a um consenso sobre os assuntos mais importantes. Deve oferecer *feedbacks* exatos e oportunos ao CEO. Deve também fazer críticas úteis e construtivas que permitam uma reflexão e uma ação e providências por parte do CEO.

A seguir são descritas as sugestões de Ram Charan de uma agenda positiva para o Conselho de Administração, desdobrada nos 12 meses do ano:

- **Tratar das questões do dia a dia em relatórios distribuídos com antecedência,** gerenciando a duração das discussões sobre cada tópico. Ou desenvolver agendas consensuais, que reúnem num único item da agenda regular todos os assuntos rotineiros, a serem abordados e aprovados em conjunto.

- **Dar destaque para discussões sobre assuntos externos** como aumentos drásticos nos preços das matérias-primas, capazes de afetar a estrutura, a dinâmica competitiva e a rentabilidade do setor e, sem dúvida, fazer a análise da estratégia da empresa para os próximos anos.

- **Os processos referentes ao capital humano da empresa são relevantes para a existência e a duração da mesma.** O planejamento da sucessão e o desenvolvimento gerencial devem ser abordados em algumas reuniões durante o ano. Os Conselheiros precisam de tempo para identificar e conhecer os líderes. Além das discussões sobre cada profissional considerado *key people*, as conversas devem abranger troca de ideias sobre as diversas equipes e áreas de trabalho nas unidades em que elas atuam.

- **Naturalmente, assuntos urgentes e imprevistos são prioritários** e o Conselho deve ter flexibilidade para considerá-los, sem desviar sua atenção das outras questões já assinaladas.

- **A elaboração de uma agenda de 12 meses** exige disciplina, capacidade de priorizar, objetividade, flexibilidade e a capacidade de trabalhar em equipe. Pressupõe um bom conhecimento do negócio e do mercado e a colaboração dos Conselheiros e dos Gerentes Executivos.

- **As crises são inevitáveis e ocorrem quando menos são esperadas.** Isto vai desde a necessidade de ter sucessores para um CEO que adoece até o fato de conjunturas econômicas ou manchetes sensacionalistas da mídia surgirem, atrapalhando a estratégia e o processo decisório. Nesses eventos a empresa deve ter bem definido os especialistas externos que darão apoio e ajudarão a solucionar emergências e crises.

As perguntas, comentários e os itens da agenda do Conselho, aparentemente simples, são difíceis de materializar e são o resultado do sucesso ou do fracasso de algumas organizações em algum momento de sua história.

Por isso que foi explicado, vale refletir sobre o assunto, considerando a óbvia importância dos CEOs, dos Conselhos de Administração e do Capital Humano e Intelectual das empresas e a interação entre si de cada uma destas realidades.

Temas para Reflexão:

1 – O que é um empreendedor?
2 – Qual a relação entre o empresário e o executivo?
3 – Como o Gestor de Pessoas ajuda a descobrir potenciais empreendedores?
4 – Qual o papel dos empreendedores na Economia de um país?
5 – De maneira geral, o empresário é mais forte na ação, no fazer acontecer, ou na gestão?
6 – Como a área de RH pode ajudar o empresário?
7 – Quais os "Dez Mandamentos" encontrados no livro *Intrapreneuring Action*?
8 – Como a empresa deve estimular a materialização dos planos dos empreendedores?
9 – Como se cria uma cultura de empreendedorismo?
10 – Quais as notícias fornecidas pela mídia sobre o valor atribuído ao empreendedorismo, nos Estados Unidos, no ano de 2000?
11 – Qual o perfil da micro e pequena empresa, dentro da Economia do Brasil?
12 – Qual a porcentagem de empresas que chega ao quinto ano de existência no Brasil?
13 – Quais as perguntas a serem feitas para se definir se alguém pode ser um empreendedor?
14 – Quais as exigências presentes na vida profissional de um empreendedor?
15 – Que etapas o empreendedor deve implementar para que consiga materializar seu negócio?
16 – Como o negócio pode ser gerenciado e aperfeiçoado pelo empreendedor?
17 – Qual a atitude principal adotada numa gestão moderna?
18 – O que a proatividade busca atingir?
19 – O conceito de inovação é associado somente à melhoria contínua ou também é associado à mudança radical?
20 – Qual o perfil de uma mudança radical?
21 – Quais os dois receios que o gestor tem na implementação de uma mudança radical?
22 – Qual o aspecto essencial a ser considerado por uma empresa na implementação de uma inovação radical?
23 – Os consumidores conseguem imaginar o que ainda pode ser criado, do ponto de vista de uma mudança radical de produto?
24 – Quais as técnicas mais modernas que captam necessidades latentes dos consumidores, que geram inovações radicais?
25 – O que significa gerenciar o comportamento proativo das pessoas?
26 – A liderança proativa facilita a proatividade das pessoas?
27 – Quais as quatro atitudes fundamentais de uma liderança proativa?
28 – Qual o perfil das pessoas voltadas para a ação?

29 – Qual a utilidade de um *Assessment* na identificação de um perfil proativo?
30 – Quais as duas etapas de um *Assessment*?
31 – Qual a tese defendida por John Elkington sobre os objetivos empresariais?
32 – Qual a importância das políticas de gestão a longo prazo?
33 – Quais as preocupações de uma empresa, ao adotar a política do *Triple Bottom Line*?
34 – O que significa uma análise de valor cuidadosa de toda a cadeia de valor de uma empresa?
35 – O que esta análise permite descobrir?
36 – Qual a principal ideia subjacente à Teoria do *Triple Bottom Line*?
37 – Qual a teoria do mundo científico que fala do estresse do Planeta Terra?
38 – As empresas são importantes na busca da redução do estresse do Planeta Terra?
39 – Geração de negócios é compatível com a proteção do meio ambiente?
40 – Do ponto de vista da sustentabilidade de uma empresa, quais as três realidades que devem ser gerenciadas?
41 – O conceito de ecoeficiência já chegou à consideração dos Conselhos de Administração das empresas?
42 – Qual a definição de ecoeficiência?
43 – Como explicar capital natural e riqueza natural?
44 – O que visa realizar a Contabilidade Ambiental?
45 – Que novos padrões de medidas são utilizados para avaliar o impacto ambiental das empresas?
46 – Qual a terceira realidade que se impõe para uma empresa que se diz sustentável?
47 – O que é a preocupação social de uma empresa?
48 – O que Francis Fukuyama diz sobre o Capital Social de uma sociedade?
49 – Segundo Fukuyama, qual a característica mais importante que permite o surgimento de um alto grau de relacionamento social, tendo impacto na inovação organizacional?
50 – O que é uma Contabilidade Social?
51 – A Auditoria Social cuida de impactos não financeiros sobre a vida das empresas?
52 – As Auditorias Ambientais são consideradas auditorias sociais?
53 – O que são os ativos intangíveis e o capital intelectual de uma empresa?
54 – Do que trata a realidade econômica e social?
55 – O que são e quais são os novos indicadores de qualidade de vida?

12

Sistemas de Trabalho de Alto Desempenho; Inovação Tecnológica; a Ética Aristotélica

12.1 SISTEMAS DE TRABALHO DE ALTO DESEMPENHO

O sistema de trabalho de alto desempenho demanda a colaboração e o apoio de área de RH. Ele é uma combinação específica de práticas, estruturas de trabalho e processo de RH que maximizam o conhecimento, as habilidades, o compromisso e a flexibilidade dos funcionários. São formados por muitas partes inter-relacionadas, que interagem e se complementam para atingir as metas de uma empresa.

O sistema de trabalho de alto desempenho é composto por quatro realidades:

- **Informações compartilhadas:** é importante para o êxito das ações de *empowerment* e de envolvimento dos funcionários. Os funcionários devem ser conhecedores de todos os processos de trabalho da área onde atuam, e da estratégia da empresa, para que possam solucionar rapidamente problemas de clientes ou fornecedores.

- **Desenvolvimento de conhecimento:** os funcionários devem ser treinados e desenvolvidos, em forma continuada, pois a competição enfrentada por uma empresa demanda vários conhecimentos e habilidades novas, por parte dos colaboradores.

- **Desempenho e recompensa:** as recompensas devem ser relacionadas ao desempenho dos funcionários, motivando-os a atingirem os objetivos da empresa, os quais também terão impacto sobre os colaboradores. Quando motivados e incentivados, os colaboradores demandarão menos supervisão e serão capazes de se superar.

- **Noção de igualdade:** os funcionários devem se sentir iguais a todos os colaboradores, bem como devem ter a certeza de serem aceitos pelas pessoas das várias áreas da empresa onde trabalham. A hierarquia e as posições de Gerência e Diretoria não devem distanciar os dirigentes dos colaboradores.

Existem algumas práticas que caracterizam um trabalho de elevado desempenho:

- Aperfeiçoamento do fluxo de trabalho permitindo equipes autogerenciadas e delegação de poder.
- Recrutamento cuidadoso que gera contratações com a participação da equipe de trabalho, a qual também avalia os candidatos.
- Vários tipos de treinamento, desde o técnico até o gerencial, passando por desenvolvimento de liderança e de habilidades e competências.
- Remuneração que contenha incentivos, participação acionária, divisão de lucros e até o pagamento por competências.
- Sistema de Informações de Recursos Humanos.
- Boa comunicação com os empregados.

Um ponto a ser observado é manter a integração interna, na qual todos os elementos internos do sistema de trabalho se complementam e se reforçam reciprocamente.

Deve haver uma integração entre os sistemas de recrutamento, seleção, treinamento e desenvolvimento e remuneração. O treinamento deve oferecer um seminário de liderança que esteja alinhado com a gestão e cultura da empresa. O sistema de bônus deve visar à sustentabilidade da empresa a médio e longo prazos. O recrutamento deve atrair pessoas que fiquem motivadas com o negócio da empresa.

O sistema de trabalho de elevado desempenho deve apoiar as metas e as estratégias da empresa. Deve ser feito um estudo da competição enfrentada pela empresa, das características da sua cultura e dos seus valores e das demandas dos funcionários que correlacione esses fatores com as metas e as estratégias.

As estratégias e metas mais amplas, da empresa, devem se desdobrar em estratégias e metas das várias áreas de negócio e de trabalho e todos os níveis da empresa devem conhecê-las.

Os funcionários devem ter objetivos como contenção de custo, melhoria da qualidade, bom serviço oferecido ao cliente, correta logística de entrega do produto, para que se saiba se estão ajudando a organização a atingir bons resultados.

A estratégia das empresas e o esforço pelo aumento da competitividade devem ter o apoio de colaboradores que sejam flexíveis, eficientes, que saibam trabalhar em equipe e que busquem a solução rápida de problemas.

Existem fatores que contribuem para a existência de trabalho de alto desempenho:

- Qualquer mudança na estratégia do negócio tem que ter uma razão que tenha sido bem analisada.
- Os Diretores e Gerentes devem estar de acordo com a mudança.
- A mudança deve ser planejada e devem ser alocados recursos para a sua implementação.
- A comunicação da mudança deve ser clara e atingir todos os níveis e áreas da empresa.
- Criar padrões de mensuração para avaliar as mudanças realizadas.
- Garantir que os líderes deem continuidade à mudança materializada.

Os Diretores e Gerentes devem encontrar bons motivos para as mudanças necessárias a serem feitas para que se atinja um melhor desempenho da empresa. Os altos executivos devem determinar o contexto da mudança, comunicando em detalhes a sua visão para toda a organização.

Existe uma lacuna a ser preenchida, com a ajuda dos funcionários, entre a posição da empresa no presente e a que deverá ser atingida no futuro, para torná-la mais eficaz e competitiva. Os colaboradores então passam a atuar dentro dos parâmetros de um sistema de alto desempenho, para cobrir a distância entre o presente e o futuro.

Nos ambientes de trabalho que atuam com o sistema de alto desempenho os empregados têm autonomia para decidir como atingir seus objetivos. Podem assumir riscos, cometer erros e gerar novas ideias. Isso significa maior informação e poder e percebem que têm uma influência e uma participação maior nos destinos da empresa.

A comunicação bem feita, do alto para baixo e de baixo para cima, é essencial para se envolver os funcionários no alto desempenho. Eles devem entender toda a mudança a ser feita e devem contribuir dando sugestões para a mesma, associando-a a questões relevantes de suas áreas de trabalho.

Na implantação da mudança para o alto desempenho esse muitas vezes se torna instável à medida que a implementação da mudança ocorre, o que vai exigir atenção e acompanhamento constantes ao processo de renovação da empresa.

Os funcionários devem ser treinados no sistema de trabalho de alto desempenho, o qual também demanda alteração no perfil dos cargos, na estrutura organizacional e no sistema de remuneração.

Devem ser alocados recursos de dinheiro, tempo e experiência de profissionais suficientes para a implementação da mudança. É necessário que sejam criadas forças-tarefa associando pessoas de RH com profissionais de outras áreas da empresa para coordenarem todo este processo.

O sucesso do sistema deve ser avaliado e devem ser examinadas as seguintes questões:

- As equipes de trabalho estão bem integradas e atuando dentro do novo sistema?
- A comunicação é permanente e bem feita e dá aos funcionários elementos para que tomem decisões?
- As novas habilidades e competências dos funcionários estão sendo desenvolvidas?
- O sistema de avaliação de desempenho dos funcionários e os incentivos e recompensas estão alinhados, caminhado junto com as mudanças que estão sendo implementadas?
- Está se obtendo mais trabalho de equipe e entre as equipes, com menos ênfase na hierarquia e na autoridade e mais ênfase na delegação e no *empowerment*?
- O cliente está sendo mais bem atendido em qualidade, produtividade e prazo?
- A empresa está conseguindo se tornar mais competitiva?

O sistema de trabalho de alto desempenho também deve ser continuadamente ajustado às mudanças dos clientes e às mudanças da competição da empresa no mercado onde atua.

Nos locais de trabalho que exigem alto desempenho os empregados têm autonomia para decidir como atingir seus objetivos. Neste tipo de ambiente os colaboradores podem assumir riscos, gerar novas ideias e cometer erros, o que também pode ser positivo pois pode viabilizar novos produtos, serviços e novos nichos de mercado.

Em resumo, nos sistemas de trabalho de alto desempenho a empresa atinge maior competitividade através de planejamento de estratégia e mudança inovadoras somadas à boa Gestão de Pessoas. Esta combinação gera uma

vantagem competitiva, baseada na qualidade e na motivação das pessoas, que desenvolvem competências difíceis de serem imitadas pelos competidores.

12.2 A INOVAÇÃO TECNOLÓGICA

O processo de invenção abrange todos os esforços de criação de novas ideias e o processo de fabricação ou da utilização do produto e inclui todos os estágios da produção e da comercialização.

A gestão total da inovação tecnológica inclui a organização dos recursos humanos e de capital, criando novo conhecimento e novas ideias, voltadas para gerar novos e melhores produtos, processos de produção e serviços, desenvolvendo estas ideias, transformando-as em protótipos, transferindo-as para a manufatura, distribuição e uso.

A inovação tecnológica tem múltiplos estágios:

- **Encontrar uma ideia que motive,** descobrindo objetivos técnicos ou mercadológicos que estimulem o início de uma pesquisa ou em projeto de engenharia. A pergunta gerencial mais importante é como gerar objetivos mais relevantes.

É importante definir que estruturas, que estratégias e que pessoas podem ser utilizadas para a geração eficaz de novas ideias.

- **Devem-se deixar as pessoas criarem em um ambiente com liberdade**, alocando-se recursos com certa generosidade, permitindo que várias pistas possam ser seguidas e várias tentativas de criação de coisas novas possam ser implementadas.
- **O passo seguinte é utilizar a engenharia** para criar um protótipo que materialize a ideia original.
- **A fase final é o desenvolvimento de ações comerciais,** para a colocação do produto, já fabricado, no mercado.

Para esta sequência de etapas é necessário que se coordene o trabalho de vários engenheiros de diferentes especializações, os quais deverão trabalhar dentro de um orçamento estimado e dentro de critérios técnicos predeterminados.

Uma gestão eficaz do processo anteriormente descrito deve estar atenta para os seguintes pontos:

- Controles bem gerenciados, evitando duplicação de esforços.
- Uso adequado dos recursos financeiros.

– Seguir estritamente o planejamento realizado, a não ser que surjam fatos relevantes, que gerem novas ideias ou erros que devam ser corrigidos.

O processo da inovação tecnológica ocorre através de esforços técnicos implementados dentro da organização. No entanto, também deve ser feita uma interação com o cenário tecnológico externo, com as novas descobertas técnicas, bem como com o acompanhamento da competição e ainda com os novos lançamentos de produtos no mercado.

Todas as inovações bem sucedidas sempre levam em conta a evolução da tecnologia no ambiente fora da empresa, e as necessidades de produtos, ou de melhorias dos mesmos, manifestadas pelos clientes.

Peter Drucker, sobre o tema, fez a seguinte afirmação: "a inovação consiste na busca organizada de mudanças que estejam ocorrendo, na sistemática análise de oportunidades que essas mudanças podem oferecer para a inovação econômica e social".

Sem dúvida o progresso das ciências e tecnologias é fundamental para que ocorram inovações tecnológicas.

Nessa parte do livro não vamos aprofundar as fontes das quais a inovação tecnológica se origina, mas sim a gestão da mesma e a organização dela, em termos de recursos humanos, estrutura organizacional e estratégia.

A primeira etapa envolve recursos humanos e a definição de que tipo de pessoas vamos precisar para a organização de uma pesquisa tecnológica.

Com relação às pessoas, temos que definir quais as ações gerenciais que vão maximizar sua produtividade.

Antes de mais nada, temos que ter pessoas que sejam geradoras de ideias, de *insights*, as quais iniciam os projetos e contribuem para a busca de solução dos problemas que surgem. Para tanto é muito útil ter sido feito um *Assessment* das pessoas que compõem um grupo de pesquisa, para se determinar o potencial e as competências das mesmas, analisando seus pontos fortes e fracos e observando se suas habilidades se somam e complementam, nas atividades do referido grupo.

As ideias novas de uma pesquisa podem ser originadas da pressão do mercado e da demanda dos clientes, ou ainda podem surgir dos avanços obtidos em melhorias de materiais, componentes os sistemas. Os geradores de ideias podem ser cientistas, engenheiros ou Gerentes.

Naturalmente existe diferença entre pessoas que têm ideias e pessoas capazes de explorá-las, transformando-as em realidades.

Estas duas competências são complementares e será interessante o leitor ler o que escrevi sobre competências, no livro anterior (*Gestão de pessoas: práticas atuais sobre o RH estratégico*).

Outro papel importante, a ser assumido na pesquisa tecnológica é a do empreendedor que é um líder no processo de geração de um produto.

Ele busca e promove ideias, sejam suas ou de outras pessoas, procurando fazer com que elas sejam adotadas e apoiadas pelo grupo de trabalho da pesquisa. Devem ter sensibilidade política, grande capacidade de relacionamento e conhecimento da cultura e do sistema de gestão da empresa, para poderem angariar apoio para a pesquisa.

Seus esforços são necessários, mesmo nas empresas tradicionalmente voltadas para a busca de inovações, pois sempre ocorre uma resistência da gestão com relação a uma nova pesquisa tecnológica.

Um terceiro papel é o do Gerente do projeto que cuida das funções de planejamento, programação, monitoramento e controle, supervisão técnica do trabalho, e da coordenação financeira voltada para os objetivos do negócio, associando estes temas à área de Pesquisa & Desenvolvimento.

Um quarto papel que deve existir nos grupos de inovação é o do facilitador e comunicador do projeto, o qual consegue realizar a combinação de dados e ações técnicas, mercadológicas e de manufatura. Eles conseguem associar diferentes grupos de técnicos da empresa. Podem ainda associar trabalhos de pesquisa universitária com o centro de pesquisas de uma corporação. Também são capazes de associar todas estas atividades com as demandas dos clientes da empresa.

O quinto e último papel é o do *Coach* ou Mentor do projeto, uma pessoa mais sênior, que nem está diretamente envolvida com P&D e nem está muito diretamente ligada às mudanças e à inovação do grupo de trabalho que está realizando. A sua função é a de prover motivação, apoio psicológico e fomentar ações de aconselhamento, principalmente para as pessoas mais jovens envolvidas com uma pesquisa.

As evidências indicam que, se o *Coach* ou Mentor ocupa um nível elevado na hierarquia, ele terá mais êxito em ajudar a gerar nova linha de produtos. Isso porque as pessoas entenderão seu papel como alinhado com a alta direção da empresa e se sentirão estimulados a participar e a contribuir com a geração de ideias.

Outro assunto importante a ser mencionado, com relação à inovação tecnológica, são as ações gerenciais que afetam a produtividade e a inventividade das pessoas.

Acima de qualquer metodologia de criatividade, muitos autores acreditam que a produtividade e a capacidade inventiva dependem, principalmente, da liderança bem conduzida sobre os indivíduos e os grupos de trabalho. Além disso, a liderança deve manter o interesse do grupo no desafio das tarefas e também preservar uma estrutura grupal que favoreça a diversidade cultural, humana e de experiência e educação, o que irá enriquecer a busca de inovação. Variações na idade, na etnia, e nos valores pessoais dos participantes concorrem para a boa produtividade do grupo.

A estrutura organizacional adequada à pesquisa irá contribuir para a expansão da inovação tecnológica e deve focar as informações e a produção de resultados da empresa.

O líder de um grupo de pesquisa deve ser capaz de alternar momentos de estabilidade e ordem com momentos de conflitos gerenciados e criativos (caos criativo), no desempenho das pessoas.

As organizações eficazes em P&D necessitam de informações técnicas e mercadológicas e os resultados obtidos devem ser associados aos objetivos da pesquisa e transferidos adequadamente aos usuários das mesmas.

Os participantes da pesquisa devem contribuir para a compreensão das prioridades e preferências dos clientes com relação a produtos inovadores e soluções tecnológicas que os mesmos estejam buscando.

O ciclo do desenvolvimento do produto deve incluir as informações do mercado, transferindo-as para o desenho e o protótipo do mesmo, sempre aproveitando as sugestões de algum cliente especial.

A área da manufatura também tem que ser vista como um cliente da inovação tecnológica, porque ela tem que comprar a nova ideia, a qual implica em um desenvolvimento industrial de materiais, componentes e peças de equipamentos, que demandam a utilização de complexos sistemas de produção.

Existe um risco na subordinação da área de Pesquisa & Desenvolvimento, e de grupos de engenheiros, aos Gerentes de Marketing ou de Produto.

Se isso ocorrer, os critérios relacionados com o mercado vão prevalecer e dominar a seleção técnica dos projetos a serem desenvolvidos. Este procedimento pode provocar uma orientação da pesquisa voltada para o curto prazo, reduzindo a capacidade técnica do grupo, destruindo todas as melhorias de produto e processo que poderiam aumentar a competitividade da empresa.

Existem evidências históricas e *cases* demonstrando que os clientes potenciais das inovações industriais devem ser consultados para que eles especifiquem as características ideais de um produto novo. No entanto, na definição inicial do propósito de uma pesquisa não se deve fazer uma priorização da visão mercadológica e da utilidade prática do novo produto. O foco na tecnologia também tem resultado em desenvolvimento de processos e produtos inovadores.

Frequentemente o mercado e os clientes não percebem a utilidade inovadora de um produto que está sendo pesquisado pela área de P&D. Cientistas, engenheiros e técnicos podem gerar um produto novo, com grande aplicação às necessidades do mercado, mostrando ao mesmo sua utilidade. Ou seja, cientistas, engenheiros e técnicos dominam assuntos que leigos nesta área não podem compreender, visualizando o futuro de uma tecnologia inovadora.

O desenvolvimento histórico de novos e relevantes produtos não depende apenas de uma pesquisa de mercado. Podemos citar vários exemplos de produtos onde a pesquisa de mercado não contribuiu para gerar uma inovação: Neoprene; Nylon; Polietileno; Silicones; Penicilina; Teflon: Transistores; Xerografia; Câmera Polaroid.

Estes produtos foram o resultado da associação de cientistas, engenheiros e técnicos, em uma equipe altamente especializada, nas áreas voltadas para a geração de um novo produto. Todos eles interagiram em forma produtiva utilizando suas habilidades científicas, seus conhecimentos de engenharia e de tecnologia, os quais focaram o assunto pesquisado, que gerou uma importante inovação.

Outra conclusão, após vários anos de estudos e práticas de inovação, em diversos campos, é o de que 60 % das fontes iniciais das novas ideias surgiram fora da empresa.

Para o progresso das inovações tem sido menos relevante o papel da literatura técnica e universitária e mais importante os contatos pessoais, a experiência anterior e o treinamento e a educação continuada.

Na constituição das equipes de inovação sempre é importante que existam engenheiros com vivência em vendas técnicas, o que viabilizará uma melhor compreensão das demandas dos clientes.

Alguns clientes de empresas inovadoras também criam e implementam adaptações de produtos colocados no mercado, para seu próprio uso, passando a produzi-los e a distribuí-los.

Outro assunto pertinente a ser mencionado é a organização de uma pesquisa coordenada por um gestor de projeto. Este pode ter uma especialização técnica, mas com certeza em apenas uma disciplina. Se o projeto tem uma longa duração, irão ocorrer, em paralelo, novas descobertas científicas e novas tecnologias, o que provocará uma falta de atualização do gerente do projeto.

Outra forma de se conduzir uma pesquisa é a criação de uma estrutura matricial, na qual os membros participarão de duas organizações, uma delas a de seu grupo funcional voltado para uma especialização qualquer e a outra a do grupo focado em um projeto. Na prática a pessoa terá dois chefes, um funcional e o outro será o do projeto.

Esta realidade pode gerar as seguintes questões:

- Quem é responsável pela sua avaliação de desempenho e pela sua premiação ou gratificação?
- Quem programa as tarefas a serem realizadas pela pessoa?
- Onde a pessoa fica fisicamente alocada, dentro das duas estruturas?

- Quais são as características de uma carreira a longo prazo, para esta pessoa?
- Como a pessoa se divide entre os dois estilos diferentes de suas chefias?

Uma área de pesquisa deve ser capaz de canalizar os resultados de suas inovações para as empresas que precisam delas.

Pode ser necessário que a área de P&D faça junto com uma empresa o planejamento de uma pesquisa, reunindo também pessoas das duas organizações, as quais também devem fazer conjuntamente a avaliação dos resultados obtidos. É importante que se crie um fluxo de pessoas entre P&D e a empresa que necessita da pesquisa, utilizando-se até o critério de rotatividade de pessoal, sessões conjuntas de resolução de problemas e reuniões formais e informais.

A gestão estratégica da inovação tecnológica inclui o planejamento e a implementação das descobertas realizadas.

Ela deve focar a formulação de metas e objetivos da organização e as políticas necessárias para atingir as mesmas, checando ainda os recursos disponíveis e as prioridades escolhidas. As empresas voltadas para a realização de pesquisas reconhecem a necessidade de associar questões financeiras, mercadológicas e tecnológicas no desenvolvimento de uma estratégia.

Para ser inovadora, uma grande empresa precisa gerenciar o paradoxo da alternância do caos criativo com o *status quo* da ordem e da continuidade.

Quando a empresa passa do pensamento estratégico para o planejamento estratégico, faz-se necessário que líderes desenvolvam estratégias tecnológicas mais detalhadas.

Cada estágio do desenvolvimento de uma tecnologia tem diferentes implicações, fundamentais para a inovação: custo, complexidade da invenção, origem da pesquisa.

Pequenas inovações que se acumulam podem gerar uma grande inovação, bem como podem reduzir o custo dos estágios iniciais de uma pesquisa. O último estágio de realização de uma tecnologia pode ser o primeiro estágio de outra importante descoberta tecnológica.

Temas para Reflexão:

1 – O que abrange o processo da inovação?
2 – O que inclui a gestão total da inovação tecnológica?
3 – Quais os múltiplos estágios da inovação tecnológica?

4 – O que é uma gestão eficaz de gestão tecnológica?

5 – O processo de inovação tecnológica prioriza esforços técnicos, dentro da organização, ou uma interação com o cenário tecnológico externo?

6 – Como Peter Drucker conceitua a inovação?

7 – O que pode ser comentado sobre a gestão e a organização da inovação tecnológica?

8 – Que tipo de pessoas são demandadas para que possam ser geradas inovações tecnológicas?

9 – Qual o papel de um *Assessment* na inovação tecnológica?

10 – Como são geradas as ideias novas de uma pesquisa?

11 – Que profissionais podem ser geradores de ideias?

12 – Quais as competências e os papéis assumidos pelos profissionais na inovação tecnológica?

13 – Como as ações gerenciais afetam a produtividade e a inventividade das pessoas?

14 – Qual o tipo de informações é necessário para que as organizações de Pesquisa & Desenvolvimento sejam eficazes?

15 – Como os participantes de uma pesquisa devem contribuir para serem realizados produtos inovadores e obtidas soluções tecnológicas eficazes?

16 – O que deve incluir o ciclo de desenvolvimento de um produto?

17 – A área de manufatura é cliente da área de inovação tecnológica?

18 – Qual o risco da subordinação da área de Pesquisa & Desenvolvimento aos gestores das áreas de Marketing e Produto?

19 – Qual a porcentagem de fontes iniciais de novas ideias surgiu fora da empresa, segundo estudos de inovação realizados até hoje?

20 – O que fazem alguns clientes de empresas inovadoras?

21 – A pesquisa deve ter apenas um gestor do projeto de inovação, ou pode ser útil à criação de uma estrutura matricial para coordená-la?

22 – Que perguntas ou aspectos de gestão podem ser gerados pela criação de uma estrutura matricial, na inovação tecnológica?

23 – O que uma área de pesquisa deve fazer para direcionar adequadamente os resultados das inovações obtidas?

24 – O que inclui a gestão estratégica da inovação tecnológica?

25 – O que uma grande empresa deve fazer para gerenciar a inovação?

12.3 A ÉTICA ARISTOTÉLICA: UMA REFLEXÃO PARA EMPRESÁRIOS E EXECUTIVOS

Tenho que justificar porque coloquei este tema no fim do livro. Hoje existe um conceito amplo sobre os vários tipos de inteligência possíveis de encontrar num ser humano, tema que abordo no meu primeiro livro. Ou seja, não se fala apenas em Quociente Intelectual (QI).

Sem dúvida existe uma inteligência filosófica e científica e uma capacidade de reflexão sobre a admiração que sentimos diante da grandeza do universo e da complexidade da vida. Também existe, no processo de pensar a vida, uma inteligência estética e artística. Julgo que sem conceitos filosóficos, religiosos, artísticos e científicos não se pode melhorar a Gestão de Pessoas e não se pode tornar as pessoas mais humanas e sensíveis, diante da complexidade da vida.

- O executivo de RH é o guardião da cultura de uma empresa.
- Se ele não tem uma sensibilidade aperfeiçoada pelo universo cultural já citado, poderá fazer seu trabalho, mas sem ter o brilho e capacidade de conectar vários assuntos e temas. Aliás, do meu ponto de vista, os gestores de outras áreas e especializações também devem ter esta capacidade de refletir sobre si mesmos e sobre o Universo.

Meu objetivo ao abordar tais temas é sensibilizar os leitores para uma reflexão filosófica, que na prática é um aprimoramento cultural, que guarda relação com questões éticas, de Governança Corporativa e Sustentabilidade.

Como digressão, e como ilustração, dou a seguir uma das possíveis definições do que seja a Filosofia: "Ciência de todas as coisas, pelas suas últimas causas, à luz natural da razão."

A ciência tem padrões metodológicos e experimentais dentro dos quais ela testa hipóteses e chega a conclusões sobre o tema pesquisado.

A Filosofia pensa a realidade universal e até pensa a sua própria realidade. Esta liberdade de pensar vários temas e até a si mesma, dá-lhe uma amplitude diferente da ciência.

Estas afirmações anteriores nos levam a reflexões sobre temas filosóficos e sobre o pensamento religioso da humanidade. Não é necessário que a pessoa seja adepta de uma escola filosófica ou de uma religião institucionalizada para que seja capaz de desenvolver sua inteligência filosófica ou um pensamento religioso.

Além disso, é preciso reconhecer que a Ética Empresarial, explicada no livro anterior, e aprofundada no livro atual, tem como origem histórica a ética filosófica e religiosa.

Adicionalmente, muitos executivos hoje no mundo e no Brasil estudam temas filosóficos e religiosos, evidenciando uma busca que vai além do lucro, da rentabilidade e dos resultados econômicos, vitais para o sucesso de uma empresa.

O sucesso no mundo empresarial não preenche totalmente o ser humano, não lhe permitindo uma realização plena de sua humanidade. Somos o único animal capaz de refletir sobre si mesmo e sobre o Universo e esta indagação sempre foi e sempre será uma característica do ser humano.

Explico aqui a razão pela qual introduzi este tema na parte do livro dedicada à Inovação, e a busca de melhores resultados empresariais. Atualmente se percebe, nas empresas e nas organizações governamentais, e também nos organismos internacionais como a ONU, uma preocupação com a responsabilidade ética que temos perante os outros seres e as outras nações e até com a preservação da vida do planeta para as próximas gerações.

Neste sentido, o século 20 e o atual século 21, sempre buscaram, ou estão buscando, um significado ético para as relações econômicas e para a preservação da sustentabilidade das empresas e das nações e povos do planeta em que vivemos.

Hoje podemos dizer, com relação ao acima exposto, que ou somos éticos nas relações entre empresas ou povos, ou corremos grandes riscos para dar perenidade à civilização planetária. Se pensarmos no arsenal bélico da humanidade, principalmente na bomba atômica e na bomba de hidrogênio, fica claro que uma guerra com tais artefatos pode extinguir a civilização que conseguimos estruturar, após séculos de evolução, e com o custo de muito trabalho e sofrimento.

Ou seja, se impõe termos mais diálogos, mais aproximações e mais justiça social entre os países e entre as várias nações do Planeta Terra.

Preciso explicar qual a razão de ter escolhido Aristóteles para que juntos possamos refletir sobre os fundamentos filosóficos da ética empresarial.

É fato aceito que o pensamento grego antigo contribuiu para o desenvolvimento científico, filosófico e religioso do pensamento e da civilização ocidentais.

Além disso, o mundo ocidental também contribuiu para a civilização planetária que hoje conhecemos. Dentro dessa associação de ideias, podemos dizer que Aristóteles é um elo dessa cadeia de inspiração cultural que formou o Ocidente e a atual civilização planetária.

Antes de entrar no pensamento aristotélico propriamente dito, quero provocar a admiração e o espanto do leitor pela complexidade da pessoa humana e da vida universal.

Um dos motivos mais poderosos que conduziram o homem em direção à Filosofia, à Arte, à Ciência e à Religião foi o de escapar da rotina do quotidiano, do comer, dormir e trabalhar, para pensar na grandeza do macrocosmo e do microcosmo, para refletir sobre o Universo e sobre si mesmo. O homem é um ser racional, que não pode escapar da reflexão sobre qual é o sentido de sua vida e da vida universal.

Nesta linha de pensamento, selecionei algumas provocações à reflexão do leitor.

Inicialmente vamos dimensionar o macrocosmo ou o Universo, segundo o que atualmente a Ciência conhece sobre o mesmo.

Tomemos, por exemplo, uma coisa banal e quotidiana como o Sol, o qual é uma estrela, um milhão de vezes maior que a Terra.

A cada segundo, o Sol consome 600 milhões de toneladas de hidrogênio, o que continuará a fazer durante ainda bilhões de anos, até se apagar definitivamente.

Para darmos uma dimensão de distâncias entre os corpos celestes, podemos dizer que existe, entre outras, uma estrela agonizante, que se situa a três mil anos-luz da Terra, sendo que um ano luz corresponde a 10 mil bilhões de quilômetros.

A nebulosa Orion se situa a 1.500 anos-luz de nós e este sistema estelar se assemelha muito ao nosso. Conta com 300 bilhões de estrelas como o nosso Sol.

No universo observável existem, pelo menos, cem bilhões de sistemas estelares, que contam cada um, em média, com 50 bilhões de estrelas.

Podemos representar graficamente o Universo observável pela Astronomia, como uma bola. Assim sendo, esta bola tem um diâmetro avaliado em 28 bilhões de anos-luz e contém 15 trilhões de sóis, recordando que um trilhão é o número 1 seguido de 21 zeros.

Passemos agora do macrocosmo ao microcosmo:

Nosso corpo conta com cem mil bilhões de células que funcionam todas juntas para que possamos viver durante dezenas de anos.

Existem centenas de tipos de células diferentes – cada qual com sua própria função, sua própria idade e seu próprio local no corpo, que estão em comunicação constante umas com as outras.

Nosso cérebro é composto de 100 bilhões de células cerebrais que estão interligadas, cada uma, em média, a milhares de outras células.

Na nossa cabeça há, portanto, bilhões de conexões, tanto quanto as ligações existentes entre as estrelas detectadas em um milhar de vias lácteas.

Certas células cerebrais, como a célula de Purkinje, estabelecem um contato com 250.000 outras células existentes no cérebro. A propósito, recordo que as células de Purkinje são importantes para o aprendizado de ações automáticas, como por exemplo, quando temos que agir em forma condicionada, ao dirigir um automóvel.

O cérebro executa vinte milhões de bilhões de cálculos por segundo, o que representa uma rapidez milhões de vezes maior que a de um computador.

Espero ter causado no leitor algum espanto e alguma reflexão sobre o fenômeno da vida humana e universal e nas linhas a seguir passo a comentar o pensamento ético e filosófico de Aristóteles.

Segundo este filósofo, depois das ciências teoréticas, na sistematização do saber, vem as ciências práticas, que dizem respeito à conduta dos homens e ao fim que eles querem atingir, sejam considerados como indivíduos, sejam como parte de uma sociedade política.

O estudo da conduta ou do fim do homem como indivíduo é a ética; o estudo da conduta e do fim do homem como parte de uma sociedade é a política.

Vamos começar abordando o conceito de ética em Aristóteles.

Todas as ações humanas tendem a fins que são bens. O conjunto das ações humanas e o conjunto dos fins particulares para os quais elas tendem, subordinam-se a um fim último, que é o bem supremo, que todos os humanos concordam em chamar de felicidade.

Porém, o que é a felicidade?

Para a maior parte das pessoas é o prazer e o gozo dos sentidos. No entanto, segundo nosso filósofo, a vida somente voltada para o prazer dos sentidos nos torna escravos dos mesmos, tornando-nos mais animais do que racionais.

Para outros a felicidade é a honra e o sucesso. Mas a honra é algo extrínseco que, em grande parte, depende de quem a confere. De qualquer maneira, vale mais aquilo pelo qual se merece a honra do que a própria honra, que é o resultado e consequência do nosso merecimento.

Ainda para outros a felicidade está em juntar riquezas.

Mas esta, para Aristóteles, é a mais absurda das vidas possíveis de serem vividas, chegando mesmo a ser vida "contra a natureza humana". Isso porque a riqueza é apenas um meio para se atingir outras coisas, não podendo valer como um fim em si mesmo.

O bem supremo realizável pelo homem (e, portanto, a felicidade), consiste em aperfeiçoar-se enquanto homem, ou seja, naquela atividade que diferencia o homem dos outros animais e de todas as outras coisas existentes.

Assim, a felicidade não pode consistir, apenas, no simples viver a vida sensitiva, a qual também é comum aos animais. Portanto, somente resta ao homem, como diferencial, viver a vida da razão. O homem que quer viver bem deve viver sempre segundo a razão.

O homem deve voltar-se para as atividades racionais da alma.

Se a parte dominante da natureza humana é a alma racional, sua diferença dos animais, então o homem deve viver os valores da alma como valores supremos.

Recordo, porém, que Aristóteles era realista e reconhecia a utilidade dos bens materiais em quantidade suficiente para a manutenção e o conforto da vida humana.

As paixões humanas e os apetites sensoriais e o desejo participam de alguma forma do pensamento racional e da vida da alma, porque a influenciam. Porém, a alma deve submetê-los aos ditames da razão e isto resulta na virtude ética e na virtude do comportamento prático e racional.

A virtude se adquire com a repetição de inúmeros atos sucessivos. Para o filósofo é fazendo que se aprende a fazer as coisas.

Por exemplo, tornamo-nos construtores construindo e tocadores de um instrumento tocando-o. Assim sendo, realizando ações justas tornamo-nos justos; realizando ações moderadas, tornamo-nos moderados; praticando ações corajosas nos tornamos corajosos.

Os impulsos, as paixões e os sentimentos tendem ao excesso ou à falta, o que exige a intervenção da razão, a qual deve nos impor a justa medida, que é o caminho do meio entre dois excessos.

Dentre todas as virtudes éticas, destaca-se a justiça, que é a justa medida segundo a qual se distribuem os bens, as vantagens, os ganhos e os seus efeitos contrários.

Para Aristóteles, como filósofo imerso na cultura grega da época antiga, a justiça é a mais importante das virtudes; nela está contida toda a virtude.

A alma racional pode voltar-se para as coisas mutáveis da vida ou para as realidades imutáveis, ou seja, para os princípios e verdades supremas.

A sabedoria consiste em dirigir bem a vida do homem, deliberando corretamente o que seja o bem ou o mal para sua própria vida. A sapiência é o conhecimento daquelas realidades que estão mais acima desta realidade.

No exercício desta última virtude, que constitui a perfeição da atividade contemplativa, é que o homem alcança a felicidade máxima, quase se aproximando da divindade.

Aristóteles compreendeu e afirmou que o homem virtuoso vê o verdadeiro em todas as coisas, considerando que a verdade é a norma e a medida de toda coisa.

Para finalizar, recordo que para Aristóteles o bem do indivíduo é da mesma natureza que o bem da Cidade, "mas este (o bem da Cidade), é mais belo e mais divino, porque se amplia da dimensão do privado para a dimensão do social". Ou seja, Aristóteles concebia o indivíduo em função da Cidade e não a Cidade em função do indivíduo.

Em resumo, o filósofo ressalta a submissão dos sentidos e das paixões à capacidade de raciocinar da alma humana, pregando um equilíbrio no comportamento das pessoas, sem que elas deixem de ter prazer, bens materiais e conforto.

Prega também que o bem comum e o interesse social estão acima do desejo individual de uma pessoa.

Fica claro que, com tais colocações, muito do que conhecemos hoje como princípios da civilização ocidental, estão presentes na cultura e no ordenamento social, jurídico e ético das nações.

Quando tais princípios não são seguidos, constatamos a ocorrência de conflitos e de grandes problemas.

Temas para Reflexão:

1 – O que é um sistema de trabalho de alto desempenho (STAD)?
2 – Ele demanda a colaboração da Gestão de Pessoas?
3 – Quais as quatro realidades que compõem um STAD?
4 – Que práticas caracterizam um STAD?
5 – Que sistemas e políticas de RH estão associadas a um STAD?
6 – O STAD deve apoiar as estratégias e metas da empresa?
7 – Que objetivos devem ser atingidos por um funcionário num STAD?
8 – Que fatores contribuem para a existência de um STAD?
9 – O STAD necessita que os funcionários tenham maior autonomia na tomada de decisões?
10 – Como deve ser a comunicação que apoia um STAD?
11 – Como deve ser avaliado um STAD?
12 – O que inclui a gestão da inovação tecnológica (IT)?
13 – Quais são os múltiplos estágios da IT?
14 – Para que pontos uma gestão eficaz da IT deve atentar?
15 – A IT de uma empresa deve estar associada à inovação tecnológica externa?
16 – Qual a definição de Peter Drucker sobre a inovação?
17 – A IT demanda escolha cuidadosa das pessoas envolvidas no processo de sua realização?
18 – Como o *Assessment* e a avaliação das competências podem ajudar a IT?
19 – Como são originadas as ideias novas de uma pesquisa e quais são os profissionais geradores de ideias?

20 – Existe diferença entre geradores de ideias e realizadores de ideias?
21 – Qual o papel de um empreendedor quando atua no processo de geração de um produto?
22 – Qual a função de um Gerente de Projeto na IT?
23 – Qual a função exercida pelo facilitador e comunicador, num grupo de IT?
24 – Qual o papel de um *Coach* ou Mentor do projeto num processo de IT?
25 – Acima de tudo, de que dependem a produtividade e a capacidade inventiva, para se materializarem, num processo de IT?
26 – A estrutura organizacional deve ser adequada ao processo de IT?
27 – Estabilidade e ordem são mais importantes do que conflitos gerenciados e criativos na IT?
28 – Informações técnicas e mercadológicas são necessárias para a IT?
29 – Os grupos de IT devem ouvir as preferências do cliente?
30 – O que deve incluir o ciclo do desenvolvimento do produto?
31 – A manufatura é um dos clientes da IT?
32 – É arriscado ou é adequado subordinar a área de P&D aos Gerentes de Marketing ou de Produtos?
33 – Na definição inicial do propósito de uma pesquisa deve-se fazer a priorização de uma visão mercadológica e da utilidade prática de um novo produto?
34 – Cientistas, engenheiros e técnicos podem geram um produto novo, cuja utilidade não é percebida pelo mercado e pelos clientes de uma empresa?
35 – Numa visão histórica, qual a porcentagem de fontes iniciais de novas ideias foi gerada fora da empresa patrocinadora de uma pesquisa de IT?
36 – Para o progresso das inovações, o que é mais importante: o papel da literatura técnica e universitária, ou os contatos pessoais, a experiência anterior e o treinamento e a educação continuada?
37 – Engenheiros de Vendas Técnicas são importantes nas equipes de IT?
38 – Clientes de uma empresa inovadora também criam e implementam adaptações dos produtos desta empresa?
39 – O que é uma estrutura matricial e qual seu valor para condução de uma pesquisa de IT?
40 – Que questões são originadas pela implementação desta estrutura matricial de IT?
41 – É importante que as equipes de P&D estejam associadas a equipes da empresa para a qual a primeira área desenvolve uma pesquisa?
42 – O que inclui a gestão estratégica da IT?

43 – Pequenas inovações podem gerar uma grande inovação?

44 – Nossa vida e a vida universal provocam em nós mesmos reflexões filosóficas, científicas, religiosas, estéticas e artísticas?

45 – É importante para o gestor ter uma reflexão nestas áreas da cultura humana?

46 – A Ética Empresarial guarda relação com a Filosofia e a Religião?

47 – O sucesso no mundo empresarial satisfaz todas as aspirações e ideais de um ser humano?

48 – Hoje é percebível, nas organizações governamentais e internacionais, (como a ONU), a preocupação ética que devemos ter com os outros seres humanos e nas relações entre as nações?

49 – Qual o risco de não sermos éticos entre nós, dentro das empresas e nas relações entre as nações?

50 – Que dimensões astronômicas do Universo e do Planeta Terra podem ser citadas, que mostram a grandiosidade da vida universal?

51 – Qual o número de células existentes no corpo humano?

52 – Qual o número de células existentes no cérebro humano?

53 – Existe uma relação numérica entre as conexões cerebrais e as estrelas de milhares de vias-lácteas?

54 – Como Aristóteles definiu as ciências práticas?

55 – Para este filósofo quais são os objetos de estudo da Ética e da Política?

56 – Qual o fim último das ações humanas segundo o mesmo filósofo?

57 – Qual o bem supremo realizável pelo homem, segundo Aristóteles?

58 – Qual a diferença entre o ser humano e os animais, segundo este filósofo?

59 – As paixões humanas e os apetites sensoriais participam do pensamento racional e da vida da alma, segundo Aristóteles?

60 – Como se aprende a virtude, segundo o mesmo filósofo?

61 – O que significam para Aristóteles o caminho do meio e a justa medida?

62 – Qual é a maior das virtudes éticas e como ela é definida, segundo o mesmo filósofo?

63 – Quais são as verdades imutáveis buscadas pela alma racional, de acordo com o pensamento aristotélico?

64 – O que é a sabedoria e a sapiência, segundo o filósofo?

65 – O que o homem virtuoso vê em todas as coisas, segundo Aristóteles?

66 – No pensamento aristotélico, o bem do indivíduo é mais importante do que o bem da cidade?

67 – O equilíbrio a ser atingido no comportamento das pessoas exclui a busca do prazer, dos bens materiais e do conforto, para Aristóteles?

68 – O bem comum e o interesse social estão acima do desejo social de uma pessoa, segundo o mesmo filósofo?

Referências Bibliográficas

ADLER, Nancy (Ed.). *International dimensions of organizational behavior*. Cincinnati: SouthWestern College Publishing, 1997.

ALBRECHT, Karl. *A inteligência prática*. São Paulo: Makron Books, 2006.

_____. *A inteligência social*. São Paulo: Makron Books, 2008.

ALBUQUERQUE, Lindolfo G. Competitividade e recursos humanos. *Revista de Administração da USP*, v. 27(4), p. 16-29, out./dez. 1992.

_____. A gestão estratégica de pessoas. In: *As pessoas na organização*. São Paulo: Gente, 2002.

_____; FRANÇA, Ana Cristina Limongi. Estratégias de recursos humanos e gestão da qualidade de vida no trabalho: o stress e a expansão do conceito de qualidade total. *RAUSP*, v. 33, nº 2, abr./jun. 1998.

ALLPORT, Gordon W. *Desenvolvimento da personalidade*. São Paulo: Herder, 1970.

ANTHONY, William P.; PERREWE, Pamela L; KACMAR, K. Michele. *Human resource management*: a strategic approach. 3. ed. Fort Worth: Dryden Press, 1999.

ARAUJO, Leonardo; GAVA, Leonardo. *Como antecipar mudanças no mercado*. Rio de Janeiro: Elsevier, 2011.

ARMSTRONG, Thomas. *Sete tipos de inteligência*. Rio de Janeiro: Record, 2009.

ASHLEY, Patricia Almeida. *Ética e responsabilidade social nos negócios*. São Paulo: Saraiva, 2005.

BAUM, Joel (Ed.). *Companion to organizations*. Oxford: Blackwell Publishing, 2005.

BECKER, Brian E.; HUSELID, Mark A.; ULRICH, David. *Gestão estratégica de pessoas*. Rio de Janeiro: Elsevier, 2001.

BERGAMINI, C. W.; CODA, R. *Psicodinâmica da vida organizacional*: motivação & liderança. São Paulo: Pioneira, 1990.

BERGER, Peter; LUCKMANN, Thomas. *A construção social da realidade*. Petrópolis: Vozes, 2005.

BLAKE, Robert R.; SHEPARD, Herbert A.; MOUTON, Jane S. *Managing intergroup conflict in industry*. Houston: Gulf Publishing Company, 1964.

BOHLANDER, George W.; SNELL, Scott. *Managing human resources*. 14. ed. Australia: Thomson, 2001.

BOSSIDY, Larry; CHARAN, Ram. *Execução*. Rio de Janeiro: Campus, 2005.

BOTERF, Guy Le. *De la compétence*. Paris: Les Éditions D'Organisation.

BOYETT, Joseph; BOYETT, Jimmie. *O guia dos gurus*. Rio de Janeiro: Campus, 1999.

BRICKLEY, J. A.; SMITH JR. C. W.; ZIMMERMAN, J. L. *Managerial economics and organizational architecture*. 4. ed. New York: Irwin McGraw-Hill, 2007.

BRIDGES, William. *Managing transitions*: making the most of change. Massachusetts: Addison Wesley, 1991.

BUCKINGHAM, Marcus; CLIFTON, Donald O. *Descubra seus pontos fortes*. Rio de Janeiro: Sextante, 2008.

BUTTERIS, Margaret; ROITER, Bill. *Corporate MVPs*. New York: John Wiley.

CADERNO DO INSTITUTO BRASILEIRO DE GOVERNANÇA CORPORATIVA.

CALDAS, Miguel; FACHIN, Roberto; FISCHER, Tânia (Org.) edição brasileira. STEWART, Clegg; HARDY, Cynthia; NORD, Walter (Ed.). *Handbook de estudos organizacionais*: ação e análise organizacionais. São Paulo: Atlas, 2004. v. 3.

CAMPOS, Vicente Falconi. *TQC*: controle da qualidade total. Rio de Janeiro: Bloch Editores, 1994.

CANFIELD, Jack; MILLER, Jaqueline. *Coração no trabalho*. Rio de Janeiro: Ediouro, 1997.

CHANLAT, Jean François (Org.). *O indivíduo nas organizações*. São Paulo: Atlas, 1992. v. 1, 2 e 3.

_____ (Coord.). *O indivíduo na organização*: dimensões esquecidas. São Paulo: Atlas, 1996. v. 1, 2 e 3.

CHARAN, Ram. *Governança corporativa que produz resultado*. Rio de Janeiro: Campus, 2005.

_____. *Know-how*. Rio de Janeiro: Campus, 2007.

CHIAVENATTO, Idalberto. *Gestão de pessoas*: o novo papel de recursos humanos. São Paulo: Campos, 1999.

CÓDIGO DAS MELHORES PRÁTICAS DE GOVERNANÇA CORPORATIVA.

COLLINS, Jim. *Empresas feitas para durar*. Rio de Janeiro: Rocco, 1995.

_____. *Empresas feitas para vencer*. New York: Elsevier, 2000.

_____. *How the mighty fall*. New York: Harper Collins, 2009.

CONNER, Daryl R. *Managing at the speed of change*. New York: Villard Books, 1995.

CORRÊA, Hamilton, L. Estrutura organizacional. In: *Administração de cooperativas*.

DAFT, Richard L. *Teoria e projeto das organizações*. 6. ed. Rio de Janeiro: LTC, 1999.

_____; MORALES, Fernando Gestaldo (Trad.). *Administração*. 4. ed. Rio de Janeiro: LTC, 1997. 513 p.

DAHLKE, Rüdiger. *Qual a doença do mundo?* São Paulo: Cultrix, 2001.

DAVENPORT, Thomas H.; PRUSAK, Laurence. *Conhecimento empresarial*. Rio de Janeiro: Campus, 1998.

DESSLER, Gary. *Human resource management*. 10. ed. New Jersey: Prentice Hall, 2004. 725 p.

DE BES, Fernando Trias; KOTLER, Philip. *A Bíblia da inovação*. São Paulo: Texto Editores, 2011.

DRAKE, R.; SMITH, P. M. *Ciência do comportamento na indústria*. São Paulo: McGraw-Hill, 1977.

DRUCKER, Peter. *Administrando em tempo de grandes mudanças*. São Paulo: Publifolha, 1999.

_____. *O melhor de Peter Drucker*. São Paulo: Nobel, 2002.

DUTRA, Joel Souza. *Administração de carreiras*: uma proposta para repensar a gestão de pessoas. São Paulo: Atlas, 1996.

_____. *Gestão de pessoas*. São Paulo: Atlas, 2002.

_____ (Org.). *Gestão por competências*. São Paulo: Gente, 2001.

EBOLI, Marisa. *Educação corporativa no Brasil*. São Paulo: Gente, 2004.

EDWARDS, Mark R.; EWEN, Ann J. *360° feed-back*.

ELKINGTON, John. *Sustentabilidade*: canibais com garfo e faca. São Paulo: Makron Books, 2012.

EQUIPE DE CHANGE INTEGRATION DA PRICE WATERHOUSE. *Princípios de paradoxos*. São Paulo: Atlas, 1999.

FALCONI, Vicente. *O verdadeiro poder*. Nova Lima: INDG Tecnologia e Serviços Ltda., 2009.

FERREIRA, C. G.; HIRATA, H.; MARX, R.; SALERNO, M. As alternativas sueca, italiana e japonesa ao paradigma fordista:..., publicações para Seminário da ABET, 1991.

FISCHER, André Luiz. A constituição do modelo competitivo de gestão de pessoas no Brasil: um estudo sobre as empresas consideradas exemplares. 1998. Tese (Doutorado) – FEA/USP, São Paulo.

_____. Um resgate conceitual e histórico dos modelos de gestão de pessoas. In: *As pessoas na organização*. São Paulo: Gente, 2002.

FLEURY, Afonso; FLEURY, Maria Tereza Leme. *Estratégias empresariais e formação de competências*. São Paulo: Atlas, 2000.

_____; _____. *Estratégias empresariais e formação de competências*. São Paulo: Atlas, 2004. Capítulos 1 e 2.

FLEURY, Maria Tereza Leme; FISCHER, Rosa Maria. *Cultura e poder nas organizações*. São Paulo: Atlas, 1989.

_____; _____. *Processo e relações do trabalho no Brasil*. São Paulo: Atlas, 1985.

_____; _____. Relações de trabalho e políticas de gestão: uma história das questões atuais. *RAUSP*, v. 27, nº 4, out./dez. 1992.

_____ (Org.). *As pessoas na organização*. São Paulo: Gente, 2002.

FROMM, Erich. Consciência e Sociedade Industrial. In: *Sociologia e Sociedade* (coletânea). LTC, 1971.

FUSTER, Michel. *O conflito na empresa*. São Paulo: Martins Fontes, 1982.

GALBRAITH, J. K. *A anatomia do poder*. São Paulo: Pioneira, 1989.

GAMACHE, R. Donald; KUHN, Robert L. *The criativity infusion*. Cambridge: Ballinger, 1989.

GARDNER, Howard. *Cinco mentes para o futuro*. Porto Alegre: Artmed, 2007.

GELB, Michael J. *Discover your genius*. New York: Harper Collins, 2002.

GIBSON, Janes L.; IVANCEVICH, John M.; DONNELLY, James H. *Organizações*: comportamento, estrutura e processos. São Paulo: Atlas, 1981.

GOLDSMITH, Marshall; LYONS, Laurence; FREAS, Alyna et al. *Coaching for leadership*. Jossey-Bass/Pfeiffer, 2000.

GOLEMAN, Daniel. *Inteligência emocional*. São Paulo: Objetiva, 2001.

_____. *Trabalhando com a inteligência emocional*. São Paulo: Objetiva, 2001.

GREENFIELD, Susan A. *Journey to the centers of the mind*. New York: W. H. Freeman and Company, 1995.

HAMEL, Gary. *Competindo pelo futuro*. Rio de Janeiro: Campus, 1995.

HANASHIRO, Darci et al. *Gestão do fator humano*: uma visão baseada em stakeholders. São Paulo: Saraiva, 2007.

HANDY, Charles. *The age of paradox*. New York: Harvard Business School Press.

HATCH, Mary Jo. *Organization theory*: modern, symbolic and postmodern perspective. Oxford: Oxford University Press, 1997.

HAVE, Steve Tem; HAVE, Wouter Tem; STEVENS, Frans; ELTS, Marcel Vander. *Modelos de gestão*. Prentice Hall, 2003.

HESSELBEIN, Francis; GOLDSMITH, Marshall; BECKARD, Richard. *O líder do futuro*. Editora Futura, 1996.

HOFSTEDE, Geert. *Cultures and organizations*: software of the mind. London: McGraw-Hill, 1997.

HOWARD, Ann. *The changing nature of work*. San Francisco: Jossey-Bass.

KATZ, Daniel; KAHN, Robert L. *Psicologia social das organizações*. São Paulo: Atlas, 1970.

KATZ, Ralph. *The human side of managing technological innovation*. Oxford: Oxford University Press, 1997.

KIERMAN, Matthew J. *The eleven commandments of 21st century management*. Englewood Cliffs: Prentice Hall, 1996.

KOFMAN, Fred; SENGE, Peter; KANTER, Rosabeth Moss; HANDY, Charles. *Learning organizations*. Local: Productivity Press, 1995.

KONOPKA, Gisela. *Trabalho social de grupo*. Rio de Janeiro: Zahar, 1968.

KOTTER, John P. *Leading change*. Harvard Business School Press, 1996.

KREPS, David M.; BARON, James N. *Strategic human resources*: frameworks for general managers. New York: John Wiley, 1999. 602 p.

LATHAM, Gary P.; WEXLEY, Kenneth N. *Increasing productivity through performance appraisal*. Adisson Wesley Publishing Company, 1993.

LAWLER III, Eduard E. From job-based to competency-based organizations. *Journal of Organizational Behavior*, São Paulo: Makron Books, v. 15, p. 3-13, 1994.

LAWLER, E. E. *Strategic pay*. USA: Jossey-Bass, 1991.

LAWRENCE, Paul R., LORSCH, Jay W. *O desenvolvimento de organizações*: diagnóstico e ação. São Paulo: Edgard Blücher, 1972.

LEFTON, Robert E.; BUZZOTA, V. R.; SHERBERG, Manuel; KARRAKER, Dean L. *Effective motivation through performance appraisal*. New York: John Wiley, 1997.

LIKER, Jeffrey K. *O modelo Toyota*. Brookman, 2005.

LIKERT, Rensis. *A organização humana*. São Paulo: Atlas, 1975.

LIMONGI-FRANÇA, Ana Cristina. *QVT*: conceitos e práticas nas empresas da sociedade pós-industrial. São Paulo: Atlas, 2004.

MAGILL, Michael E.; SLOCUM JR., John W. *A empresa mais inteligente*. Rio de Janeiro: Campus, 1995.

MANUS, Pedro Paulo Teixeira. *Direito do trabalho*. 13. ed. São Paulo: Atlas, 2011.

MARQUARD, Michaes; ANGUS, Reynolds. *Global learning organization*. Homewood: Richard D. Irwin, 1994.

MARX, K. *O capital*. Civilização Brasileira, 1972. SCHEIN, Edgard. *O conceito de cultura organizacional* (apostila).

MASLOW, Abraham H. *Maslow no gerenciamento*. Rio de Janeiro: Qualitymark, 2001.

MAXIMIANO, Antônio C. A. *Introdução à administração*. 3. ed. São Paulo: Atlas, 1992.

MOTTA, Fernando C. R. *A ciência e a arte de ser dirigente*. São Paulo: Record, 1991.

NADLER, D. A.; HACKAMAN JR., Lawler, E. *Comportamento organizacional*. Rio de Janeiro: Campus, 1983.

NONAKA, Ikujiro; TAKEUCHI, Irotaca. *Criação de conhecimento na empresa*. Rio de Janeiro: Campus, 1997.

PARKER, Marjorie. *Criating shared vision*. Dialog International, 1994.

PINTO, Eder Paschoal. *Multianálise do desempenho e do potencial*. Editora STS, 1995.

PINCHOT, G.; PELLMAN, R. *Intrapreneuring in action*. Bennet-Koeller Publishers, 1999.

PORTER, Michael E. *Estratégia competitiva*. Rio de Janeiro: Campus, 1991.

_____. *Vantagem competitiva*. Rio de Janeiro: Campus, 1992.

POTTS, Tom; SYKES, Arnold. *Talento executivo*. São Paulo: Pioneira, 1994.

REIS, Germano Glufke. *Avaliação 360º*.

ROBBINS, Stephen. *Comportamento organizacional*. Cap. 14, 15 e 16.

_____. *Comportamento organizacional*. São Paulo: Pearson Education do Brasil, 2002.

_____. *Comportamento organizacional*. Rio de Janeiro: Pearson; Prentice Hall, 2006.

RUAS, Roberto et al. *Aprendizagem organizacional e competências*. Porto Alegre: Bookman, 2005. Capítulo 2.

RUSSEL, Peter; EVANS, Roger. *The criative manager*. San Francisco: Jossey-Bass, 1992.

SANTIAGO JR., José Renato Satiro; SANTIAGO, Jose Renato Satiro. *Capital intelectual*: o grande desafio das organizações. Novatec Editora, 2007.

SAVAGE, Charles M. *5ª geração de gerência*. São Paulo: Pioneira, 1996.

SCHEIN, Edgard. *Psicologia organizacional*. Rio de Janeiro: Prentice Hall do Brasil, 1982.

_____. *Organizational psychology*. Rio de Janeiro: Prentice Hall, 1995.

SENGE, Peter M. (Org.). A quinta disciplina (caderno de campo). Rio de Janeiro: Qualitymark, 1999.

_____. *The fifth discipline*. New York: Doubleday, 1990.

_____; SCHARNER, C. Otto; JAWORSKI, Joseph; FLOWERS, Betty Sue. *Presença*. Cultrix, 2007.

STEINBERG, Herbert; MIFANO, Gilberto; CUNHA, Mauro; CHAVES, Renato. *Governança corporativa*: conselhos que perpetuam empresas. São Paulo: Gente, 2008.

STERNBERG, Robert J. *Successful inteligence*. Simon & Schuster, 1996.

STEWART, Thomas A. *Capital intelectual*. Rio de Janeiro: Campus, 1998.

TEIXEIRA, Gilney M. A curva da maturidade. *Apostila publicada pelo DLP*, 1985.

THELEN, Herbert A.; STOCK, Dorothy. *Emotional dynamics and group culture*. National Training Laboratories, 1968.

THORNTON III, George C. *Assessment centers in human resource management*. Londres: Addison-Wesley, 1940.

THURBIN, Patrick J. *Implementando a organização aprendiz*. São Paulo: IMAM, 1995.

TORRES, Claudio Vaz; NEIVA, Elaine Rabelo. *Psicologia social*. Porto Alegre: Artmed, 2011.

TRIST, Eric. *Uma crítica sociotécnica à administração científica*, mimeo, 1986.

ULRICH, Dave. *Os campeões de recursos humanos*. São Paulo: Futura, 1998.

_____. *Recursos humanos estratégicos*. São Paulo: Futura, 2000.

UNDERHILL, Brian O.; MCANALLY, Kincel; KORIATH, John J. *Coaching executivo para resultados*. Barueri: Novo Século Editora, 2010.

VASCONCELLOS, E.; HENSLEY James R. *Estrutura das organizações*: estruturas tradicionais, estruturas para inovação, estrutura matricial. São Paulo: Pioneira, 1991.

WEICK, Karl. *Making sense of the organization*. Oxford: Blackwell Publishing, 2001.

WOMACK, James P.; JONES, Daniel T. *A mentalidade enxuta das empresas*. Rio de Janeiro: Campus, 2004.

WOOD JR., Thomaz. *Mudança organizacional*. São Paulo: Atlas, 1995.

WOOD, Stephen. Administração estratégica e administração de recursos humanos. *RAUSP*, v. 27, nº 4, out./dez. 1992.

WOOD, T.; PICARELLI, V. (Coopers & Lybrand). *Remuneração estratégica*: a nova vantagem competitiva. São Paulo: Atlas, 1999.

ZANINI, Marco Túlio (Org.). *Gestão integrada de ativos intangíveis*. Rio de Janeiro: Qualitymark, 2009.

_____. *Gestão integrada de ativos intangíveis*. Rio de Janeiro: Qualitymark, 2008.

ZIMPECK, Beverly G. *Administração de salários*. São Paulo: Atlas, 1990.

Formato	17 x 24 cm
Tipografia	Charter 11/13
Papel	Offset Sun Paper 75 g/m² (miolo)
	Supremo 250 g/m² (capa)
Número de páginas	248
Impressão	Editora e Gráfica Vida&Consciência

Sim. Quero fazer parte do banco de dados seletivo da Editora Atlas para receber informações sobre lançamentos na(s) área(s) de meu interesse.

Nome: _____
_____ CPF: _____ Sexo: ○ Masc. ○ Fem.
Data de Nascimento: _____ Est. Civil: ○ Solteiro ○ Casado

End. Residencial: _____
Cidade: _____ CEP: _____
Tel. Res.: _____ Fax: _____ E-mail: _____

End. Comercial: _____
Cidade: _____ CEP: _____
Tel. Com.: _____ Fax: _____ E-mail: _____

De que forma tomou conhecimento deste livro?
☐ Jornal   ☐ Revista   ☐ Internet   ☐ Rádio   ☐ TV   ☐ Mala Direta
☐ Indicação de Professores   ☐ Outros: _____

Remeter correspondência para o endereço: ○ Residencial   ○ Comercial

Indique sua(s) área(s) de interesse:

- ○ Administração Geral / Management
- ○ Produção / Logística / Materiais
- ○ Recursos Humanos
- ○ Estratégia Empresarial
- ○ Marketing / Vendas / Propaganda
- ○ Qualidade
- ○ Teoria das Organizações
- ○ Turismo
- ○ Contabilidade
- ○ Finanças
- ○ Economia
- ○ Comércio Exterior
- ○ Matemática / Estatística / P. O.
- ○ Informática / T. I.
- ○ Educação
- ○ Línguas / Literatura
- ○ Sociologia / Psicologia / Antropologia
- ○ Comunicação Empresarial
- ○ Direito
- ○ Segurança do Trabalho

Comentários

_____
_____
_____
_____

ISR-40-2373/83

U.P.A.C Bom Retiro

DR / São Paulo

CARTA - RESPOSTA
Não é necessário selar

O selo será pago por:

atlas

01216-999 - São Paulo - SP

REMETENTE:
ENDEREÇO: